행복은 선택입니다

우울증의 증상과 원인, 치료에 대한 안내서

행복은 선택입니다

재판1쇄   2025년 1월 25일

지은이   프랭크 B, 미너스(Frank B. Minrth)
       폴 D. 마이어(Paul D.Meier)
옮긴이   공보길
추 천   정동섭
편집·디자인 홍은정
펴낸이   이규종
펴낸곳   엘맨출판사

출판등록 제10-1562(1985. 10. 29)
등록번호 제13-1562호(1985,10,29)
주 소   서울 마포구 토정로222 422-3
전 화   Tel. 02-323-4060
팩 스   Fax. 02-323-6416
이메일   elman1985@hanmail.net
홈페이지 www.elman.kr

ISBN   678-89-5515-786-4(03230)

저자와 협의하여 인지를 생략함.

값 14,000 원

행복은 선택입니다

우울증의 증상과 원인, 치료에 대한 안내서

지은이 | 프랭크 B. 미너스(Frank B. Minirth)
폴 D. 마이어 (Paul. D. Meier)

옮긴이 | 공 보 길

엘맨
하나님의 사람을 만들어가는 ELMAN

행복을 보다 쉬운 선택이 되도록 도와 준 아내
메리 앨리스 미너스(Mary Alice Minirth),
젠 마이어(Jan Meier)와
사랑과 훈계와 신앙의 가르침으로 우리를 키워주신
부모님께 바칩니다.

심리학자들과 사회학자들은 20세기 전반기, 즉 50년대를 "불안의 시대"(age of anxiety)라고 했으며, 70년대 이후를 "우울감의 시대"(age of melancholia or depression)라고 부른다. 우울감은 이 시대의 분위기를 대표하는 감정이다. 혹자는 우울증을 "이 시대의 공식적 정신질환"이라고 부르기까지 한다. 우울증이란 무엇인가? 성경에서는 우울증에 대하여 무엇이라 말하고 있는가? 우울증의 원인은 무엇이며 우리는 어떻게 우울증을 예방하거나 치료할 수 있는가?

잘 알려진 미국의 침례교 설교자 밴스 하브너(Vance Havner)는 기독교 경험에는 3가지 수준이 있다고 쓴 적이 있다. 첫째는 모든 것이 순조롭고 세상이 밝게만 보이는 "산 정상과 같은 날"(mountaintop days)이다. 평야와 계곡은 없는 것처럼 정상에서 정상으로 옮겨 다니는 형통하고 즐거운 날들이다. 둘째, 인생의 대부분은 우리가 흥분하지도 침체되지도 않는 채, 일상적인 과업에 충실한 "평범한 날들"(ordinary days)이다. 셋째, 우리가 혼란과 의심(회의), 실의와 절망 가운데 무거운 발걸음을 옮겨야 하는 "어두운 날들"(dark days)이다. 이러한 날들은 우리가 안도감과 승리감을 다시 경험하기 전에 여러 달, 아니면 여러 해 계속될 수도 있다. 이런 저런 이유로 어두운 날들이 계속될 때 우리는 우울증을 앓게 되는 것이다.

우울증은 오랜 세월 동안 아주 흔한 문제로 인식되어 왔다. 우울증은 남녀노소, 빈부를 막론하고 모든 이에게 영향을 미친다. 이는 모든 연령층의 사람들에게 영향을 미치는 범세계적인 현상이다. 우리나라에서도 목회자들과 정신과 의사들이 가장 자주 접하게 되는 것이 우울증 환자들이 아닌가 한다. 우울증은 십대와 성인 초기의 연령층에서 증가 추세에 있는 것으로 보이며 미국에만 3, 4천만 명의 사람들의 삶을 혼란스럽게 하고 있는 것으로 집계되고 있다(Newsweek, May 4, 1987). 우울증은 기분장애(mood disorder) 또는 정동장애(affective disorder)에 해당하는 것으로 정치가, 과학자, 음악가, 신학자, 군사지도자 등 신분을 가리지 않고 모든 사람을 괴롭힌다. 정신질환의 '감기'로 알려져 있는 우울증은 현재 인류를 괴롭히고 있는 "가장 널리 퍼져 있는 중병이며 가장 많은 비용을 요구하는 정신질환이다"(Harvard Medical School Mental Health Letter 4, January 1988).

프랭크 미너스(Frank Minirth)와 폴 마이어(Paul Meier)는 크리스천 정신과 의사들로서 현재 미국에서 활동하고 있는 가장 영향력 있는 우울증 분야의 전문가들이다. 이분들의 저서가 이미 우리나라에 소개된 적이 있으나 우울증의 원인과 증상, 치료를 다루는 이와 같이 수준 높은 책이 소개되는 것은 이번이 처음이다. 우리나라에는 의학과 신학 그리고 심리학을 통합하는 차원에서 정신 병리를 연구하신 분들이 많지 않다. 우울증은 인간에 대한 영적 이해는 물론 심리적·의학적 이해를 필요로 하는 전인격적인 문제이다. 신학과 의학과 심리학을 통합하고 있는 저자들의 책을 임상심리학과 신학을 아울러 공부하신 공보길 목사님이 번역하신 것은 한국 교회를 위해 극히 다행스러운 일이라 생각한다.

또한 이 책은 본인에게 인격적으로 사상적으로 가장 많은 영향을 미쳤던 스위스의 내과의사 폴 투르니에(Paul Tournier)가 추천하는 책이기도 하다. 복잡한 주제를 전문가나 목회자, 평신도 모두가 쉽게 이해할 수 있도록 번역하기 위해 심혈을 기울이신 공보길 목사님과 한국 교회를 사랑하시는 마음으로 좋은 책을 소개하려고 애쓰시는 엘맨 출판사 이규종 사장님께 고마움을 전하고 싶다. 이 책을 통해 도움을 받는 분들이 입에서 입으로 소개하여 많은 분들이 소망과 건강을 되찾게 되기를 바란다.

침례신학대학교 기독교교육학 과장
상담심리학 교수 정 동 섭
가정사역학회 회장

이 책이 나오기까지 기도로 애써 주었던 친구들에게 감사의 말을 전한다. 진정한 사랑, 기쁨, 평화의 삶을 산 이들의 신앙의 모습은 간접적인 큰 힘이 되었다. 이들에게야말로 행복은 선택이었으며 진실이었다.

데이브와 낸시 브라운 부부, 멜과 베티 굿너프 부부, 리치와 린다 케이스 부부, 텍스와 도티 드라이버 부부, 프랭크와 케시 위천 부부, 스테이츠와 마이러 스키퍼 부부, 빌과 메리 구딘 부부, 데이브과 케롤라인 페터슨 부부, 존과 케롤라인 베스트 부부, 데이브와 디 디어도르프 부부, 헨리와 멜린다 헤리스 부부, 던컨과 앤 젠스비 부부, 릭과 에밀리 에퍼드 부부, 에드와 카리나 캐플링거 부부, 프레디와 린다 에크러 부부, 레이와 신디 머먼트 부부, 펫과 바바라 맥기 부부, 개리와 다이엔 월터 부부, 데이빗과 베키 영 부부, 타운젠드와 데비 던 부부, 스코트와 페기 다이 부부, 드와이트와 힐드 존슨 부부, 프랭크와 메리 펫파마 부부, 밀드레드피터슨, 마도라 쿠쉬맨, 빌과 필리스 라우쉬 부부, 제리와 진 리안 부부, 데이빗과 코니 슈로더 부부, 데니스와 샤론 시모네타 부부, 마크와 론다버클러 부부, 헤이던과 보니 로빈슨 부부, 월터 보딘, 드웨인 릿핀, 존 리드, 짐 쿳나우, 마이크 코코리스, 로스 베니스타, 토큰보 아데모.

그리고 성경에 대한 질문과 헌신으로 우리를 학문적으로나 영적으로 강건케 해준 댈러스 신학교 제자들에게 심심한 감사를 전한다.

또한 초본 원고를 대신 타이핑해준 사랑하는 친구들, 낸시 브라운, 베티 굿너프, 셸리 브란트마이어, 메리 앤 존슨에게 감사의 말을 전한다.

가끔 난 유능하고 이름난 정신과 의사인 나의 친구를 떠올리곤 한다.

그 친구는 자신의 딸이 자살을 기도하자 내게 치료를 부탁했었는데, 자신은 그리스도인이 아니지만, 딸은 그리스도인이기 때문에 딸의 문제를 해결하는 데는 나와 같은 그리스도인이 적격이라고 생각한다는 내용의 편지를 함께 보냈다.

한낱 일반 의사에 지나지 않는 나에 비해, 그 친구는 대단한 전문가였다. 어떤 면에서 그의 그 행동은 믿음의 행동이었다. 곧 그리스도인이 아닌 의사라 할지라도 '믿음'을 치료의 요인으로 생각할 수 있다는 것이다.

매우 열심 있는 그리스도인들에게 절망이라는 문제가 왜 그리 많이 생기는 것일까? 그리고 나의 친구가 치료의 주요인으로 생각했던 그 '믿음'이라는 것이 열심 있는 신자들의 절망을 어째서 더욱 얽히게 하는 것일까? 이들은 자신의 믿음이 부족하기라도 한 것처럼, 자신의 우울증을 스스로 나무란다. 영적인 삶과 정신적인 건강 사이에는 미묘하고 섬세한 관계가 있다. 이것은 아주 복잡하게 얽혀 나타난다. 우리는 종교적인 삶과 과학이 연구하는 병적인 현상 모두를 중요하게 생각해야 한다.

신앙과 과학은 하나로 어우러지기보다는 서로 반대하는 위치에서 맞서려는 경향이 지배적이다. 운명 속에서 신앙의 역할을 잘못 판단하는 사람이 있는가 하면, 과학이 밝히고자 하는 '질병'의 역할을 잘못 판단하는 경우도 있다. 아픈 사람뿐만 아니라 건강한 사람도 삶의 이 두 가지 면에 대하여 밝히 알 필요가 있다.

두 명의 미국인 친구가 쓴 이 책은 누구나 쉽게 이해할 수 있도록 매우 신중하고 명확한 방법으로 삶의 이 두 가지 면이 다루어져 있는 게 장점이다. 이 책을 통해 우울증에 빠진 사람들이 자신의 문제를 이해하고 해결하는 데 큰 도움이 되리라 믿는다. 뿐만 아니라 건강한 사람들 역시 전에는 잘못 판단하기도 했던 우울증에 빠진 사람들을 이제는 보다 잘 이해할 수 있을 것이다. 이 책을 읽는 모든 사람들은 신앙적인 삶의 법칙을 좀 더 확실히 깨달아, 이 법칙에 더욱 순종할 수 있으리라 확신한다.

과학이 연구하는 것이 자연의 법칙이 아니라 사실은 하나님의 법칙이라면, 그 하나님께서 자신의 창조물에게 세우신 법칙이란 과연 무엇인가?

하나님의 첫 번째 법칙은 사랑이다! 이 책의 저자와 마찬가지로 나 역시, 이 책을 읽는 모든 사람들이 페이지를 넘길 때마다 하나님께 기꺼이 다가서고 건강이 회복되기를 간절히 바란다.

제네바에서, 폴 투르니에

은밀한 사색

이 책 속으로의 여행을 시작할 독자들에게 나의 사적이고 은밀한 사색 (Inner Reflections)을 나누는 일부터 먼저 시작하고 싶다. 나는 지금 댈러스에 있는 포트 워쓰(Fort worth) 공항의 대기석에 조용히 앉아 이 글을 쓰고 있다. 비행기가 지나가는 창밖으로는 조용히 떠가는 뭉게구름이 보인다. 기쁨과 환희가 은밀하게 느껴지는 순간이다. 하나님과의 평화를 느낀다. 나의 아내, 아이들 그리고 사랑하는 친구들과도 평화를 느낀다. 하지만 대기석으로 시선을 돌려 내 주위에 앉아 있는 사람들을 살펴보면(우리 정신과 의사들이 흔히 하는 일이다.) 조금은 다른 기분이 든다. 이런 분위기를 묘사하고 싶을 때면 '앙스트'(Angst)라는 단어가 떠오른다. 독일어인 이 단어는, 현재 독일 철학자나 신학자들 사이에서는 잘 사용되지 않고 있다. '앙스트'란 일종의 정의 내리기 어려운 내면의 불안이다. 지금 이 주위를 둘러보고 나의 친구의 상황을 생각할 때, 나 역시 '앙스트'를 느낀다. 정신과 업무를 맡아오면서 나는 수많은 종류의 사람들을 상담하였다. 그러는 중에, 나는 그들 속에 내재해 있는, 때로는 미소 띤 표정 속에 감춰져 있는 억압된 두려움, 불안, 분노 등을 이해할 수 있게 되었다. 나는 그들의 상황을 이해하고 동감한다. 사실 동감할 뿐 아니라 그들과 함께 내게도 상처가 되었다. 나는 내게 크나큰 기쁨과 평안을 느끼게 해 준 많은 일들을 그들도 함께 알기를 원한다. 프랭크 미너스 (Frank Minirth) 박사와 나는 우리의 체험 속에서 얻은 것을 독자 여러분과 나누고, 또한 다른 사람들에게도 이것이 전해지기를 원하는 마음으로 이 책을 쓰게 되었다.

몇 년 전, 나는 에이브러햄 링컨 대통령의 연설문을 읽고 많은 생각에 빠지게 되었다. "대부분의 사람들은 자신들이 선택하는 만큼의 행복을 누립니다." 이보다 더 공감할 수 있는 말이 없을 것만 같았다. 링컨 대통령은 살아가면서 겪어야 했던 수많은 슬픔들 곧, 부인과의 사별, 선거에서의 패배, 남북전쟁 그리고 그 밖의 많은 절망들을 맛보았다. 어느 순간에는 자살을 기도할 정도로 너무나 큰 절망에 빠지기도 하였다. 하지만 링컨 대통령은 절망을 극복하기로 선택하였다. 링컨 대통령은 자신을 증오하던 한 청년의 총에 맞아 죽기 얼마 전까지 행복을 선택하여, 기쁨과 평안을 누릴 수가 있었다.

여러분이 "대부분의 사람들은 자신들이 선택하는 만큼의 행복을 누린다."는 링컨 대통령의 연설이나, "행복은 선택"이라는 우리의 말에 동의하는지를 결정하기 이전에, 우선 우리가 선택한 책의 제목이 뜻하는 바가 무엇인지를 설명하고자 한다. 미너스 박사와 나는 고등학교 졸업 후, 26년 동안을 함께 공부했다. 그 시절, 우리는 사람의 심리, 생리현상, 해부학적 구조, 정신구조, 영성 등을 모두 연구하였다. 또한 수백 명의 환자들에게 우리의 정신요법을 실험해 보기도 하였다. 우리는 대부분의 사람들이 내면의 평안과 기쁨을 제대로 느끼지 못하고 있음을 확신하게 되었다. 또한 내면의 기쁨과 평안은 그것을 선택하고, 진정으로 누리기 위한 올바른 길을 따를 때에만 누릴 수 있음도 확신하게 되었다.

수많은 사람들은 스스로 평안이나 행복 대신에 불행이나 우울증을 선택하곤 한다는 사실을 제대로 이해하지 못하며, 또한 자신들이 알지 못하는 여러 이유들로 해서 불행이나 우울증을 선택한다. 어떤 이들은 자신을 죄책감으로 학대하는 불행을 선택한다. 또 어떤 이들은 동정심을 유발시킴으로 자신의 배우자나 친구들을 속이는 불행을 선택한다. 불행에 빠지는 그 밖의 동기에 대해서는 이 책의 후반부에서 자세히 설명하기로 하겠다.

미너스 박사와 나는 많은 사람들이 행복을 선택하면서도 온전히 누리지 못한다고 확신한다. 이유는 비록 행복을 선택한다 하더라도, 잘못된 장소에서 내면의 평안이나 기쁨을 찾기 때문이다. 물질 속에서 행복을 찾지만 얻지 못한다. 성적인 욕망에서 기쁨을 찾으려 하지만, 순간의 쾌락만 느낄 뿐 오래도록 쓰라린 실망에 빠진다. 또한 직장이나 국가, 심지어는 가족 안에서 힘 있는 위치를 확보함으로 성취감을 맛보려 하지만, 여전히 채워지지 않는 그 무엇인가를 느낀다. 내 사무실에는 백만장자의 사업가들이 찾아와 자신의 대 저택, 호화 유람선, 으리으리한 별장, 귀여운 아이들, 아름답고 조금도 손색 없는 부인, 자신의 확고한 위치 등을 이야기하면서, 자살하고 싶은 충동을 느끼기도 한다고 고백한다. 그 사업가들은 세상이 주는 모든 것을 손에 넣었지만, 내면의 평안과 기쁨만큼은 누리지 못했다. 그들은 마지막 쉼터로 내 사무실을 찾아와, 자살하고 싶은 충동에서 벗어나게 해달라고 애원한다. 왜 이런 일이 일어나는 것일까? 대답은 그리 간단하지 않다. 인간의 마음이란 매우 복잡하고 유동적인 체계이기 때문이다. 우리는 이 책을 통해 알기 쉬운 용어로 이러한 복잡한 체계를 요약하고 지속적인 행복을 얻을 수 있도록 단계별로 안내하는 데 최선을 다할 것이다. 단, 당신이 행복을 선택한다면 말이다.

어느 새 난 대형 제트 여객기를 타고 1050km 상공을 날고 있다. 내 밑에는 방금 전 보았던 커다란 뭉게구름이 떠다니고 있다. 지금 나는 의사 부부들에게 주말의 휴식에 대해 연설을 하려고 로스앤젤레스로 향하고 있는 중이다. 이들은 자신들이 가지고 있는 마음의 고통에 대해 내가 알고 있는 것을 가르쳐달라는 요구를 여러 차례 해왔었다. 그 의사 부부들은 내적인 평안과 기쁨을 얻는 방법을 알고자, 자신의 바쁜 스케줄에도 불구하고 이번 주말엔 시간을 비어두었던 것이다. 나는 그 점에 대해서 그들을 존경하지 않을 수 없다. 현재 미국 사회에서는 내과의사와 치과의사들의 자살률이 높다. 이들은 외부의 압박에 크게 짓눌려 있다. 하지만 사실 이들이 느끼는 압박은 완벽주의, 피학적인 성향, 자기 비판, 불안 등과 같이 주로 내부에서 발생한다. 이들은 실패에 대해 지나치게 두려워하고, 이 세상을 질병과 죽음에서 구해내지 않으면 안 된다는 절박한 의무감에 시달린다. 그런 이유로 슐츠(Schulz)가 <피너츠>(Peanuts)

라는 자신의 연재 만화에서 박사학위(M.D.degree)를 신성(M.Deity) 학위로 바꿔 부르기도 하였다. 미너스 박사와 나를 포함한 대부분의 의사들은 고통을 겪는 사람들을 동정하기 때문에 의학을 공부한다. 적어도 그러한 생각이 의과대학을 선택하는 동기가 되는 것이다. 하지만 불행히도 많은 의사들이 신경쇠약(burn-out)에 시달리고 있다. 신경쇠약이란 의과대학의 학부 과정, 인턴 과정, 레지던트 과정 그리고 개업으로 이어지는 체계와 완전한 의무감 등으로 인해 인간에 대한 동정심의 상실을 의미한다. 내가 돌보고 있는 정신병 환자들은 대부분이 상당한 정신적 고통에 시달리고 절망에 빠져 있는 동료 의사들이다.

서부에 있는 아름다운 텍사스 주와 캘리포니아 주를 나는 동안, 로스앤젤레스에서 나를 기다리고 있을 그 의사 부부를 생각하면서 '앙스트'를 느낀다. 그곳 휴양지에서 의사 부부들과 함께 나눌 것에 대해서 뿐만 아니라, 이 책을 읽을 독자들과 함께 나누는 것에 대해서도 곰곰이 생각해 본다. 독자들에 대해서는 내가 해야 할 일 두 가지를 생각해 본다. 나의 중요한 일 한 가지는(물론 믿기 어려울 수도 있겠지만) 독자들로 하여금 자신의 우울증을 포기하고 행복을 선택하도록 돕는 일이다. 인간 본연의 복잡함이나 부패에 대해 이해하지 못하는 사람들에겐 우습게 들릴지도 모른다. 하지만 이것은 분명한 사실이다. 우울증은 수많은 신경결핍과 맞닥뜨리게 된다. 수년 동안 우울증으로 괴로워하던 사람들이 찾아와 고통을 호소할 때마다, 나는 함께 앉아서, 그들이 무의식적으로 선택한 우울증이라는 세월이 그들 자신에겐 도대체 어떠한 대가로 돌아왔는지를 분석한다. 그 무의식적인 동기는 사람마다 다르지만, 이들은 한결같이 "억압된 분노"를 맴돌며, 자신은 물론 다른 사람들, 그리고 하나님께 대한 적대감을 가지고 있다. 나는 그들이 왜 우울증에 시달려야 하는가를 분석한 후, 그들이 행복을 선택하도록 설득한다.

두 번째로 하는 일은 독자들이 사랑과 행복, 평안을 누리기 위해서 올바른 방법으로 자신의 삶에 충실하도록 설득하는 일이다. 사람들은 자기들의 방법을 고집하는 경향이 있다. 만일 20~30년 동안 자신의 방법을 고집하며 살아왔지만 아무런 결과를 얻지 못한 때에는, 여전히 자신의 어릴 적 행동 모형을 버리지 못하고 있는 것이다. 예를 들면, 많은 알코올 중독자들이 술을 끊고 책임감 있는 가장이 되고자 할 때, 이를 불평하던 아내가 이들과 이혼하고 또 다른 알코올 중독자들과 결혼한다는 사실을 발견하고는 상당히 놀란다. 그동안 이러한 일을 많이 보아왔다. 오늘날 인간 행동 연구에서 증명되듯이, 우리의 두뇌는 복잡한 컴퓨터와 너무나 흡사하다. 대부분의 사람들은 자신의 컴퓨터 두뇌 속에 옳건, 그르건 자신의 부모가 프로그램을 짜 넣어준 행동 유형을 지속하기를 선택한다. 나는 「그리스도인의 자녀교육과 성격개발」(Christian Child-Rearing and Personality Development, 1977)이라는 책에서 우리의 행동 유형과 태도의 약 85%는 6세까지 굳어진다는 나의 신념을 증명하였다.

하지만 우리 모두가 그러한 어린 시절 행동 유형에 영원히 감금되어 우리가 할 수 있는 일이란 아무것도 없다고 말하고 있는 것은 아니다. 단지,

대부분의 사람들이 어린 시절의 행동 유형과 세계관에 감금되는 것을 무의식적으로 선택한다는 것이다. 우리 안에 자유의지를 지어주신 하나님께 감사하라. 하나님께서 당신의 형상대로 우리를 지으셨을 때, 우리에게 자유의지, 즉 선택의 능력을 또한 부여하셨다. 자유의지의 능력이 없었더라면, 정신요법이나 이런 저술활동의 노력은 아무런 가치가 없었을 것이다. 나는 하나님께서 주신 자유의지를 여러분이 새롭고, 건강한 삶의 태도와 행동 유형을 선택하는 데 쓰도록 바라고 기도한다. 나는 여러분이 행복하기를 원한다. 하지만 나는 나 자신을 제외하고는 그 누구도 행복해지도록 만들 수 있는 능력이 전혀 없다. 내가 할 수 있는 일이란 여러분이 행복을 선택하도록 설득하고, 그것을 누리기 위한 올바른 길을 가르쳐 주는 일밖엔 없다. 행복을 선택하고 올바른 길을 따르는 것은 바로 여러분에게 달려 있다.

폴 D. 마이어

제1부

우울증이란 무엇인가?

1. 누가 우울증에 빠지는가?

전에 한 번도 만난 적이 없는 한 젊은 여인이 응접실에서 기다리고 있었다. 우리는 그 여인을 방으로 안내하여 그 여인이 가지고 있는 문제에 대해 질문하였다. 그러자 그 여인은 갑자기 눈물을 흘리며 자신이 얼마나 깊은 절망 상태에 빠져 있는지를 이야기했다. 그 여인에게 있어서 삶이란 아무런 가치가 없는 것이었다. 다시 말해, 그 여인은 심각한 불안과 절망감에 빠져 있었던 것이다. 그 여인은 우리가 큰 도움이 되어주기를 바랐고, 마치 우리가 그 여인의 마지막 희망이기라도 한 듯이 애원했다.

이 젊은 여인은 "우울증"이라는 미국에서 가장 흔한 문제로 괴로워하고 있었던 것이다. 정신과 의사인 우리들은 복잡한 감정상의 문제들보다는 우울증으로 괴로워하는 사람들을 더 많이 보게 된다. 미국인의 대다수가 살아가면서 가끔씩 심각하고 병적인 우울증으로 괴로워하고 있다.

현재, 미국인은 20명 중 한 명꼴로 우울증에 시달려 약물 치료를 받고 있다. 물론 훨씬 더 많은 사람들이 우울증으로 괴로워해도 도움을 받지 못하고 있는 실정이다. 한 통계에 따르면 18세에서 74세의 미국인 가운데 약 200만 명의 사람들이 우울증에 시달리고 있다고 한다. 우울증은 자살의 주요 원인이기도 하다. 우울 증세를 심각하게 보이는 사람들의 약 15%가 결국 자살로 목숨을 끊는다. 우울증은 남성보다는 여성에게서 두 배나 많이 나타나고, 사회 경제적으로 고위층에 있는 사람들에게서는 세 배나 많이 나타난다. 행복은 결코 돈을 주고 살 수 없다. 우울증은 대개 40~50대의 사람들에게 주로 나타나지만 유아기로부터 노년에 이르는, 스트레스를 받는 모든 시기에 나타날 수 있다.

우울증은 한 마디로 정의 내리기 어려운 단어이다. 사람들은 우울증을 감정의 미묘한 흔들림에서 정신병에 이르는 행동의 스펙트럼으로 간주한다. 정신과 의사인 우리들은 병적인 우울증, 즉 우울증이 너무나 심해 생리적인 이상까지 보이는 그런 사람들을 치료하고 있다.

우울증은 욥의 시대에서부터 현재에 이르기까지 계속해서 논의되고 있다. 처음 증세가 기록된 후부터 지금까지 여전히 같은 증세가 기록되고 있다. 성경에서는 욥, 모세, 엘리야, 예레미야, 다윗과 같은 사람들의 우울 증세를 기록하고 있다. 1600년대 리처드 버튼(Richard Burton)은 「우울증의 분석」(The Anatomy of Melancholia)이라는 우울증에 대한 훌륭한 저서를 남겼다. 이와 비슷한 시기에 프리드만(Freedman), 솔로몬(Solomon), 페취(Patch), 이튼(Eaton), 피터슨(Peterson), 아리티(Arieti), 콜브(kolb) 등과 같은 유명한 작가들이 우울증의 증세에 대해 자세한 기록을 남겼다. 이들이 기술한 증세에 대해선 다음 장에서 살펴보기로 하겠다.

그렇다면 누가 우울증에 시달리는 것일까? 거의 모든 사람들이 인생의 어느 한 시기에 우울증을 경험한다. 하지만 병적인 우울증(clinical depression)으로 인한 정신적인 고통에 시달리는 것은 전혀 불필요하며, 반드시 피해야 할 일이라고 강력하게 주장한다. 그러한 고통을 피하려면 반드시 행복을 선택하고, 그것을 얻기 위한 올바른 길을 따라야 할 것이다.

2. 우울증의 증상은 무엇인가?

우울증은 인간의 정신, 영의 모든 부분에 영향을 미치는 파괴적인 병이다. 우울증으로 인한 고통은 다리가 부러졌을 때 경험하는 육체적 고통보다 더욱 쓰라리다. 하지만 다리가 부러졌을 때와는 달리, 우울증으로 인한 고통은 아주 서서히 나타난다. 수많은 사람들이 육체의 아픔보다 우울증이 더 고통스럽다는 것을 깨닫지 못한 채 우울증으로 인한 수많은 고통에 시달리고 있다. 병적인 우울증의 증상은 크게 슬픈 정서, 고통스러운 생각, 육체적 증상, 불안, 망상 등 5가지로 나누어진다.

슬픈 정서

우울증의 주요 증상 중의 하나는 슬픈 정서(sad affect) 또는 침울(moodiness)이다. 우울증에 시달리는 사람들은 슬픈 표정을 짓게 마련이다. 의기소침해 보이고, 자주 울거나, 울고 싶은 충동을 느낀다. 눈은 항상 아래로 향하고 슬퍼 보인다. 입 언저리는 축 처져 있고 이마에는 주름이 가득하다. 자주 피곤해 보이고 깊이 상심한 듯이 보인다. 표정이 잔뜩 긴장되어 있다. 우울증이 심해지면 자신의 외모에 대해서도 별 흥미를 느끼지 못한다. 이런 사람들은 가끔, 남자라면 면도를 하지 않거나, 여자라면 화장을 하지 않는다. 그렇기 때문에 심각한 우울증세를 보이는 사람들은 단정치 않아 보일 때가 자주 생긴다. 아무리 이들이 미소를 띠며 자신의 우울증을 감추려 해도 드러나기 마련이다. 실제로 우울증에 시달리는 많은 사람들이 미소 우울증(smiling depression)이라는 증세를 보인다. 대부분의 사람들이 마음속의 슬픔이나 분노를 감추려고 전혀 어울리지 않는 미소를 짓게 되는 것이다.

고통스러운 생각

두 번째, 우울증의 주요 증상은 고통스런 생각(painful thinking)이다. 부러진 팔이 확실히 육체적인 고통이라면, 우울증에 빠진 사람들의 생각은 정신적인 고통이다. 육체적·정신적으로 쓰라린 고통을 경험했던 많은 사람들은 정신적인 고통이 육체적인 고통보다 더욱 괴롭다고 강력히 주장한다. 이들에게는 마음의 상처보다 오히려 뼈가 부러지는 것이 나을지도 모른다. 우울증에 시달리는 사람들은 자기를 경멸하는 방법으로 자기반성을 하게 된다. 과거의 실수에 대해 지나치게 집착하고 아무런 잘못이 없는데도 자주 죄의식을 느낀다. 전혀 비난받지 않을 일인데도 당황해 한다. 과거에 실제 저질렀던 일이건, 그저 상상 속에서 만들어진 일이건 간에, 과거의 잘못에 대해 지나칠 정도로 걱정한다. 이런 사람의 생각은 자기 파괴적이며, 자신의 문제에 관해 과잉반응을 보임은 물론 자신의 모든 문제에 대해 자신을 비난하는 일이 흔하다(하지만 어떤 이들은 이와는 반대로, 자기 연민에 빠져 자신의 문제에 대해 타당치 못하게 다른 사람을 비난하기도 한다). 자신이 중요시하는 인기도나, 지적인 면, 영적 성숙도 등에 대해서는 아주 무능력한 사람으로 자신을 평가하는 경향이 있다. 항상 우울하고, 슬프고, 무력하며, 아무런 가치도 없고, 희망도 없다고 생각한다(사실 이런 사람들의 75%가 자신이 절대 회복되지 않으리라고 느낀다). 감정적 지주(emotional support)가 결핍되어 공허함이나 고독을 느끼는 경우도 많다.

다른 사람으로부터의 관심과 인정을 바라면서도 자기 마음속 깊이 자리 잡은 적대감은 이러한 자신의 바람을 허물어뜨리고 만다. 이런 사람들은 최근의 일이나 먼 훗날의 일에 대해 상상 속에 만들어진 잘못을 잔뜩 후회하기도 한다. 늘 만족하지 못하고 비관적이다. 화를 잘 내고 남을 쉽게 믿지 못한다. 매일 매일의 모든 경험은 정신적인 고통을 늘 따르게 한다. 자신에게 지나치게 집착하며 침울한 화제에 몰두한다. 다른 사람들에게서 거절당하리라는 생각과 사랑받지 못하고 있다는 생각에 빠지곤 한다. 현실과 동떨어져 자기 자신에 지나치게 집착한 나머지, 자신의 관심, 기억들이 모두 상처 나 있다. 늘 불안하고 안절부절못하며, 자신의 미래는 암울할 뿐이다.

앞에서도 살펴보았듯이, 고통스런 생각은 죄의식 주위로 모아진다. 이런 죄의식은 진정한 죄의식(true guilt)일 때도 있지만 우울증에 시달리는 사람이 느끼는 잘못된 죄의식(false guilt)은 중요한 문제가 아닐 수 없다. 죄를 짓지 않았는데도 죄의식을 느끼고, 조그만 실수나 잘못에 대해서도 죄의식을 느낀다. 대부분의 사람들은 무엇인가 잘못을 저지른 후에는 짧은 시간 동안 죄의식으로 괴로워한다(단 반사회적인 인물이나 범죄자를 제외하고는 말이다). 그렇기 때문에 대부분은 그 짧은 시간 동안 느끼는 죄의식이 얼마나 고통스러운 것인가를 안다. 잊혀질 줄 모르는 죄의식 속에 끊임없이 살아간다는 것이 얼마나 고통스러운 것인가를 생각한다면, 우울증에 시달리는 사람들이 얼마나 비참해하고 절망에 빠져 있는가를 이해할 수 있을 것이다. 이들은 자신으로서는 이 죄의식에서 도저히 피할 수 없다고 생각하는 것이다.

우울증에 빠진 사람들의 고통스러운 생각은 자신이 통제할 수 없는 외부의 행위나 사건에 대해 자신이 그 책임을 떠맡으려는 것으로 모아진다. 이것은 자신이 중요한 인물이라고 느끼고 싶어 한다는 데에 원인이 있다. 우울증에 시달리는 사람들은 자신이 무능력하고 무가치하다는 생각이 상당히 강해, 자신을 보잘것없는 사람(a nobody)이라고 여긴다.

하지만 그러면서도 자신이 보잘것없는 사람이 되는 것을 원하지 않는다.

만일 자신이 책임져야 할 사건이나 행위들이 너무나 많다면, 보잘것없는 사람이 아님이 틀림없다. 그렇기 때문에 이런 사람들의 지나친 책임의식은 왜곡된 방법을 통해 스스로를 무가치하게 느끼지 못하도록 무의식적으로 자신을 보호한다. 이러한 책임의식은 우울증에 시달리는 사람들에게는 상당한 힘을 부여한다. 마음속에서 자기를 깎아내리고 무능력하다고 여기는 본 마음에 대한 반작용으로, 전지전능한 사람으로 탈바꿈하는 것이다. 우울증에 시달리는 사람들은 자극에 의한 동요(motivational disturbances)라는 특징이 나타난다. 즉 "자극"(motivation)이 결핍되어 있다는 말이다. 우울증에 시달리게 되면, 과거에 관심을 가졌던 행동 유형에 대해 그 흥미를 상실하고 만다. 사람들을 피하기 시작하고 혼자 있기를 원한다. 유머감각도 사라지고 우유부단한 사람으로 변한다. 그리고 결국은 자살을 택하고 만다.

육체의 증상

　병적인 우울증의 세 번째 주요 요인은 의사들이 말하는 "우울증으로 인한 육체의 부수적 증상"(Physiological concomitants of depression)이다. 병적인 우울증이 진행되는 동안, 사람의 신경계에서는 브레인 아민(brain amine)을 포함한 생화학적 변화가 실제적으로 일어난다. 이러한 생화학적 변화는 육체에 다양한 결과를 낳게 한다. 우선 우울증에 시달리는 사람들은 신체의 움직임이 줄어든다. 그리고 수면에도 영향을 받아 밤에 쉽게 잠을 이루지 못하는 경우가 있으며, 더 많게는 새벽 일찍부터 잠에서 깨어 괴로워한다. 그렇게 잠에서 일찍 깨어 다시 잠을 청하는 데에 상당한 어려움을 겪곤 한다. 이러한 일은 매우 자주 생기는 일이며, 잠을 거의 이루지 못하는 경우가 있는가 하면, 어떤 경우에는 잠을 너무 많이 자기도 한다. 식욕에도 영향을 받아 때로는 너무 많이 먹거나 때로는 거의 먹지 않기도 한다(보통은 거의 먹지 않는다). 그렇기 때문에 체중이 줄거나 느는 문제를 겪게 된다. 설사로 인해 괴로워하기도 하지만, 더욱 흔하게는 변비로 괴로워한다. 여성에게 있어서는 몇 달 동안 생리주기가 끊기거나 불규칙하게 진행되기도 한다. 성적인 욕구도 사라진다. 심한 두통이나 머리를 조이는 것 같은 고통에 괴로워한다. 그리고 육체의 움직임이 적어짐에 따라 자세가 구부정하고 무감각 상태에 빠진 것처럼 보이기도 한다. 위에도 이상이 와서 대사 작용이 원활하지 못하다. 입이 바싹바싹 마르며, 심장 박동이 빨라져 가슴이 자주 두근거린다. 이러한 생리적인 변화로 많은 사람들은 심기증(hypochondrias, 건강에 대한 과도한 불안으로 생기는 병)에 빠질까 염려하기도 한다. 이러한 염려로 많은 사람들이 암이나 저혈당증, 영양장애 등에 걸렸다고 착각하는 것이다. 사실상, 이들은 자신의 체면을 유지하려고 육체의 질병을 가지고 있는 것처럼 보이기를 좋아하기도 한다. 이들은 정신적인 갈등을 한낱 정신적 나약으로 보기 때문에 이를 인정하지 않으려고 한다. 자신이 저혈당증에 걸린 것 같다고 해서 우리를 찾아오는 100명의 사람들 가운데, 6시간 동안의 포도당 내성실험(glucose tolerancetest)에서 저혈당 농도가 아주 낮게 나온 사람은 겨우 한 명뿐이었다.

불안 또는 흥분

우울증의 네 번째 주요 증상은 불안 또는 흥분(Auxiety or Agita-tion)이다. 불안과 우울증은 보통 함께 나타난다. 우울증에 시달리는 사람들은 불안해하고 평상시보다 화를 더 잘 낸다. 또한 우울증이 깊어질수록 흥분도 잘하며 늘 긴장하게 되고, 가만히 앉아 있지를 못한다.

망상

다섯 번째로 매우 심각한 우울증일 때 나타날 수 있는 주요 증상은 바로 망상(Delusional Thinking)이다. 이것은 고통스러운 생각과는 조금 다르다. 망상에 빠진 사람들은 확실히 현실을 보지 못한다. 이들의 망상에는 학대(예를 들어, 다른 사람들이 자신과 함께하기를 꺼린다든가 등의 따위)나, 과대망상(하나님이 자신에게 특별한 은사나 통찰력을 주셨다고 생각하는 따위)

등을 들 수 있다. 때로는 자신을 비난하거나 책망하는 환청을 듣기도 한다. 물론 그런 소리는 실재하지 않는다. 또한 다른 사람의 눈에는 보이지 않는 환영(visual hallucination)을 보기도 하며 그런 환영을 하나님의 모습이라고 착각하기도 한다. 이렇게 현실과의 괴리에서 빨리 치료를 받으면 다시 정상적으로 되돌아와 삶에 대해 분명한 사고를 하고 만족하게 된다. 한두 달 정도의 입원치료가 필요한 경우에는 매일매일 정신요법과 정신안정제, 항 우울제 그리고 용기를 주는 말로 치유가 가능하다. 하지만 불행하게도 몇몇 사람들은 영원히 고칠 수 없는 정신병자가 되기도 한다.

다시 말해, 진정한 의미의 병적인 우울증은 인간의 모든 부분, 즉 정신, 육체, 영혼을 포함한 아주 복잡하고 고통스러운 장애이다. 이러한 고통의 범위는 작게는 슬픈 정서와 고통스러운 생각에서부터, 현실에서의 극단적인 고통에서 벗어나려는 현실 감각의 완전 상실에 이르기까지 참으로 넓다. 대부분의 병적인 우울증은 정신병의 단계로까지 가지는 않는다. 하지만 고통스러운 생각, 육체의 증상(즉 우울증으로 인한 부수적인 육체의 증상), 그리고 불안(또는 흥분)의 증세를 포함한다. 사람이 이러한 증상들로 인해 신체적으로나 사회적으로 무능력해지면, 우울증 노이로제에 빠지게 된다. 하지만 전문적인 양질의 정신요법을 통해서 누구든지 우울증 노이로제에서 벗어날 수 있다. 우울증에 시달리는 사람이 슬픈 정서나 고통스러운 생각, 그리고 정신운동의 지체(psychomotor retardation, 신체의 움직임이 느리면서도 전혀 없는 상태)를 동반한 심각한 불안 증세를 보인다면, 그는 흥분된 우울증(agitated depression)을 겪고 있는 것이다. 물론 이런 것 역시도 완전하게 치료될 수 있다. 하지만 우울증에 시달리는 사람이 착각이나 망상에 사로잡혀 있다면, 이는 정신병적인 우울증(psychotic depression)에 빠져 있는 것이다. 정신병적인 우울증을 치료하기란 매우 어렵지만 초기에 이를 잡아준다면 치료가 가능하다. 어떤 정신병적인 우울증은 더욱 심각해져서 전혀 치료할 수 없는 영원한 정신분열증이 되기도 한다. 우리는 이 치유 불가능한 정신분열증을 반드시 치료할 수 있는 의학의 돌파구가 빨리 마련되기를 간절히 바란다.

우울증에 대한 자기 진단

다음의 내용에 "그렇다"라는 대답이 많으면 확실히 우울증에 시달리는 것이기 때문에, 그 우울증이 더 깊어지기 전에 전문적인 도움을 구해야 할 것이다.

1. 1년 전보다 더욱 자주 울고 싶어진다.
2. 우울하고 슬프다.
3. 아무리 좋은 시기에 있어도 희망이나 도움을 전혀 느낄 수 없다.
4. 삶의 동기를 많이 잃었다.
5. 예전엔 즐거웠던 것들에 대해 이제는 아무런 흥미를 느낄 수 없다.
6. 최근에 삶이란 아무런 가치가 없다고 생각한 적이 있다.
7. 최근 수면의 방식이 많이 달라지고 있다. 너무 많이 자거나, 너무 적게 잔다.
8. 식욕을 점점 잃어간다.

9. 화를 잘 낸다.

10. 최근 자주 불안하다.

11. 예전보다 체력이 많이 줄었다.

12. 하루 중 가장 괴로운 시간이 아침이다.

13. 자기 반성을 너무 많이 한다.

14. 거울에 비춰진 내 모습은 너무 슬프다.

15. 자아개념(self-concept)이 매우 좋지 않다.

16. 과거에 대해 지나치게 염려한다.

17. 1년 전에 비해 육체의 증상(두통, 복통, 변비, 빠른 맥박…)들이 많이 나타난다.

18. 내가 과거처럼 일을 제대로 하지 못한다고 사람들이 생각할 거라고 믿는다.

3. 자살은 죄인가?

우울증은 자살의 주요 원인이다. 미국인의 사망 원인 중에서 자살이 10번째로 높으며 해마다 2,400명이 자살로 사망한다. 20분마다 1명꼴로 자살로 인한 죽음에 이르게 되는데 10명 중 한 명만이 자살에 성공할 뿐이다.

세계의 자살률도 점점 증가하고 있으며 해마다 50만 명으로 보고되고 있다.

자살은 사람에게만 있는 문제이다. 동물들은 다른 동물만을 죽일 뿐, 자신을 죽이지는 않는다. 오직 사람만이 스스로 목숨을 끊는다. 하지만 모든 자살 위협이 본심이 아니라는 것을 반드시 기억해야 할 것이다.

사례 P부인이 주로 불평하는 것은 우울증 때문이다. 이 여인은 자살하고 싶다고 말한 것 때문에 병원에 입원하게 되었다. 다음 날 이 여인은 더 이상 우울하지 않다고 말했다. 정신 치료를 하는 동안 여인의 행동과 이야기는 매우 연극적이었다. 보통의 우울증의 증세(슬픈 정서, 죄책감, 육체의 증상, 불안…)를 보이기보다는 매우 극적이고 다소 유혹하는 듯한 복장에다 전혀 죄책감도 느끼지 않는 모습이었다. 매우 감정적이고 쉽게 흥분하고 과잉반응을 보이며 아직 덜 성숙하고, 관심을 끌어들이는 자기중심적인 모습을 보이며, 때로는 거짓을 말하기도 하고 천진난만해 보이는가 하면 의타심이 상당이 많은 것 같은 모습이 비춰졌다. 이러한 성격은 히스테리적인 성격 장애를 가진 사람의 전형적인 모습이다. P부인은 우울증 노이로제가 아닌 히스테리적인 성격 장애를 가졌다. 흔히 그렇듯이, 이 여인은 우울증에 대한 불만이 상당하다고 말했다. 이 여인의 자살 위협은 말 그대로 위협일 뿐이었다. 이러한 히스테리 증세를 보이는 사람들은 자살 위협으로 다른 사람을 속이는 일이 자주 있다. 이 여인의 이야기가 계속되면서 정작 자신이 속이려 한 사람은 이 여인의 남편이었음을 알게 되었다.

자살하겠다고 위협하는 사람들은 아무리 그 자살 위협이 단순히 거짓된 것이라 할지라도 신중하게 대하지 않으면 안 된다. 자살로 위협하는 사람들이 그러지 않으리라는 법이 없기 때문이다. 실제로 자살할 것처럼 보이는 사람들의 10% 이상이 결국 자살을 하고 만다. 자살한 대부분의 사람들은 자신의 자살 의도를 다른 사람에게 알린다. 자살은 보통 이혼했거나, 미망인 또는 사회 경제적으로 상류층에 속한 사람들에게서 자주 나타나며, 미혼인 성인 남자에게도 흔하게 나타난다. 여자들의 자살 시도가 남자들보다 거의 다섯 배나 높지만, 실제 자살로 사망하는 경우는 두 배 정도일 뿐이다. 이러한 이유로는 남자들의 경우에는 여자들처럼 단지 거짓의 시도만을 하는 게 아니라 실제로 치명적인 도구를 사용하기 때문이다. 종교적인 열심을 가진 사람들도 자살을 한다. 대학생 정도의 젊은이들에게 있어서 자살은 사고사 다음으로 높은 사망 원인이 되고 있다. 매 3분마다 자살 시도가 이루어지고, 20분마다 누군가는 실제로 죽음을 맞이한다. 자살을 하고 싶어 하는 사람들에게서 보이는 성격이나 경험들은 대개가 비슷하다. 다음은 자살의 위험성이 높은 사람들에 대한 10가지 경고사항이다.

1. 우울증에서 보여지듯이, 매우 심한 정신적인 고통을 지니고 있는 사람
2. 무능력감에 심하게 빠진 사람
3. 40~50대의 미혼(백인) 남성
4. 가족 중에 자살을 시도했던 사람이 있거나 자살 의도를 다른 사람들에게 알렸던 사람(자살로 사망한 사람 10명 중 8명은 이미 자신의 자살 의도를 알린다.)
5. 아주 심각한 건강상의 문제가 있는 사람
6. 배우자를 잃거나 직장을 잃는 등의 깊은 상실감을 경험한 사람
7. 구체적인 자살 계획을 세운 사람(순간적인 자살에 대한 생각은 신중한 검토 끝에 실제 행동으로 옮겨진다.)
8. 알코올 중독처럼 매사에 자기 파괴적인 행동을 하는 사람
9. 성취 욕구가 매우 강한 사람
10. 최근 여섯 달 동안 스스로의 삶을 불안하게 만드는 일들을 너무나 많이 경험한 사람

자살은 여러 가지 이유들을 생각해 볼 때 매우 끔찍한 것이다. 첫째로 자살을 저지르는 대부분의 사람들은 사물을 현실적으로 판단하지 못할 때, 그러한 짓을 저지르고 만다. 만일 이러한 사람들이 상황의 본질을 바로 보고 이들의 문제가 지극히 순간적이며 해결 가능하다고 깨닫게 된다면 실제로 자살을 저지르지 않을 것이다. 두 달 간의 정신치료 요

법을 받고 난 사람들은 자신이 과거에 실제로 자살을 하려 했다는 사실에 매우 놀란다. 둘째로 자살 후에 남아있는 자녀들이나 다른 친척들, 그리고 친구들에게 파괴적인 영향을 끼치게 된다. 아이들은 부모의 자살에 대해 자신의 탓으로 돌리고, 성인이 되어 어려운 상황에 부딪치면 자신들 역시 삶을 포기한 부모들을 따라 자살할 확률이 높다. 마지막으로 살인이 죄인 것처럼 자살 역시 죄이다. "살인하지 말라." 이 말씀은 다른 사람들의 생명뿐 아니라, 자기 자신의 생명에도 적용되는 말씀이다. 자살은 하나님께서 절대 원하지 않으신다.

성경에도 겨우 일곱 명의 인물만이 자살로 목숨을 끊었다. 아비멜렉(삿 9:54), 삼손(삿 16:30), 사울(삼상 31:4), 사울의 병기든 자(삼상 31:5), 아히도벨(삼하 17:23), 시므리(왕상 16:18), 가룟 유다(신약의 복음서). 이 일곱 사람은 모두 하나님의 뜻에 순종하지 않은 사람들이다.

4. 슬픔의 반응은 우울증과 같은가?

모든 사람들은 사랑하는 사람의 죽음, 애완동물의 죽음, 사업의 실패, 약혼자의 거절, 대학 시험에서의 탈락, 차 사고로 인한 팔다리의 절단, 불치병 등과 같은 심각한 상실(喪失)과 반전(反轉) 등에 시달린다. 사람들이 심각한 상실이나 반전을 겪게 되면 다섯 가지의 슬픔의 단계를 거치게 된다. 조금 성숙한 사람들은 다른 사람들보다 더 빨리 이러한 단계를 극복한다. 슬픔의 반응은 병적인 우울증과는 다르다. 하지만 2단계 혹은 3단계의 과정에서 너무 오래 머무르게 되면, 병적인 우울증으로 깊어진다.

1단계 : 부인

사람들은 앞에서 말한 그런 슬픔을 당하게 되면 순간적으로 믿으려 하지 않는다. 하지만 이 단계는 그리 오래가지 않는다.

사례 아버지와 너무나 친했던 다섯 살의 제인이라는 여자아이가 있었다. 하루는 함께 잠을 자는데 아버지가 심장 발작을 일으켜 긴급 구급차에 의해 병원으로 옮겨지게 되었다. 아버지는 딸에게 돌아오리라고 약속했지만 병원에서 그만 숨을 거두고 말았다. 제인은 아버지의 죽음의 소식을 들었지만 완강히 부정했고, 그 후로도 몇 년 동안, 옷장이나 침대 밑에서 아버지를 찾곤 했다. 10대가 되어서도 제인은 자신의 방에 찾아와 따뜻한 말을 건네주는 아버지의 환영을 이따금 보게 된다. 제인은 이 슬픔의 첫 번째 단계인 '부인'(否認)에서 깊이 좌절했다. 그리고 이 단계를 벗어나기까지는(14~16세) 매주마다 정신요법의 치료를 받아야 했다.

2단계 : 분노의 발산

가슴 아픈 상실을 겪을 때에 경험하는 두 번째 단계는 자신이 아닌 다른 누군가를 향한 "분노의 발산"이다. 심지어는 안타깝게도 죽은 사람에게까지 화를 내기도 한다. 이러한 반응은 어린아이가 죽음이나 이혼 등의 원인으로 부모를 잃었을 때에 항상 나타난다. 인간이라면 누구나 나타낼 수 있는 반응인 것이다. 그리고 이 단계에서는 이러한 슬픔을 허락하신 하나님께 대한 분노도 포함하고 있다. 그러나 하나님께 대한 분노는 주로 억제되어 있기 때문에 스스로는 잘 인식하지 못한다.

사례 C부인은 자신의 이혼으로 2년간 상담을 받아왔으며 여전히 슬퍼하고 절망하고 있다. C부인의 슬픔의 반응은 오랫동안 우울증으로 깊어졌다. C부인을 가만히 살펴보았을 때 그 부인은, 이혼을 허락하고 남편으로 하여금 자기 생활을 정리하도록 강요하지 않는 것 때문에 하나님을 여전히 원망하고 있음이 확실했다. 하지만 부인은 이를 인정하려고 하지 않았고 자신이 하나님을 원망하고 있을 것이라는 의사들의 말에 화를 냈다. C부인이 젊었을 때에는 신앙심이 참으로 강했다. 그렇기 때문에 하나님을 원망하고 있을지도 모른다는 생각이 이 부인을 더욱 두렵게 만든 것이다. 그 부인은 매일 헌신과 기도를 하느냐는 질문에 예수 그리스도를 자신의 구주로 영접한 후 몇 년 동안은 그렇게 했노라고 대답했다. 하지만 지금도 그러한 헌신을 하고 있느냐고 묻자, 그 부인은 잠시 망설이다가 결국 아니라고 대답했다. C부인이 헌신을 하지 않겠다고 실제로 결심한 것은 아니었지만 약 2년 동안은 그렇게 습관처럼 하던 기도와 헌신을 하지 않고 있었다. C부인은 곰곰이 생각한 끝에 남편과 헤어질 그 때부터 하나님과의 친밀한 교제를 끝냈다는 사실을 깨닫게 되었다. 그리고 자신의 억압된 분노가 하나님을 향한 것이었음을 알게 되자 눈물을 흘리며 하나님께 용서를 구했다. 그러자 곧 C부인의 우울증은 사라지고 하나님과의 친밀한 교제도 다시 시작하게 되었다.

3단계 : 분노의 억제

　　심각한 상실이나 뜻밖의 일을 경험한 후에는, 하나님과 함께 책임이 있다고 느껴지는 누군가에게 분노의 반응을 보이면서, 심한 죄책감에 빠지기 시작한다. 이러한 죄책감은 진정한 죄의식과 함께 나타난다(진정한 죄의식에 대해서는 제2부 4장에서 잘 설명하고 있다). 슬픔에 빠진 사람은 하나님과 다른 사람에게 원망을 품었던 것에 대해 어느 정도 진정한 죄의식을 느낀다. 에베소서 4장 26절에서 바울 사도는 "분을 내어도 죄를 짓지 말고, 해가 지도록 분을 품지 말라"고 말씀하신다(즉 원망을 잠자리에 들 때까지 품고 있으면 안 된다는 말이다). 다른 말로 하면, 뼈 아픈 상실을 겪게 되었을 때 분을 내는 것은 당연하다는 말이기도 하다. 분노는 사람의 자연스러운 반응이기 때문이다. 하지만 잠자리에 들 때까지 누군가에게 화가 나면 그가 용서를 받을 만하건 그렇지 못하건 간에 하나님의 도움으로 반드시 용서해야 한다. 하나님께서는 우리가 우리 자신을 위해서 자신은 물론 다른 사람을 용서하기를 원하신다. 만일 원망을 품게 되면 결국 병적인 우울증에 빠지게 되기 때문이다. 슬픔에 잠긴 사람들은 원망을 품고 있는 자체가 죄이기 때문에 어느 정도 진정한 죄의식을 느끼는 것이다.

슬픔에 잠긴 사람들은 또한 가슴 아픈 상실이나 뜻밖의 일이 일어난 것을 자신의 실수로 돌려 생각하려고 한다. 이러한 사람들은 어리석게도 모든 일을 자신의 탓으로 돌리는 경향이 있다. 항상 "소 잃고 외양간 고치는 격"이 되고 만다. 슬픈 일을 당하기 전에 막을 수 있었더라면 하는 후회를 하곤 하는 것이다. 이런 사람들의 분노와 원망은 모두 자기 자신에게로 향한다. 일이 일어나기 전 충분한 생각을 하지 못했다는 것에 대해 하나님 앞에서 자신의 실수를 인정하고 스스로를 용서해야 하지만 오히려 자신에 대한 원망과 자학적인 생각으로 자신을 괴롭히기 시작한다.

대부분의 사람들은 이 단계를 빨리 극복하고 1, 2주일 안에 4번째 단계로 넘어간다. 하지만 "분노의 억제" 단계가 계속되면 심각한 우울증에 시달려 몇 달 동안 정신치료를 받아야 한다.

사례 B부인은 목사의 아내로 우울증과 불안에 시달려 자살까지도 생각해 봤던 상황에서 정신치료를 받으러 찾아왔다. B부인의 혈압은 계속 높아지기만 하여 위험 수준에까지 이르게 되었다. B부인의 아버지는 B부인이 정신과 의사의 도움을 받기로 결심하기 1년 전에 세상을 떠나고 말았다. 치료하는 동안 B부인의 마음속에는 1년 전 아버지의 죽음에 대한 원망이 억눌려져 있음을 알게 되었다. B부인은 아버지에게 "안녕히 가세요."라거나 "사랑합니다."라는 말을 해보지 못한 것에 대해 죄책감을 느끼고 있었다. 그리고 살아 계실 당시 아버지께 무엇인가 화를 내고 있었고 이제 고인이 된 아버지께 원망을 품고 있었다는 사실에 매우 심한 죄책감을 느끼고 있었다. 우리는 누군가가 죽으면 그 사람의 나쁜 점은 잊어버리고 그 죽은 사람에 대해 화를 내고 있었다는 사실을 후회하는 경향이 있다. B부인의 억압된 분노는 자신에게 실망만을 안겨줄 뿐 아니라 조그마한 충격에도 혈압이 생명을 위태롭게 만들 정도로 올라가게 만든다. B부인을 담당하던 정신과 의사는 게슈탈트 요법을 이용해 자신을 B부인의 아버지로 생각하게끔 하여 자신의 마음속에 억눌려져 있던 모든 감정과 생각을 전부 말할 수 있도록 용기를 주었다. 처음엔 자신의 감정을 드러내기를 두려워하였지만 결국은 자신의 모든 감정을 털어놓았다. 늘 그렇듯이 시작은 어려웠지만 아버지와의 사별, 사랑, 분노, 죄책감 등의 모든 감정을 눈물을 흘려가며 고백했다. 20분쯤 지나자 B부인은 1년 이상 마음에서 억눌려져 있던 모든 감정에서 벗어날 수 있었다. 일주일 만에 B부인의 우울증이 해결되었고, 혈압도 정상으로 되돌아와 지금은 평안히 살고 있다.

4단계 : 진정한 슬픔

이 단계는 가장 중요하고 실제로 없어서는 안 될 단계이다. 우리가 깊은 상실이나 뜻밖의 슬픔을 당하게 되면 여자나 남자나 마찬가지로 우는 것은 매우 중요하다. 하지만 우리의 문화는 대개 남자의 경우 혹은 여자에게도 장례식에서조차 자신의 감정을 억제하여 울지 않음으로써 자신의 강함을 보여줄 것이라고 부추긴다. 요셉이 아버지 야곱이 죽었을 때 눈물을 흘린 것은 연약해서였을까? 예수님께서 친구 나사로의 죽음 앞에서 눈물을 흘리셨던 것 역시 연약하였기 때문이었을까? 물론 아니다. 깊은 상실 앞에서 눈물을 흘린다는 것은 지극히 인간적이며 신성한 것이다. 슬픔으로 인해 수년 동안 지속되는 우울증이 생기는 것이 아니다. 당신의 사랑하는 사람이 세상을 떠났다 하더라도 지금은 하늘에서 기뻐하고 있을 것이다. 하지만 여전히 그와의 우정을 그리워하고 있다면 슬픔을 참지 말고 실컷 울어라. 그렇게 되면 곧 5단계로 넘어갈 수 있을 것이다.

사례 T부인은 전임사역자의 아내로 아름답고 젊은 여인이다. 하지만 아버지의 죽음으로 우울증과 불안에 시달려 2년 동안은 하나님을 진정으로 섬길 수가 없었다. T부인의 아버지는 우울증이 매우 심하여 자살을 하고만 것이다. T부인은 누군가가 죽었을 때 울어서는 안 된다는 금욕적인 신앙의 배경 속에서 자라났기 때문에 자기가 그렇게도 사랑했던 아버지의 죽음 앞에서 슬픔을 감추고 말았다. 게슈탈트 치료법을 이용해서 그녀의 아버지가 빈 의자에 앉아 있다고 가정하여 자신이 얼마나 그리워하는지, 그리고 자신의 마음속에 있는 모든 감정을 이야기하게 했다. 물론 T부인도 처음엔 망설였지만, 곧 자신의 마음을 드러내었다. T부인은 전에는 결코 흘리지 않았던 눈물을 터뜨리고 말았다. 이러한 정신진단이 몇 주일 계속된 후, T부인의 우울증은 상당히 줄어들었다.

5단계 : 해결

다섯 번째 단계는 부정과 분노의 발산, 분노의 억제, 진정한 슬픔(또는 웃음) 등을 겪은 후에 일어나는 비교적 짧은 단계이다. 해결 상태에 이르면 삶에 대한 열정과 기쁨을 되찾게 된다. 해결은 1단계에서 4단계를 거친 후 자동적으로 나타난다.

정상적인 모든 사람들은 뼈아픈 상실과 뜻밖의 슬픔을 겪게 되면, 슬픔의 다섯 단계를 모두 경험한다. 성숙한 사람인 경우에 친구의 죽음 등과 같은 가슴 아픈 상실을 겪게 되면 3주에서 6주 정도의 이러한 과정을 거치게 된다. 이러한 다섯 단계의 변화가 상실 후 슬픔의 반응을 하지 못하도록 막는다는 의미가 아니다. 단지 다섯 단계를 거치는 동안 보다 빨리 두려움을 없애는 데에 있다. 모든 사람은 가끔 습관적인 슬픔에 괴로워한다. 하지만 이 책 속에서 얻은 지식을 실생활에 옮긴다면 자신이 우울증에 빠져야 할 이유가 전혀 없다는 것을 알게 될 것이다. 결국 행복은 그의 선택이 될 것이기 때문이다. 진실로 행복은 선택이다.

제2부

우울증의 원인은
무엇인가?

1. 유전현상은 좋은 변명거리인가?

유전학에 대해 상당한 연구를 한 우리들은 모든 것을 "나쁜 유전인자"(bad genes) 탓으로 돌리는 사람들을 별로 좋아하지 않는다. 오늘날, 사람들은 알코올 중독이나 동성연애 등과 같은 죄를 나쁜 유전인자 때문이라고 비난한다. 이러한 사람들 중에서도 소위 과학자라고 하는 사람들이 이에 필사적으로 매달리려고 한다.

우리의 유전적인 구조는 우리의 지적인 잠재력과 감정적인 잠재력에 대단한 영향을 준다. 하지만 성인이 되어서의 지혜와 행복의 정도는 몇몇 사람들이 생각하는 것처럼, 유전적으로 미리 결정되는 것이 아니다.

대부분의 우울증은 우리 자신의 분노나 죄의식을 무책임하게 처리하는 데에서 생기게 된다. 어떤 사람들은 자신의 선택에 무책임하지만 어떤 사람들은 지식이 부족하여 무책임하다. 우리는 독자들이 이 책을 통하여 자신의 감정을 책임감 있게 다루는 지식을 배워 실제 생활에 잘 실천하기 바란다.

그러나 대부분의 사람들은 특히 감정에 대해서는 책임의식을 인정하고 싶어 하지 않는다. 우리의 모든 슬픔에 대해서 부모나 친구, 사회의 부당한 대우, 질병 등의 탓으로 돌리거나 오늘날의 사회에서는 "나쁜 유전인자" 탓으로 돌리려는 경향이 매우 흔하다.

우리는 다른 사람에 비해 술에 쉽게 취하는 경향이 있지만, 신기하게도 술을 잘 마시지 않는다. 우리는 다른 사람보다 남성 호르몬이 적지만 동성연애에 쉽게 빠지지 않는다. 그리고 아무도 유전적으로 동성연애를 하도록 만들어지지 않았다. 정말 신비로운 일이다. 어떤 사람은 뇌 속의 노에피네프린(norepinephrine)이 부족하여 스트레스를 받으면 병적인 우울증으로 깊어지는 유전형질도 있다. 반면 어떤 사람은 뇌 속의 도파민(dopamine)의 농도의 변화로 같은 스트레스를 받아도 정신 분열 증세를 보이는 사람도 있다. 하지만 자신이나 다른 사람에 대해 원망하라고 강요하는 유전형질은 없다. 원망을 품는 무책임한 행동은 우울증의 주요 원인이다.

그리스도인인 우리들은 각 사람의 유전적인 잠재교육이나 선천적 기질이 하나님의 계획에 있다고 믿는다. 하나님께서는 당신께 영광을 돌리는 한 부분으로 우리 각자에게 강함과 약함을 허락하셨다. 시편 139편 13~14절에서 다윗은 "주께서 내 장부를 지으시며 나의 모태에서 나를 조직하셨나이다 내가 주께 감사하옴은 나를 지으심이 신묘 막측하심이라 주의 행사가 기이함을 내 영혼이 잘 아나이다"라고 고백한다. 이사야 43장 7절에서 하나님은 "무릇 내 이름으로 일컫는 자 곧 내가 내 영광을 위하여 창조한 자를 오게 하라 그들을 내가 지었고 만들었느니라"고 말씀하신다. 어째서 하나님은 우리들 각자를 완벽하게 만들지 않으셨는지를 우리는 알지 못한다. 하지만 결국 최선의 결정을 내리시는 지혜와 사랑과 공의의 하나님을 우리는 믿는다. 하나님이 좀 더 자비하시지 못하다고 생각하여 하나님을 원망하는 것은 상당히 어리석고 거만하고 버릇없는 태도이다. 우리는 실제로 하나님보다 더 지혜롭고 자비하다고 생각하는 성숙하지 못한 사람들을 많이 만나게 된다. 이런 사람들은 하나님께서 잘못하고 계시는 것이라고 생각한다. 하지만 사람이 순간의 고통만을 바라보고 있을 때에, 하나님은 영원의 기쁨을 바라보고 계신다. 사람은 우울증이라는 고통에 공감할 수 있다. 그러나 하나님께서는 사람의 고통을 공감하실 뿐 아니라(예수님께서는 십자가에서 고통스런 죽음을 당하셨다.) 사람들이 우울증에서 벗어나 자신의 일에 책임을 다하는 영적인 성숙에 이르기를 기뻐하신다. 독자 여러분 중에는 다음 장으로 넘어가려 할지 모르겠지만, 학문적인 것에 관심이 있는 사람들을 위해 우울증에 대한 유전적인 자료들을 요약해 보았다.

1. 지금까지 이루어진 과학적인 연구에 따르면 여자가 남자보다 우울증에 빠지기 쉽다고 한다. 이러한 경향은 물론 문화적인 요인도 간과할 수 없겠지만 유전적인 요인도 상당히 있음을 제시하고 있다.

2. 우울증에 걸린 사람의 친척들이 다른 사람보다 우울증에 걸릴 확률이 상당히 높다는 연구 결과가 나왔다. 사실 정서장애에 관해서 일계 혈족(부모, 형제자매, 자녀)의 위험 수치는 다른 사람들과의 관계에서보다 더 높다.

3. 많은 과학자들은 쌍둥이의 연구를 통해 사람마다 우울증에 대한 유전형질이론을 받아들였다. 서른여덟 쌍의 쌍둥이를 연구한 결과 일치 비율(즉 첫아이가 우울해한다면 두 번째 아이도 함께 우울해한다는 경향)이 일란성 쌍둥이의 경우 57%로 나왔지만 이란성 쌍둥이의 경우 27%에 불과한 것으로 밝혀졌다. 일란성 쌍둥이의 유전적인 동일

함은 문화적인 요인이 고려되어도 그 차이를 쉽게 설명할 수 있다. 쌍둥이에 대한 또 다른 연구에서, 따로 떨어져 자라면 일란성 쌍둥이가 67%의 일치 비율을 보이지만, 함께 자라면 76%로 약간 더 높음을 보여주었다.

4. 변이방식(우성 대 열성, 상염색체 대 성염색체, 단일염색체 대 복합염색체)은 아직도 많은 연구 중에 있다. 몇 가지 연구를 통해 x염색체의 짧은 팔 부분에 우울증(일종의 조울병)을 일으키는 유전적 형질이 있다는 사실이 밝혀졌다.

5. 비교적 흔하지 않은 조울증(Manic-depressive)은 대부분의 우울증과 달리 유전에 의한 것으로 간주된다. 망상이나 기분의 과장된 상승(보통, 빠르고 쉴 새 없는 말)에서 자살을 생각할 정도의 심각한 우울증에 이르기까지 감정의 동요는 환경으로 인한 스트레스와는 전혀 관계가 없는 것처럼 보일 때도 있다. 그렇기 때문에 유전은 조울증에서 중요한 요인으로 여겨진다. 조증은 리튬염(lithium salt)으로 치료 가능하고 울증도 항 우울제로 치료가 가능하다. 조울증의 부모를 둔 사람들의 일치비율은 36~45% 정도이다. 조울병을 앓는 부모의 형제들에 대한 일치비율은 20~25% 정도이다. 하지만 조울증 부모의 쌍둥이 자녀가 조울병에 걸릴 일치비율은 66~96%로 다양하게 나타난다.

우울증의 주요 요인은 유전학의 몇몇 범위에서는 크게 강조되었다. 사람들은 자신의 우울증을 자신의 행동이나 감정의 무책임 탓으로 돌리지 않고 나쁜 유전인자 때문이라고 강조한다. 한편, 상담 전문 의사는 우울증에 대한 유전 형질을 반드시 알아야 하고, 또한 올바르게 진단하면 얼마든지 의학적인 치료가 가능하기 때문에 조울증에 관한 해박한 지식이 있어야 한다.

2. 우울증의 뿌리는 얼마나 깊은가?

우울증은 아주 깊이 뿌리박혀 있다. 대개 40대쯤 해서 처음으로 병적인 우울증에 빠진 사람일지라도 그 우울증의 뿌리는 이미 네 살 때부터 심어진 것이다. 오늘날 어떤 학자들은(특히 비전문인들은) 우울증의 단계가 숫자를 세듯이 간단하다고 설명한다. 예를 들어 우울증의 성격 유형이 단 하나뿐이라고 말하는 것은 어리석고 잘못된 경우이다. 정신병학의 연구에 의하면 수백 가지의 다양한 성격 유형과 행동방식을 보이는 주요한 성격 유형이 적어도 10가지는 있다고 한다. 우울증에 빠지기 쉬운 유형은 얼마 안 돼도, 저마다의 성격을 가진 사람들은 가끔씩 우울증에 시달린다.

인간의 두뇌는 컴퓨터와 매우 비슷하다. 마이어 박사는 자신의 초기 저서인「그리스도인의 자녀교육과 성격개발」에서 성격 개발에 대한 수백 가지 연구항목을 간추려 놓았다. 마이어 박사는 어른의 행동 유형의 85%가 60세까지는 완전히 굳어진다는 사실을 증명했다. 인생에 있어서 중요한 시기인 처음 6세까지는 대개 부모의 행동을 모방한다. 특히 부모 중에서 자신과 성별이 같은 부모를 모방한다. 부모의 행동을 그대로 배운다. 부모가 화를 억제하면, 아이도 화를 억제하려는 경향을 보인다. 부모가 동정심을 얻고자 육체적 질병이나 우울증의 증세를 보이면 아이도 따라 하게 된다. 부모는 아이에게 중요한 시기인 6세까지 의식적으로든 무의식적으로든 갖가지 행동에 대해 칭찬하기도 하고 꾸짖기도 하며 자신의 생각대로 아이를 키우려 한다. 하지만 보통 동기는 좋지만 잘못된 방법으로 하는 경우가 대부분이다.

예를 들어 2~3세의 아이는 "분노"의 감정에 민감하다. 아이들은 화가나면 자신들 역시 그것을 인식하고 또 화가 난 감정을 표현한다. 때로는 타당하기도 하지만 때로는 타당하지 못할 때도 있다. 만일 아이가 부모에게 짜증을 부리면 부모는 현명한 방법으로 아이들의 화난 감정을 풀도록 해줘야 한다. 사실 부모는 아이들이 화를 내는 것에 감사해야 한다.

하지만 아이들이 발로 차는 행동을 하면서 화를 내면 부모 역시 아이들의 엉덩이를 때린다. 더욱이 많은 부모들이 아이들이 타당한 이유로 화를 내는 데에도 이를 억제하려고만 한다. 실제로 어떤 부모들은 아이들이 온당하게 화를 낸 것에 대해 꾸지람을 하기도 한다.

당신은 어린아이일 때 아버지에게 "아빠! 저 지금 아빠한테 상당히 화가 나 있는데 얘기 좀 해요!"라고 말해본 적이 있는가? 아마도 여러분 중 대부분은 자신의 화로 거절이나 꾸지람을 당할까 봐 아버지에게 화내는 것을 두려워했을 것이다. 그리고 어느 경우에도 화를 내면 안 된다고 생각하는 자기 기만에 빠졌을지도 모른다. 화를 참거나 혹은 개를 차거나 형제들과 싸움으로써 이를 대체했을지도 모른다.

35년 후, 당신이 원하는 승진을 했다고 하자. 하지만 3살 때에 화를 참아야 한다고 배웠기 때문에 화가 났지만 제대로 인식하지 못한다. 매일 밤마다 상사에 대한 무의식적인 원망을 느낀다. 신경전달물질인 세로토닌(serotonin)과 노에피네프린(norepinephrine)이 뇌에서 점점 사라지고 불면증이나 피로, 식욕 감퇴, 그리고 우울증으로 인한 다른 부수적 증상들이 점점 심해진다. 이런 상황에서 당신이 의사를 찾아가 모든 것을 얘기하면 그 의사는 당신이 우울증에 빠져 있고 마음속에 꼭꼭 눌러둔 분노의 감정이 있다고 말한다. 물론 그 의사의 말이 옳긴 하지만 당신은 그 의사가 잘 모르고 하는 말이라고 생각한다. "제가요? 화가 나 있다고요? 왜죠? 전 3살 때부터 한 번도 화를 낸 적이 없는데 말입니다." 그 의사는 정신과 의사에게 문의하라고 하지만, 당신은 화를 내며 자신의 감정을 "좌절감"이라고 말한다. 당신은 의사가 당신에게 저혈당증이나 갑상선에 문제가 있다고 말해주길 원하지만 그 의사는 당신의 생각을 인정하지 않고 정말로 당신이 우울해 하고 있다고 말한다.

한 달 후, 당신의 상황은 점점 악화된다. 당신은 3명의 전문의를 찾아가지만 아무도 당신에게 이상이 있음을 알아내지 못한다. 그래서 당신은 모든 의사가 형편없다고 생각한다. 결국은 당신이 듣기 원하는 말을 해주는 엉터리 영양사나 무당을 찾아간다. 며칠 동안은 해방감을 느끼지만 증세는 여전하다. 이쯤해서 당신은 자살을 결심하지만 이유는 모른다.

대부분의 사람들처럼 당신도 당신 자신의 감정에 대해 당신의 책임으로 돌리기를 꺼린다. 당신은 이것을 당신의 배우자의 탓으로 돌리며 현재 크게 증가하고 있는 "이혼"을 해결책으로 생각한다.

마지막으로 당신은 중류층으로서의 자존심을 억누르고(상류층의 사람들은 정신과 의사를 찾아간다) 정신과 의사를 찾아간다. 그 정신과 의사는 당신에게 진정제를 주고 일주일에 한 번씩 정신요법으로 치료한다. 그 정신과 의사는 당신의 화난 감정을 알게 되어 당신이 그 감정을 드러내어 해결하도록 도와준다. 석 달에서 여섯 달 후, 당신은 진정제 없이도 평정을 느끼게 된다. 당신은 당신의 분노를 어떻게 인식하고 다루어야 할 것인가를 배우게 된다. 그리고 중요한 것은 당신이 세 살 때 부모가 화를 참도록 가르쳤다는 사실을 깨닫게 된 것이다.

당신은 "모든 분노는 죄"라고 가르치는 형식적인 교회에서 성장했을는지도 모른다. 많은 사람들이 이를 배웠고 놀랍게도 기독교인 중의 많은 수가 이를 믿는다. 하나님께서 "분을 내어도 죄를 짓지 말라"(엡 4:26)라고 말씀하셨음에도 불구하고 말이다. "분을 내라"(be angry)고 번역된 그리스어는 실제로 명령어이다. 같은 절에서 또한 "해가 지도록 분을 품지 말 것"을 권면한다. 우리는 과거의 좋지 못한 일에 대해 분을 품어선 안 된다. 만일 그리스도인들이 이 말씀을 따르고자 한다면 다시 말해 화를 내되 과거의 분노를 성숙한 방법으로 없앤다면 그리스도인 중에 그 누구도 병적인 우울증에 빠지지 않을 것이다. 죄가 없으셨던 예수님도 가끔 화를 내셨다. 예수님께서는 성전 안에서 돈 바꾸는 사람들을 보고 화가 나셔서 채찍질하기도 하셨다.

물론 화는 잘못되었고 성숙하지 못한 결과로 나타날 때도 많다. 사람들이 화를 내고 안 내는 것보다 더 중요한 것은 화를 다루는 방법이다.

이에 대해서는 다음 장에서 살펴보기로 한다. 사람이 그리스도 안에 거한다면 성숙하지 못함으로 인해 생기는 분노도 점점 줄어들 것이다.

많은 사람들이 어른의 행동 유형 때문에 태어나서 처음 6세까지 감정을 다루는 방법이 잘못되었음을 알게 되었다. 하지만 하나님께서는 우리 사람들에게 자유의지와 함께 모든 것을 할 수 있는 능력도 주셨다(빌 4:13). 우리의 컴퓨터와 같은 뇌 속에 잘못된 프로그램을 바꿀 수 있는 능력도 포함해서 말이다. 거의 모든 우울증에 있어서 문제의 뿌리는 바로 자신에게 있든지(진정한 또는 잘못된 죄책감), 타인에게 있든지(원망) 억제된 분노에 있다. 이러한 원망들은 대체로 인정하기를 꺼리거나 부끄러워하기 때문에 잘 인식하지 못한다. 우리는 죄의 문제에 대한 책임을 회피하려고(해가 진 후까지 분노를 품는 죄는 때로는 몇 달 또는 몇 년 이상 계속되기도 한다.) 우울 증세에 대해 체면이 서는 표현을 찾아내려고 한다. 새로운 표현은 곧 사회에 널리 퍼져 수많은 사람들에 의해 쉽게 받아들여진다. 과거의 일에 대해 주로 사용되는 "변명"은 내분비선 장애, 저혈당증, 영양 알레르기, 내이(內耳) 이상 그리고 최근에 많이 나타나는 불륜관계(이런 경우에는 이혼으로 우울증이 치료된다고 생각한다) 등을 모두 포함한다.

분명히 우울증의 뿌리는 너무나 깊이 박혀 있다.

3. 감정적인 고통의 주요 원인은 무엇인가?

분노가 거의 모든 병적인 우울증의 본질적인 원인이긴 하지만, 다른 고통스런 감정 역시 우울증만큼 괴롭다. 예를 들어 외로움을 느끼는 사람은 병적인 우울증에 시달리는 것은 아니더라도 외로움의 고통도 이에 못지 않게 쓰라리다. 감정적인 고통에는 세 가지의 주요 원인이 있다고 본다.

그 중의 하나가 자기 가치의 상실이다(낮은 자아관). 부모들은 보통 첫째 아이에게 지나치게 많은 것을 요구하기 때문에, 첫째 아이는 대개 출세 지향적이다. 하지만 그것에 만족하는 경우는 드물다. 그러나 첫째 아이부터 막내 아이에 이르기까지 모든 아이들이 낮은 자아관을 가질 수 있다. 예를 들어 집안에서 막내인 경우 억압되거나 과잉보호되는 일이 흔하다. 어머니는 막내 아이가 자라서 밖에 나가는 것을 싫어하여 자신의 품 속에서만 자라기를 바란다. 이러한 과보호 속에서 자란 막내 아이는 10대가 되면 다소 반항적인 성향을 띠게 된다. 술이나 담배에 빠진 친구들을 따라 하려고 한다. 더 이상 어머니가 하라는 대로 하지 않으며 대신 친구들이 인정해 주길 기대하면서도 자기 스스로 생각하는 것을 여전히 두려워한다. 친구들을 보며 자신은 그 친구들에 비해 열등하다고 생각한다. 하지만 보상심리로 독립심이 강한 친구들을 자기보다 열등하다고 생각하여 비웃기도 한다. 이런 아이의 낮은 자아관은 참기 어려운 짐이며 자신에 대한 분노가 점점 커지면 병적인 우울증으로 깊어진다. 우울증은 갓 엄마를 잃은 신생아에서부터 노화 현상으로 괴로워하는 100세 노인에 이르기까지 모든 연령의 사람들을 괴롭힌다.

지나치리만큼 엄격한 부모 또한 아이들이 성장하는 데 낮은 자아관을 심어 줄 수 있다. 이때 아이는 부모는 항상 옳다고 인정하면서 자신의 불완전에 대해서는 자주 자신을 비난한다. 이런 아이가 청소년기나 성년을 맞이하면 잘못된 죄의식이 자라 자신에 대한 분노가 병적인 우울증으로까지 확대되기도 한다. 이 특별한 증상에 대해서는 다음 장에서 자세히 살펴보기로 한다.

냉정히 자신의 요구를 받아들이지 않는 어머니와 수동적인 아버지 또는 아버지가 안 계신 가정에서 자란 아이 역시 낮은 자아관을 가져 우울증에 빠지기 쉽다. 이런 경우에는 어려서부터 정상적인 부모를 만나지 못한 것에 대해 자주 화를 내게 된다. 예를 들어 신체의 자극이 너무 없었던 갓난아이는 아무리 잘 먹어도 곧 파리해져 죽고 만다. 이러한 증상을 소모증이라 하는데 다시 말해 제대로 성장하지 못하고 쇠약해지는 증상이다. 이러한 아이는 어릴 적에 부모와 친해지려고 하지만 실패하고 만다. 이런 쓰라린 경험으로 곧 체념하고 좌절한다. 누군가와 친해지는 것을 두려워하고 자라서 친구들의 거절에도 익숙해져 간다. 어릴 때 이미 커져버린 사람을 사귀는 것의 두려움 때문에 자신이 친구들을 거절한다는 사실을 인식하는 것보다 친구들이 자신을 거절하는 것이 덜 고통스러울 정도이다. 친구가 없는 내성적인 사람은 낮은 자존감을 갖으며 우울증에 쉽게 빠진다.

알프레드 아들러(Alfred Adler)는 "열등감"(inferiority complex)이라는 새로운 말을 만들어 내었다. 알프레드와 그의 동료들은 우리가 우울증의 본질적인 요인을 이해하도록 하는 데 커다란 공헌을 했다. 자존감의 상실은 정신적 괴로움의 결정적인 원인이다.

　사람의 정신적 괴로움의 주요한 두 번째 원인은 다른 사람과의 사귐성의 부족, 다시 말해 외로움이다. 사람이 살지 않는 곳이란 없다. 하나님께서는 우리 사람들이 서로를 필요로 하도록 창조하셨다. 절친한 우정을 맺을 때에는 그에 따른 보상도 오지만 가끔은 문제를 갖기도 한다. 사람은 원래 이기적이기 때문에, 아무리 가까운 친구 사이라 할지라도 상대방의 감정을 해치게 되는 경우가 가끔씩 생긴다. 친구와의 마찰에서 오는 괴로움은 외로움(고독)으로 인한 끊임없는 괴로움보다 더하다. 외로움 역시 우울증과 마찬가지로 선택이다. 외로움에 괴로워하는 사람들은 몇몇의 가까운 친구들과의 우정을 지키려는 노력도 하지 않는 사람들이다(때로는 친구들을 거절하기도 한다). 이런 사람들은 자신의 의지를 억누르는 사귐(친교)의 두려움을 인정하면서도 그렇게 해서는 안 된다는 사실을 깨닫지 못한다. 이런 증세를 갖고 있는 몇몇 사람들은 외향적이 되어 실질적이지 못한 친구들과 사귀는 것으로 이를 보상하려 하지만 사실상 자신의 마음속 깊은 곳까지 나눌 만큼의 절친한 친구는 없다. 어떤 이들은 지나친 비만으로 보상하려고 하면서도, 반대의 성(性)을 가진 사람들이 왜 자신을 거부하는지 의아해 한다. 외로움에 시달리는 많은 사람들은 다른 사람들이 자신과 친해지고 싶어 하지 않는다고 생각한다. 하지만 실제로는 자신이 다른 사람들과 사귀기를 거부하는 것이다. 이런 사람들은 자신의 무책임을 인식하려고 하지 않기 때문에 다른 사람만을 비난한다.

　이러한 방어기제(defense mechanism)를 "투사"(投射)라고 한다. 이들은 슬라이드 영사기가 화면에 슬라이드를 투사하는 것과 같은 방법으로 자신이 거부하는 행위를 다른 사람에게 투사하기 때문에 붙여진 이름이다.

마태복음 7장 25절은 투사와 그것의 위선에 대해 아주 잘 설명하고 있다.

"서로 사랑하라"는 말은 성경 전체에서 강조하고 있는 말씀이다. 예를 들면, 사도 바울은 "서로 돌아보아 사랑과 선행을 격려하며 모이기를 폐하는 어떤 사람들의 습관과 같이 하지 말고"(히 10:24,25)라며 우리 그리스도인들을 권면하고 있다.

해리 스택 설리번(Harry Stack Sullivan)은 대인관계와 그 역학에 대해 수많은 연구와 저술 활동을 한 비 그리스도인 정신과 의사이다. 그 역시 다른 사람과의 사귐이 부족한 것이야말로 정신적 고통의 절대적인 원인이라는 사실을 알아냈다. 고독감은 우울증과 같은 뜻의 말은 아니지만, 확실히 우울증에 빠지는 이유가 된다. 외로움을 느끼는 사람들은 자신을 거절했다고 생각하는 사람들에 대해 원망을 쌓아갈 뿐 아니라(실제로는 거절하지 않았다.) 거절되었다는 사실 때문에 자신에 대한 원망을 쌓는다. 이런 사람은 동료나 절친한 친구의 죽음을 허락하신 하나님께도 심각한 불만을 품는다. 이렇게 쌓여진 원망은 생화학적 변화를 가져와 우울증을 일으키게 된다.

세 번째로 정신적 고통의 주요 원인은 하나님과의 친밀감 부족 때문이다. 우리는 각 사람의 마음속 깊은 곳에 하나님의 공간(God-vacuum)이 있다고 확신한다. 즉 예수 그리스도를 통한 하나님과의 인격적 관계로 채워질 수 있는 내면의 공간인 것이다. 로마서 1장에서 바울 사도는 하나님께서 인간들이 하나님과의 관계가 필요하다는 것을 알도록 순리대로 내버려 두셨다고 말한다. 우리는 종교적인 배경에서 자란 환자들을 만나게 되는데 2~3번의 만남에서 거의 모든 환자들이 자신이 직면하고 있는 영적인 문제를 드러낸다. 죄 가운데 빠져 있음을 인식하고 깨끗하게 되기를 원하면서….

듀크(Duke) 대학의 정신학 교수인 윌리엄 P. 윌슨(William P. Wilson) 박사는 우리의 모든 정신건강에 대한 하나님과의 친밀한 관계가 주는 혜택에 관해 수많은 연구와 저술 활동을 했다. 하버드 대학의 정신학 교수인 아만드 니콜라이(Armand Nicholi) 박사 역시 이 분야에 커다란 기여를 했다. 윌슨 박사와 니콜라이 박사는 모두 헌신적인 그리스도인이다.

이들 전문가들은 정신적 고통에는 다음의 세 가지 요인이 있다고 믿는다.

1. 자존감의 부족
2. 타인과의 친밀감 부족
3. 하나님과의 친밀감 부족

이러한 고통의 요인들로 사람은 병적인 우울증에 빠지게 만드는 분노를 키워가게 된다. 이러한 원인들로 인한 감정적 고통에 대한 치료법은 3부 "우울증을 어떻게 극복할 것인가?"에서 살펴보기로 한다.

4. 완벽주의란 무엇인가?

수많은 성격 가운데 다른 사람보다 우울증에 빠지기 쉬운 한 유형이 있다. 이러한 유형을 "좋은 사람들"(Nice guys)이라 한다. 좋은 사람들이란 자기 희생적이고, 대단히 성실하며, 자기가 해야 할 일은 반드시 해내고, 열심히 일하며, 신앙심도 대단한 사람들을 말한다. 정신학자들은 이런 유형을 강박관념에 지나치게 사로잡힌 성격이라고 부른다. 대부분의 사람들은 이런 사람을 완벽주의자, 또는 일 중독자라 부르며 심지어는 헌신적인 종이라 일컫기도 한다. 우리가 실험하고 있는 의사들 중 90% 이상이 그리고 목사들 중 75% 이상이 강박관념에 시달리는 유형인 것으로 나타났다. 법관이나 음악가, 기술자, 건축가, 치과의사, 컴퓨터 프로그래머, 그리고 그 밖의 전문직 종사자들이 강박관념에 시달리는 경향이 있다고 나타났다. 외과의사나 치과의사, 음악가 중에 자살률이 높은 것도 이런 이유 때문인 것이다. 더욱이 선교사들도 이런 강박관념에 시달린다.

많은 사람들이 이 사실에 대해 놀라워한다. 공평치 못한 일이 아닌가? 이 세상의 게으르고, 이기적이고, 무가치한 사람들보다 사회의 헌신된 일꾼들이 우울증에 걸리거나 자살률이 높은 것은 공평하지 못한 일처럼 여겨진다.

하지만 무의식적인 인간 역학(human dynamics)의 깊이에 대해 연구한 사람들은 이러한 사실이 실제로 대단히 공평한 것이라고 생각한다.

또한 우울증 역시 어느 정도는 선택이라는 사실을 발견하였다. 자살도 선택이다. 그리고 행복도 선택이다. 우울증에 걸린 신앙심 깊은 사람들은 복지의 기생충처럼 개인적인 이기심과 싸우지만 완벽주의자의 이기심은 좀 더 미묘하다. 이런 사람은 사회를 위해 일주일에 80 내지 100시간을 일하면서 아내나 자녀는 무시해 버린다. 자신의 감정을 파묻은 채 컴퓨터화 된 로봇처럼 일한다. 사랑과 동정으로 인류를 돕는다고는 하지만 대개 자신의 불안에 대한 무의식적인 보상심리로 그리고 사회로부터 인정받고자 하는 강한 욕구와 완벽해지려는 충동을 채우려는 수단으로 일하는 것이다. 이런 사람은 늘 자기 비판적이고 마음속 깊은 곳에서는 열등감을 느낀다. 자신을 무가치한 사람으로 느끼며, 부와 권력과 명예를 얻고자 인생의 전부를 광적으로 일하며 보낸다. 자신은 실제로 무가치한 사람이 아니라는 것을 보여주기 위해서 말이다. 자신의 눈에, 사회의 눈에, 자신은 헌신의 화신인 것이다. 자신은 인류를 갖가지 질병에서 구하기 위해 일주일 내내 실험실에서 보내는 의학연구가이지만 아내는 외로움에 시달리고 그의 자녀는 동성연애자가 되어 결국 자살하고 만다. 아내와 아이들이 자신에게 요구를 해오면 화를 낸다. 아내와 아이들이 다른 사람을 생각하고 배타적인 자신을 왜 이기적인 남편과 아버지로 몰아세우는지 그리고 왜 그렇게 예민한 반응을 보이는지 이해하지 못한다. 하지만 그 자신은 자신도 인식하지 못하는 열등감을 보상하려는 이기적 욕구가 강하다. 사실은 아내와 아이들에게는 아무런 잘못이 없다. 오히려 그들은 남편이자 아버지의 미묘한 이기심 때문에 괴로워하고 있는 것이다. 이것은 왜 목회자나 선교사, 의사의 자녀들이 반항적으로 변하는가의 이유를 잘 말해주고 있다.

부디 오해는 말기 바란다. 대부분의 목회자, 선교사, 의사들은 실제로 가족과 많은 시간을 보내며 매우 만족해 하는 독실한 사람들이다. 우리는 보통 일주일에 50~60시간을 일하지만 매일 저녁 가족들과도 충분한 시간을 보낸다. 이는 성경의 우선순위를 세우려는 의도에 따른 것이다. 성경은 사람이 가족을 잘 다스리고 아이들을 잘 양육하지 않으면 결코 성직자가 될 수 없다고 말한다. 그리고 교구 성도들의 요구를 거절할 수 없는 목회자도 목회자의 자격이 없다. 자기 가족을 돌보지 않고 주님의 일에 지나치리만큼 시간을 쏟는 사람은 자신의 교만과 이기적 동기로써 보다 크고 좋은 교회를 세우려는 이기적인 사람인 것이다(물론 대개 이런 사실을 깨닫지 못하지만 말이다).

그리고 이렇게 헌신된 사람들이 중년에 들어서면 신앙심과 이기적인 동기가 결합하여 자신들에게 너무나 많은 것을 기대한다고 생각하여 하나님을 원망하며 가족과 동료들에게도 같은 이유로 원망하기 시작한다.

아이들에겐 반항적이라는 이유로 원망하고, 자신에겐 완벽하지 못하다는 이유로 원망한다. 이들은 심각하고 병적인 우울증에 시달리게 된다.

그리고 진실을 바로 보지 못하고 끝없는 고통과 절망으로 괴로워한다.

순간적으로 자살 기도를 하기도 하는 것이다. 우리는 이 책을 통해 자신의 능력을 소모해버리는 일이 없기를 간절히 바라고 기도한다. 형식적인 완벽주의는 절대 불필요하다. 우울증은 귀중한 시간을 낭비하는 것밖에 되지 않는다. 자살은 남겨진 사람들에게 더할 수 없는 고통을 안겨다 준다. 모든 상처를 싸매어 주시는 하나님께 감사하라.

이 장에서 우리는 완벽주의가 어린 시절에 어떻게 발전해가는 가에 대한 몇 가지 중요한 연구 결과를 나눠 보고자 한다. 그리고 완벽주의적인 일 중독자에게 무의식적으로 진행되는 역학에 대해 몇 가지를 토의해 보고자 한다. 이러한 인간정신의 역학은 일반용어로 설명하기는 어렵기 때문에 독자들은 세심한 주의로 이 장을 읽어가야 할 것이다. 그리고 진정한 죄책감과 잘못된 죄책감에 대해 간략하게 토의하고 이 장을 마칠까 한다.

우선, 당신이 만일 임신 중으로 대단히 완벽한 아이를 출산하고픈 기대를 가지고 있다면(물론 하나님께서 금하신 일이다), 다음의 내용이 도움이 될 것이다. 「정신장애의 진단과 통계 편람」(제2판)에 따르면 "강박관념에 사로잡힌 유형이란 지나치게 엄격하고, 지나치게 내성적이고, 지나치게 양심적이며, 지나치게 의무감에 충실하고 편안하게 쉬지 못하는 사람"이라고 밝히고 있다. 이러한 과정이 신경정신증으로 발전하면 다음과 같은 증세를 보인다.

환자가 도저히 피할 수 없는 원치 않는 생각, 충동, 행동 등이 끊임없이 환자를 괴롭힌다. 생각은 단순한 한 마디의 말이나 명상 또는 환자가 무의미하다고 인식하는 끊임없이 쏟아져 나오는 생각들로 이루어져 있다. 행동은 손을 거듭 씻는 등의 단순한 일부터 시작하여 복잡한 의식(rituals)에 이르는 다양한 행동을 보인다. 환자에게 강박감에 사로잡힌 행위를 하지 못하게 하거나 자신을 통제하지 못하는 것에 대한 염려가 깊으면 불안이나 걱정은 여전히 사라지지 않는다.

강박관념에 사로잡힌 아이를 만드는 방법이 여기 있다.

1. 끊임없이 말하되 신체적으로 능동적이지 않게 하라. 그리고 아이가 하려는 말을 귀담아 듣지 말라.

2. 아이가 태어날 때부터 완벽한 예절을 기대하고 어떠한 실수도 용납하지 말라.

3. 내성적인 아이로 만들어라. 당신이 다른 사람과 건강한 태도로 사귀는 것을 보이지 말라.

4. 당신 주위의 사람들을 냉소하라(당신의 목사님, 이웃들, 남편 그리고 무엇보다 중요하게는 당신의 자녀를 포함해서 말이다).

5. 진짜 속물이 되어라.

6. 아이들뿐 아니라 남편까지도 확실히 지배하라. 이것은 매우 중요하다.

7. 다른 아이들보다 더 우월해지거나 천국에 들어가는 방법으로 도덕을 강조하라.

8. 절대 하나님께 헌신하지 말고 아이의 조부모의 신앙심을 비판하라.

9. 아이에게 아버지가 중요한 사람이라고 말하되 사실은 허울뿐이라고 인정하게끔 하라.

10. 아이가 생후 12개월까지 화장실 사용이 완전히 익숙하기를 기대하라. 그러면 아이가 자랐을 때는 변비로 상당 기간 고생할 것이다.

11. 돈에 대해 구두쇠가 되어라. 미래를 위해 저축하라. 그러나 미래는 돌아오지 않는다.

12. 법의 정신보다는 법의 형식을 강조하라. 당신의 법을 아주 엄격하게 하여 어떠한 예외도 허락지 말라.

13. 빅토리아 왕조 식의 윤리를 실행하라. 당신의 아이들에게 성적인 부끄러움을 주어라.

이상은 강박관념에 시달리는 자녀를 둔 부모가 따라야 할 수칙이었다. 이것은 내 생각과도 일치한다. 사실 어느 정도의 강박관념은 삶에 커다란 유익이 되기도 한다. 이를 통하여 사람들은 성실하고 양심적이며 상당히 도덕적이게 된다. 우리가 인성검사를 실시해 본 의사와 의과대학생들 중 거의 전부가 강박성 신경증세(obsessive compulsive)를 보이는 것으로 나타났다. 만일 이들이 조직적이고 근면하지 못하면 대학이나 병원 일의 심한 요구들을 견뎌낼 수 없을 것이다. 앞서 말했듯이 신학교 학생들이나 목회자들 역시 강박성 신경증세를 보인다. 만일 이들이 쉬는 법과 인생을 즐길 줄 안다면 하나님의 일을 하는 데 이런 증세가 오히려 도움이 될 수 있을 것이다. 바울 사도도 유익한 강박성 증세를 가지고 무익한 강박증세를 극복하였으리라 확신한다. 하지만 만일 우리가 부모로서 위에서 연구한 13가지 규칙을 이용한다면 강박성 신경증세는 치료하기 힘들어질 것이다.

당신이 이러한 지시사항을 모두 따랐더니 불안하고 완벽주의적인 아이를 생산하여 우수한 성적으로 졸업하고 이제 막 결혼했다고 하자. 이제 이 사람을 "완벽주의자 일중독" 씨라 부르고 그의 무의식적인 사고 깊숙한 곳에 한번 들어가 보자. 이 사람이 성인이 되어서의 무의식적인 역학에 대해 자세히 살펴보기로 한다.

"완벽주의자 일중독" 씨는 이 모든 일에 완벽주의적인 경향을 띠게 됨을 볼 수 있다. 지나치리만큼 책임감이 강하고, 대단히 양심적이며, 열심히 일하는 사람이다. 자신을 조금이라도 늦출 수 없다. 자신은 물론 자기 주위의 모든 것에 최선을 다한다. 일중독 씨는 자기 자신에게 너무나 최선을 다하고, 흔들리지 않는 양심 때문에 오히려 우울증에 빠지기 쉽다. 일중독 씨는 평생을 열심히 일했으면서도 제대로 해내지 못했다고 고백한다. 일중독 씨는 너무나 엄격하고, 경직된 사람이다.

일중독 씨는 자신의 신체와 정신적인 모든 힘을 소모해 버리려는 경향이 있다. 경제적으로 이미 성공했지만 그의 내면의 요구가 너무나 많아 만족을 느끼지 못한다. 일중독 씨는 매우 지적이지만 반면에 냉정해 보일 때도 더러 있다. 그는 감정(feeling)이 아닌 사실(fact)에 충실하다. 감정은 그와 거리가 먼 것이며 감정은 사실보다 통제하기 어렵기 때문에 감정에 따라 하는 걸 좋아하지 않는다. 일중독 씨는 자신과 자신의 생각, 그리고 자신을 둘러싼 모든 것을 통제하고 싶은 강렬한 욕구를 가지고 있다. 감정을 피하고 싶어 하기 때문에 지적인 부분에 대단히 몰두한다.

불만을 자주 느끼기 때문에 감정을 회피한다. 다시 말해서 엄격한 통제력을 유지해야만 내면의 불안을 억누를 수 있는 것이다. 그가 더 이상 이러한 불안을 억누를 수 없을 때 불안에 빠지는 것이다.

일중독 씨는 사실 매우 순종적이며 고분고분한 사람이다. 그러나 때로는 분노가 치솟기도 한다. 하지만 그의 도전적인 분노는 곧 사라진다. 그는 순종과 반항 사이에서 갈등을 보인다. 그의 반항적인 분노가 사라지면 강한 두려움에 사로잡힌다. 그 두려움은 사실은 권위에의 두려움이다.

그리고 이 두려움은 곧 그를 순종적인 사람으로 돌아가게 만든다. 이 두려움은 그가 어릴 때 어머니에게 투정을 부릴 때마다 어머니의 거절을 떠올리게 한다. 이 두려움은 그를 책임감이 강하고 양심적이고 헌신적이도록 만들었다. 그러므로 겉으로 볼 때는 선해 보이는 그의 성격은 건강한 상태가 아니라 그의 두려움 즉, 부모님의 거절에 대한 두려움에서 자극이 된 것이다. 그의 자존감은 부모님의 조건적인 인정에 토대를 둔다. 그는 일찍이 조건적으로 인정을 받았던 어린 시절의 경험을 기억한다. 그는 완벽한 수준에 이르도록 기대되었기 때문에 결국 사랑은 완벽한 수준에 도달할 때만이 얻을 수 있다는 결론에 이르게 된다. 이러한 상황은 최고의 완벽주의자로 만들기에 충분한 것이다. 즉 자신에겐 결코 만족하지 않고 내면에서 늘 자신을 공격하기 때문에 심한 우울증에 빠지기 쉬운 경향을 띠는 것이다.

이제 성인이 된 완벽주의자 일중독 씨는 하나님을 포함해 다른 사람과의 관계에 불만을 느낀다. 그가 부모로부터 받은 사랑이 조건부였기 때문에 하나님도 동일한 느낌으로 대한다. 그렇기 때문에 자주 믿음이라는 문제에 부딪히며 자신의 구원을 의심하는 경우가 많다. 일중독 씨는 자신의 구원에 관계된 의심을 억누르기 위해 하나님의 절대성을 강조하는 칼뱅주의 신앙을 매우 열심히 따른다. 그래서 그는 하나님의 주권을 최고로 옮겨놓아 자신의 구원에는 어떤 인간도 책임이 없다고 믿는다.

물론, 구원에 대한 책임은 예수 그리스도를 믿는 사람에게 있다. 일중독 씨는 이러한 생각으로 자신의 내면 깊숙이 자리 잡은 불안과 거절당할지도 모른다는 두려움을 조절했다. 하지만 사실 일중독 씨는 마음속 깊이 하나님이 자신을 무조건적으로 받으신다는 사실을 느끼지 못하기 때문에 하나님께서 자신의 삶에 들어오시도록 말 그대로 수백 번을 은밀히 기도한다. 그러므로 그는 자신의 죄를 용서받으려는 지나친 칼빈교도로 생각하면서도 조건적으로만 인정받는 알미니안(Arminian)처럼 느끼는 것이다.

일중독 씨는 자신과 부인에게 냉소적이며, 이렇게 끊임없는 비판적 성격은 자신과 부인은 물론 그들의 감정에도 영향을 끼친다. 그는 이러한 비판적인 성격뿐만 아니라 격한 분노로 괴로워한다. 그가 실제로 어떻게 화를 내는가를 알려면 짧게나마 그의 매너리즘을 연구하면 된다. 일중독 씨는 자신의 얼굴 표정뿐만 아니라 다양한 몸동작 그리고 엄격한 자세 속에서 그러한 모습을 나타낸다.

이렇게 강박관념에 사로잡힌 사람이 보통 관심을 갖는 것은 "미래"이다. 일중독 씨는 미래의 목표를 위해 끊임없이 계획하고 분투한다. 그는 결코 현재에 만족하지 못하여 늘 자신을 더욱 속박한다. 이것은 히스테리적인 성향과 현재의 감정에 집착하는 부인과는 대조적이다. 하지만 일중독 씨가 점점 우울해지면 그의 생각은 미래에서 과거로 변해간다. 그는 이제 과거의 잘못과 실패에 대해 대단히 걱정하기 시작한다.

완벽주의자 일중독 씨가 자신을 기만하는 데 이용하는 몇 가지 주요 방어기제가 있다. 그 중 하나가 "고립"이다. 그는 자신의 거의 모든 감정과 느낌을 고립시킨다. 그는 자신의 감정을 좀처럼 인식하지 못한다. 장례식에서도 고립을 이용한다. 일중독 씨는 장례식이 치러지는 동안 엄숙한 모습으로 행진하지만 그의 내면은 온통 찢겨지고 결국엔 우울증에 빠지게 된다. 일중독 씨가 사용하는 또 다른 방어기제는 "취소"이다. 그는 상당한 죄책감을 느끼고 늘 자신의 잘못한 일을 취소시키려고 한다. 그는 자신의 죄책감을 취소시킬 수 있는 일들을 하려는 내면의 동기를 거의 인식하지 못한다. 일중독 씨가 무의식적으로 사용하는 또 다른 방어기제는 "반동형성"이다. 그는 실제 자신이 하고 싶어 하는 일의 정반대의 것을 하므로 충동이나 감정을 억누른다. 예를 들면 그는 성적인 욕구를 억누르기 위하여 난잡한 성관계 퇴치운동을 개인적으로 벌인다. 이러한 방어기제는 그가 순간적으로 우울증에 빠지는 것을 막는다. 하지만 갑자기 분노와 두려움, 죄책감, 죄스런 욕구 등에 사로잡히게 되면 곧 자기 자신을 기만한다. 일중독 씨에게 정말로 필요한 것은 기독교적인 정신요법이나 훈련이다. 점차 넓은 통찰력과 주님의 도움으로 자신을 변화시키기 시작해야 한다. 이것이 바로 성화의 과정이다. 하나님의 능력과 가까운 친구들의 도움으로 진리에 도달하는 것이다.

완벽주의자 일중독 씨는 또한 무의식적인 의식(儀式)을 행한다. 이 의식으로 자신의 불안을 조절하고, 다른 사람들과의 친밀감을 피하는 데 사용한다. 친밀감은 감정을 야기하고 그렇게 되면 감정을 통제하기 어려워진다. 그가 다니는 교회는 흔히 그렇듯이 매우 의식적이기 때문에 다른 사람과 친밀해지는 것을 막는다. 일중독 씨의 주요한 관심거리는 시간, 더러움, 돈이다. 그가 어릴 적 시간은 아주 중요한 문제였다. 일중독 씨가 잠자러 간다거나 목욕하러 욕실에 가야될 때면 늘 엄마와 신경전을 벌여야 했다. 이러한 어릴 때부터의 습관이 아주 깊이 굳어져 성인이 되어서까지도 시간에 연연해야 했다. 그리고 일중독 씨는 또한 자신에게 지위와 권력을 가져다 주는 돈에 대해서도 집착한다. 또한 그는 더러움이야말로 죄악의 상징이라고 생각한다. 그래서 그는 늘 말끔하고 깨끗한 사람으로 통한다. 부인에게도 집에 티끌이 하나도 있어선 안 된다고 잔소리를 한다. 심한 죄책감에 사로잡히면 마치 빌라도가 예수님을 재판했을 때처럼 죄를 씻어버리는 상징이라도 되듯이 몇 번이고 손을 씻는다. 하지만 빌라도와는 달리 어떠한 생각에 사로잡혀 왜 손을 씻어야 하는지에 대해선 알지 못한다.

완벽주의자 일중독 씨는 늘 불안하고 무기력하며 어떠한 희망도 느끼지 못한다. 그는 미래를 알 수 없는 이 세상에서 늘 불안해 한다. 그 혼자서는 이런 불만을 떨쳐버릴 수 없기 때문에 전지전능의 잘못된 욕구를 키워간다. 그는 자신만만한 것처럼 행동하지만 자신을 속이는 것이 허다하다. 그를 아는 사람들을 속이는 솜씨가 대단하다. 또한 모든 것을 알고자 하는 욕구도 대단하다. 다시 말해 그는 엄청난 통제 아래에 있기를 원하는 것이다. 겉으로 드러난 자신만만함에도 불구하고 행여 잘못된 선택을 하지는 않을까 두려워하여 결정을 하는 데도 애를 먹는다.

그리고 실수를 전혀 용납하지 못한다.

그는 모든 문제에 대해 극단적인 진리를 원한다. 이는 물론 신학적인 부분을 포함하는 것이다. 만일 확실한 방법으로 신학적 영역을 보지 못하면 우울증에 빠지고 만다. 의심이 생길 때면 이 의심을 통제하기 위해 엄격한 율법을 이용한다. 어떠한 주제를 놓고 철학적으로 토론하는 것은 책임회피의 한 방법이 된다. 예를 들어 만일 그가 좋은 아버지상, 좋은 남편에 대해 이야기할 수 있다 하더라도 이를 피해버린다.

일중독 씨가 비록 시간관념이 철저하고 깔끔하고 양심적인 사람이라 하더라도 때로는 이와 정반대의 모습을 보이기도 한다. 앞에서도 말한 바와 같이 완벽주의적인 태도는 건전한 동기에서가 아니라 권위에의 두려움에서 출발하는 것이다. 그리고 단정치 못한 모습과 같은 완벽주의적이지 않는 태도는 순종해야 한다는 의무감에 대한 도전적인 분노에서 기인한다고 볼 수 있다.

일중독 씨는 거의 감정보다는 사실을 중요시한다. 사실, 감정대로 하려고 하기도 하지만 다른 사람들에겐 감정을 피하려고 늘 논리적인 이야기들을 늘어놓는다.

또한 그는 매우 고집이 세다. 이러한 그의 습관은 부모의 기대에 대해 완고했던 매우 어릴 적부터 익히게 된 것이다.

정리해 보면, 완벽주의자 일중독 씨는 내면 세계에 의해 크게 끌려간다.

그는 자신의 불안을 떨쳐버리기 위해 많은 방어기제들을 개발한다. 하지만 대부분의 강박관념에 시달리는 사람들처럼 결국은 우울증을 초래하고 만다. 그리고 그의 엄격한 생활방식이 자신의 내면의 욕구를 더 이상 충분히 만족시키지 못하면 걱정의 정도가 커지며 병적인 우울증에 시달리게 된다.

완벽주의자 일중독 씨의 내면의 세계에 대해 충분히 검토해 봤기 때문에 다음의 강박신경증의 주요 증세를 이해할 수 있을 것이다. 이러한 증세들 중 얼마는 도움이 되기도 하지만, 그 중 몇몇은 병적이기 때문에 우울증을 더욱 심각하게 만들 수도 있다.

강박신경증의 유형은 다음과 같다.

1. 완벽주의자이다.
2. 늘 단정하다.
3. 청결하다.
4. 정리정돈이 잘 되어 있다.
5. 해야 할 일은 반드시 한다.
6. 성실하다.
7. 꼼꼼하다.
8. 좋은 직업을 가지고 있다.
9. 하지만 너무 열심히 일한다.
10. 그리고 잘 쉬지 못한다.
11. 쉽게 화를 낸다.
12. 지나치게 양심적이다.
13. 걱정 근심이 많다.
14. 매우 엄격한 양심의 소유자이다.
15. 융통성이 없다.
16. 완고하다.
17. 자기 기만과 자기 방어를 합리화한다.

18. 지적으로 자신의 감정을 감춘다.

19. 학생인 경우 모범 학생이다.

20. 부지런하다.

21. 감정보다는 사실에 충실하다.

22. 냉정해 보인다.

23. 착실해 보인다.

24. 머리 모양은 늘 단정하다.

25. 가끔은 권위에 불복종하기도 한다.

26. 순종과 반항 사이에서 갈등한다.

27. 보통은 순종이 이긴다.

28. 하지만 반항이 이길 때도 가끔은 있다.

29. 순종은 분노를 낳는다.

30. 반항은 두려움을 낳는다.

31. 이런 두려움은 완벽주의적인 습관을 부른다.

32. 분노는 비완벽주의적 습관을 부른다.

33. 주요 문제는 반항적인 분노이다.

34. 서로 대조적인 증세를 보인다.

    성실 - 게으름, 단정-단정치 못함.

35. 주요 관심거리는 더러움(늘 깨끗함), 시간(시간 관념이 철저함), 돈(안정
    을 원함)-이 세 가지이다.

36. 자신은 물론 자신과 가까운 사람들을 통제할 필요를 느낀다.

37. 능력을 필요로 한다.

38. 승부욕이 강하다.

39. 자신의 감정을 다른 사람에게 내어 보이지 못한다.

40. 대단히 논리적이다.

41. 감정의 고립으로 스스로를 방어한다.

42. 자신이 실제보다 더 능력이 많다고 생각하며 스스로를 방어한다.

43. 또 다른 방어기제는 반동형성(잠재의식의 강한 욕구가 반대되는 행동, 태도로 나타나는 것)이다.

44. 또 다른 방어기제는 취소이다.

45. 논리적으로 다른 사람을 끌어들이려고 한다.

46. 인정(人情)을 두려워한다.

47. 무의식적인 죄책감 때문에 쾌락을 즐기려 하지 않는다.

48. 미래에 관심이 많다.

49. 성 생활을 즐기지 않는다.

50. 자발성이 부족하다.

51. 매우 불안하다.

52. 극단적인 칼뱅주의 신앙을 가지고 있다. 불확실성의 세계를 통제하고 자신의 책임을 회피하고 싶어 한다.

53. 존경과 안전을 원한다.

54. 누구에겐가 기대고 싶어 한다.

55. 하지만 동시에 이런 의지의 대상을 두려워하기도 한다.

56. 매우 도덕적이다.

57. 무력감을 느낀다.

58. 전지전능해지고 싶어 한다.

59. 스스로 무한한 힘을 가지고 있다고 생각하여 실제 생활에 옮기려고 한다.

60. 일에 전념하지 못한다.

61. 자제력의 상실을 두려워한다.

62. 사소한 일에 걱정한다.

63. 자신의 분노를 숨길 기술을 가지고 있다(예 : 자주 손을 떤다).

64. 악수할 때면 늘 경직되어 있다.

65. 무력하다고 생각한다.

66. 억지를 잘 부린다.

67. 자신의 실수를 인정하려고 하지 않는다.

68. 갑작스런 충동을 억제하기 위해 방어기제를 이용한다.

69. 강박관념으로 실제적인 갈등을 피한다.

70. 고집이 세다.

71. 사람이나 시간에 대해 인색하다.

72. 완고하다.

73. 시간 관념이 철저하다.

74. 검소하다.

75. 돈에 인색하다.

76. 자제력이 강하다.

77. 끈기가 대단하다.

78. 모든 면에 있어서 상당히 의존적이다.

79. 신뢰할 만하다.

80. 지나치게 발달한 초자아의 소유자이다.

81. 사사건건 다 알아야만 마음이 편하다.

82. 모든 문제에 최종적인 진실을 원한다.

83. 자신과 타인에게 지나친 기대를 한다.

84. 겉으로는 강해 보이고 자기 주장이 강하고 긍정적으로 보이지만 실제는 확신이 없어 불안하고 자주 흔들린다. 그래서 자신의 불안을 통제하기 위해 엄격한 규칙을 따른다.

85. 완벽해 보이기를 원한다.

86. 자신의 구원을 의심한다.

87. 자신이 전지전능하다는 생각으로 가득 차 있다.

88. 행동은 하지 않고 말만 한다.

89. 잘못된 경험 때문에 의심이 많다.

90. 확실하게 해두려고 문고리를 다시 검토한다.

91. 자신이 통제할 수 없는 상대방의 감정을 염려하게 될까 두려워 사랑에 신중하다.

92. 인정(人情)보다는 분노를 더 쉽게 표현한다.

93. 오직 한 가지만 생각하는 습관이 있다.

94. 집중을 요하는 업무를 잘 처리해 낸다.

95. 이들의 부모 역시 강박관념에 사로잡혀 지나친 헌신을 요구한다.

96. 부모로부터 지극히 미미한 사랑만을 받았다.

97. 어린 시절 조건적으로 인정받았다.

98. 흑백논리가 분명하다.

99. 불확실성의 세계에서 이를 극복하고자 초인간적인 성취를 하려고 한다.

100. 자신에게 있는 우유부단을 경멸한다.

101. 극단에 반응하려는 경향이 있다.

102. 자신의 한계를 받아들이지 못한다.

103. 자기 자신에 대해 아주 대단한 자부심을 가지고 있다.

104. 비판적이다.

105. 하지만 다른 사람으로부터의 비판은 참지 못한다.

106. 형식을 중요시한다.

107. 신앙 역시 형식적이다.

108. 자신의 입장에서 헌신이란 의존과 상통한다.

109. 부부생활에 어려움을 느낀다.

110. 미래에 산다.

111. 오지 않을 내일을 위해 저축한다.

112. 시간의 한계를 인정하지 않는다.

113. 죽음을 부정한다.

114. 부부간에 비밀이 있어서는 안 된다.

115. 실수를 받아들이려 하지 않는다.

116. 구혼에 대해서도 지나친 주의와 억제심을 보인다.

117. 실제로는 헌신을 거의 하지 않으면서 인간관계에서는 대단한 헌신을 요구한다.

118. 결혼을 해도 각자의 이익만을 추구한다.

119. 친밀감이 제한된다.

120. 결혼생활에서 자신이 해야 할 몫을 하는 데도 신중하다.

121. 결혼생활에서 배우자의 생각을 존중하지 않는다.

122. 성 생활은 지루할 뿐이며 자발적으로 하지 않는다.

123. 완벽주의적인 여성인 경우 성적 흥분을 느끼지 못한다.

124. 완벽주의적인 남성은 미성숙한 사정(射精) 때문에 고민하기도 한다. 이것은 통제력 상실의 두려움으로 인한 불안 때문에 일어난다.

125. 강박성 방어기제가 제대로 발휘되지 못하면 우울증을 낳는다.

126. 사소한 신앙교리를 따지고 싶어 한다.

127. 목록 만들기를 좋아한다.

128. 자신은 물론 다른 사람에게 형식적으로 대한다.

129. 근심, 걱정이 늘 떠나지 않는다.

130. 강박신경증 환자의 3대 P증상

① 금전적이다(Pecuniary).

② 인색하다(Parsimonious).

③ 현학적이다(Pedantic).

이제 죄책감에 대해 짧게나마 토의해 봄으로 이 장을 마무리하고자 한다. 죄책감은 억제된 분노의 형태이기 때문에 우울증의 주요 요인이 된다. 완벽주의자들은 대개의 사람들과 마찬가지로 죄를 지으면 진정한 죄책감을 느끼지만 실제 하나의 뜻을 거역한 것이 아닐 때에 느끼는 잘못된 죄책감도 많은 경우 느끼고 있다. 진정한 죄의식과 그릇된 죄의식에는 상당한 차이가 있다.

프로이트(Freud)의 경우 죄 그 자체가 나쁜 것이기 때문에 모든 죄의식은 다 그릇된 죄의식이라고 생각하는 것처럼 보인다. 그리고 이제까지 우리가 연구했던 대부분의 정신분석학자들의 죄의식은 어떤 것이든 건강치 못한 것이라는 프로이트의 생각에 동의하고 있다. 하지만 우리는 반대한다. 진정한 죄의식은 하나님의 도덕률을 어긴 사람의 불안한 인식이라고 생각한다. 진정한 죄의식은 성령의 깨우침과 우리 각자의 양심으로 깨닫는 것이다. 우리의 양심이란 프로이트가 제시한 "초자아"(super ego)이다. 우리의 양심은 환경의 영향을 받아 형성된다. 이를테면, 부모의 가르침의 옳고 그름, 부모의 실제 행동에서의 옳고 그름, 교회의 가르침의 옳고 그름, 교회 신도들의 실제 행동에서의 옳고 그름, 친구들의 생각의 옳고 그름 등이 그것이다. 성경을 열심히 상고한다면 우리의 양심은 성경이 가르치는 바에 의해 형성되기도 한다. 저마다의 양심이 다 같을 수는 없다. 성령님은 언제나 옳지만 우리의 양심은 자주 잘못을 저지른다. 미성숙한 양심을 가진 사람은 잘못을 저질러도 잘못인 줄을 모른다. 이런 경우, 그의 양심은 그를 괴롭히지 않는다. 반대로 모든 것이 죄라고 배운 사람은 지나치게 성숙한 양심을 가지게 되어 하나님께 잘못이 아닌 일에도 양심의 가책을 느낀다. 이렇게 하나님께서 책망하실 만한 일이 아닌데 느끼는 죄의식을 잘못된 죄의식이라 부른다.

진정한 죄의식은 가치가 있다. 하나님께서는 우리가 저지른 일에 대해 마음을 변화시킬 영향력으로 진정한 죄의식을 이용하신다. 이것으로 진정한 뉘우침이 있게 된다. 우리가 옳은 일을 하게 되면 하나님과의 교제가 회복되고 우리 자신을 더욱 사랑하게 된다. 잘못을 저지르면 낮은 자존감을 가지게 되지만, 반면에 옳은 일을 하면 우리의 자존감은 상당히 높아진다. 정신과 의사인 우리들을 찾아와 죄책감에 시달리고 있다고 말하는 사람들은 대개 진정한 죄의식을 느끼고 있었다. 그것은 그들이 죄를 지었기 때문에 느끼는 죄의식이다.

그들이 저지른 잘못을 해결하는 데에는 우울증을 해결하는 것이 반드시 필요하다. 하지만 우리를 찾아온 그리스도인 중 특히 형식을 중시하는 교회에 출석하던 사람들은 성경에서 전혀 책망하지 않는 일에 죄책감을 느끼고 있었다. 예를 들면 자신을 유혹해 오는 것에 죄책감을 느낀다는 것이다. 유혹받는 것은 전혀 죄가 아니다. 예수님 자신도 유혹을 받으셨다. "우리에게 있는 대제사장은 우리 연약함을 체휼하지 아니하는 자가 아니요 모든 일에 우리와 한결같이 시험을 받는 자로되 죄는 없으시니라"(히 4:15).

바울 사도는 고린도전서 8장에서, 우상의 제물을 먹는 일을 죄라고 여겼던 신자들에 대해 말씀하고 있다. 바울의 전 시대의 사람들은 이방신의 제단에 제물을 받치곤 했다. 그러면 제사장들도 여비를 마련하려고 그 고기를 잘라 푸줏간에서 파는 고기보다 더 저렴한 가격으로 팔았다. 어떤 마을에서는 우상의 제물로 바쳐졌던 고기를 사는 것을 부도덕한 일이라고 생각했다. 그도 그럴 것이 자신들이 옳다고 생각되는 일을 하면 존경을 받았기 때문이다. 하지만 어떤 마을의 신자들은 우상의 제물로 바쳐졌던 고기는 푸줏간에서 파는 고기보다 훨씬 저렴하기 때문에 오히려 돈을 절약할 수 있다는 이유로 그러한 고기를 사는 것이 정당하다고 생각하였다. 바울 사도는 우상의 제물을 먹는 것이 옳은 것이라는 하나님의 뜻을 전했다. 또한 하나님께서는 바울에게 우상의 제물을 먹는 것이 전혀 비도덕적인 일이 아님을 말씀하셨다. 하지만 약한 양심을 지닌 그리스도인들 앞에서는 자유함을 함부로 드러내서는 안 된다고 권고하셨다. 그래서 바울은 우상의 제물을 거룩치 못하다고 생각하는 마을에서는 그러한 음식을 입에도 대지 않았다. 이것은 위선이 아니라 하나님을 전하는 바울의 사랑과 동정어린 친교 방법이었다. 스위스의 크리스천 의사인 폴 투르니에(Paul Tournier)는 진정한 죄의식을 "가치 있는 죄의식", 잘못된 죄의식을 "기능적인 죄의식"이라 부른다.

"기능적인(function) 죄의식"은 사회적인 암시, 금기에 대한 두려움이나 타인의 사랑을 받지 못하는 데서 오는 두려움 등의 결과로 생기는 것이다.

"가치 있는(value) 죄의식"은 확실한 표준을 지키지 않은 데서 오는 진정한 죄의식이다. 이것은 자기 자신의 자유로운 판단에 근거한다. 이렇게 생각해 볼 때 이 두 가지 죄의식은 전혀 다르다. 하나가 사회적 암시에 의한 것이라면 다른 하나는 도덕적인 깨달음에 의한 것이라 할 수 있다…

잘못된 죄의식은 사람의 판단과 암시의 결과로 나타나는 반면 진정한 죄의식은 신의 판단에서 기인한다. 그렇기 때문에 진정한 의미에서의 죄의식은 사회적 판단과 사람의 불신임을 두려워하여 끊임없이 자신을 추락시키는 것과는 전혀 다른 것이다.

우리는 사회적 판단과 사람의 불신임에 상관하지 말고 하나님을 의지해야 한다.

O. 퀘틴 하이더(O. Quentine Hyder) 박사는 잘못된 죄의식의 뿌리를 어린 시절에 두고 있다.

잘못된 죄의식의 원인은 어릴 때의 환경에서 기인한다. 부모님의 지나친 기대는 경직된 초자아나 양심을 키워갈 뿐이다. 예를 들어 기대에 어긋날 때마다 꾸짖고 책망하는 부모에게서 자란 아이는 비뚤어진 가치관을 가지게 된다. 지나치게 벌주며 용서라고는 조금도 할 줄 모르는 부모의 잘못은 너무나 크다.

사랑과 정당한 설명으로 주는 벌은 죄를 제거하기에 충분하다.

어떤 부모는 칭찬과 격려, 감사 등에 인색하여 어떤 것에도 만족하지 못한다. 이런 경우는 아이들이 학교에서나 각종 모임 등에서 좋은 성과를 거두어도 아이들은 더 잘하지 못한 것 때문에 만족하지 못한다. 이런 아이는 자신을 실패자로 여겨 실패에 대해 죄책감을 느낀다. 하지만 그 어린 시절에는 부모가 자신의 미래에 낮은 자존감을 갖게 한 원인임을 깨닫지 못한다. 이런 아이는 자신이 할 수 있는 최선의 일을 하게 되어도 죄의식과 열등감만 쌓이게 된다.

이런 아이가 성인이 되면 대단한 노력과 야망에도 불구하고 신경증 죄책감, 낮은 자존감, 불안, 자기 비하 등으로 괴로워하게 된다. 자신을 비관하며 자신을 향해 분노를 느낀다. 자신이 무가치하다고 느끼기 때문에 자신에게 벌을 가하려고 한다. 그의 실패는 비판을 받고 벌을 받을 만하다고 생각하며 누구도 자신을 책망하지 못하기 때문에 자기가 자기를 벌한다. 이렇게 자기 스스로를 벌하며 분노와 적대감에 빠지는 것은 결국 우울증을 낳게 한다. 또한 심신의 질병과 부적절한 행동의 원인이 되기도 한다.

하이더 박사는 이런 그릇된 죄의식을 치료하는 유일한 방법은 그릇된 죄의식의 본질에 대한 이해와 평가라고 보고 있다. 환자가 죄라고 여기는 것에서 괴로움과 교만의 감정이 분리될 필요가 있다. 환자들은 오직 하나님만이 자신을 책망하실 권리를 가지고 계시고 자신에겐 그러한 권리가 없음을 이해할 필요가 있다. 또한 그리스도인들은 판단과 응당한 벌은 오직 하나님께 맡겨야 한다. 그리고 나서 현실적으로 성취할 수 있는 새로운 목표를 세우고, 특별한 분야에서 자신보다 더 많은 재능이 있는 다른 사람과 더 이상 비교해서는 안 된다. 대신에 하나님께서 자신에게 원하시는 것이 무엇인가를 깨달아 그것을 성취해 나가야 할 것이다. 하나님께서는 우리나, 우리의 자녀가 전혀 흠 없는 완벽함을 이루라고 하지 않으셨다. 다만 우리의 삶 속에서 하나님의 뜻을 구하며 최선을 다해 살기를 원하시는 것이다.

바울 사도는 그리스도인의 삶을 사는 것을 안식일의 안식에 들어가는 것에 비유하고 있다(히 4:1~9). 하나님께서는 우리가 당신과 당신의 능력 안에서 안식하기를 원하신다. 종교개혁자 마틴 루터는 "의인은 믿음으로 말미암아 살리라"(롬 1:17), "사람이 의롭다 하심을 얻는 것은 율법의 행위에 있지 않고 믿음으로 된다"(롬 3:28)는 말씀을 확실히 깨닫기 전까지는 몇 년 동안 자신의 신앙에 대한 형식적 기대와 싸우지 않으면 안 되었다. 하지만 말씀을 깨닫게 된 후, 마틴 루터는 자신의 구원은 자기 스스로의 선한 행위에 의해서가 아니라 하나님의 은총으로 이루어지는 것임을 확신하기 시작했다. 1529년 루터는 "내 주는 강한 성이요"이라는 유명한 찬송가를 짓게 되었다. 이 찬송가에서 루터는 하나님의 강한 능력과 우리를 위해 싸우시는 하나님을 찬양하고 있다. 2절에서 루터는 구약성경에서 나오는 하나님을 "만군의 주"(Lord Sabaoth)라는 히브리 말로 언급하여 부른다. 이 말은 하나님의 전능하심을 나타내는 말이다.

2절을 음미해 보기로 하자.

내 힘만 의지할 때는 패할 수밖에 없도다.
힘 있는 장수 나와서 날 대신하여 싸우네.
이 장수 누군가 주 예수 그리스도 만군의 주로다.
당할 자 누구랴. 반드시 이기리로다.

어떤 그리스도인들은 하나님은 엄격한 분이시라 채찍을 가지고 우리가 하나님의 말씀을 어길 때마다 늘 그 채찍으로 내리칠 준비를 하고 계신다고 생각한다. 하나님은 사랑의 하나님이시고 공의의 하나님이시다.

하나님께서는 우리가 말씀을 어기면 그 즉시 채찍질 하시려고 율법을 만들진 않으셨다. 하나님께서는 우리가 풍성한 삶과 성령의 은혜를 누리면서 살도록 율법을 주신 것이다. 하나님께서는 신체적 특성에 대해서와 마찬가지로 인간의 본질에 맞는 율법을 만드셨다. 우리가 만일 하나님의 말씀을 거역하면 응당 받아야 할 결과를 겪어야 하는 것이다. 하나님의 율법을 지키지 않는 것이 죄이다(요일 3:4). 우리 모두는 이미 수없이 죄를 지었다. 바울 사도는 "모든 사람이 죄를 범하였으매 하나님의 영광에 이르지 못하였더니"(롬 3:23)라고 말하고 있다. 또한 바울 사도는 그런 죄로 죽을 수밖에 없었지만 하나님의 완전한 사랑과 은총으로 우리에게 영원한 생명을 선물로 주시고 과거, 현재, 미래의 우리의 모든 죄를 용서하셨다고 말씀하고 있다(요 1:12, 3:16; 롬 6:23,10:13; 엡 2:8,9).

그리스도인은 모두 새로운 피조물이다. "누구든지 그리스도 안에 있으면 새로운 피조물이라 이전 것은 지나갔으니 보라 새것이 되었도다"(고후 5:17). 하지만 이 말씀은 그리스도 안에 있는 사람은 모두가 흠 없는 완전함에 이른다는 의미는 전혀 아니다. 예수님을 점점 닮아가는 과정을 "성화"(聖化)라 하는데 이는 그리스도인의 삶을 살아가면서 서서히 이루어지는 것이다. 갓난아기에게 젖이 필요하듯이 영적으로 갓 태어난 그리스도인에게는 영적인 젖이 필요하다. "갓난아이들같이 순전하고 신령한 젖을 사모하라 이는 이로 말미암아 너희로 구원에 이르도록 자라게 하려 함이라"(벧전 2:2). 신령한 젖이란 하나님의 말씀, 즉 성경을 뜻하는 것이다. 날마다의 헌신은 영적·정신적으로 끊임없이 성숙해 가는 데에 있어서 필수 요소이다. 아이들 역시 어린 시절부터 성경을 읽어야 함에는 예외가 없다. 두 살짜리 아이에겐 성경예화집을 보게 하고, 네 살짜리 아이에게는 짤막한 성경구절을 가르치는 것을 권면한다. 예수님의 제자들이 아이들이 예수님께 나아오는 것을 보고 방해가 되지 않도록 쫓아 냈던 일을 기억할 것이다. 그때 예수님은 제자들에게 "어린 아이들이 내게 오는 것을 용납하고 금하지 말라 하나님의 나라가 이런 자의 것이니라"(막 10:14)고 말씀하셨다. 그리고 예수님께서는 어떠한 어른도 어린 아이와 같은 꾸밈없는 믿음으로 예수님을 영접해야만 하나님의 나라에 들어갈 수 있다고 가르치셨다. 그러므로 하나님께서는 아이들과 교제하기를 원하시며, 아이들이 하나님과 그분의 말씀을 묵상하는 것은 유혹을 이겨내는 힘이 된다는 사실을 우리는 확신한다. 헌신(devotion)도 12세에서 16세의 시기에는 더욱 중요하다. 이 시기의 청소년들은 호르몬의 변화와 더불어 충동, 열망, 죄의식 그리고 스스로 부족하다는 감정을 느끼며 남성과 여성으로의 각기 다른 성장을 하게 된다.

"사람이 감당할 시험밖에는 너희에게 당한 것이 없나니 오직 하나님은 미쁘사 너희가 감당치 못할 시험 당함을 허락지 아니하시고 시험 당할 즈음에 또한 피할 길을 내사 너희로 능히 감당하게 하시느니라"(고전 10:13).

이 말씀은 어린 10대 청소년들에겐 너무나 엄청난 도움을 준다. "나의 하나님이 그리스도 예수 안에서 영광 가운데 그 풍성한 대로 너희 모든 쓸 것을 채우시리라"(빌 4:19). 인간의 몸과 마음과 영혼은 각기 부족한 혼합물이다. 사탄은 우리의 육체와 정신적 필요를 통해 유혹한다. 우리의 육체와 정신은 공기, 음식, 물, 격려, 성 관계, 사랑, 자존감, 능력, 평안, 안전, 정신적 긴장에서의 해방 등을 원한다. 많은 그리스도인들은 기독교인으로서의 삶을 산다는 것은 이러한 자연스런 필요를 부정하는 것이라고 잘못 배워왔다. 물론 그리스도인들은 자신의 욕구들 중 몇몇은 포기하라는 명령을 듣기도 하지만 하나님께서는 이미 우리의 필요를 채워주실 것을 약속하셨다. 분명히 차이가 있다. 왜 그렇게 많은 사람들이 그리스도인이 되는 것을 두려워했던가? 그들은 그리스도인이 된다는 것은 당연한 필요들을 부정하는 것을 의미한다고 배워왔기 때문이다. 이 얼마나 어리석은 일인가? 하나님께서는 우리 안에 우리의 필요들을 창조하셨다. 하나님께서는 이런 필요들을 당신 자신의 영광을 위해 사용하신다. 빌립보서 4장 19절에서도 하나님께서는 우리의 필요를 채워주신다고 약속하셨다. 하나님께서는 당신의 사랑과 당신의 방법으로 우리의 필요를 채우시길 원하신다. 사탄 역시 우리의 필요를 채워주길 원하지만 사탄 자신의 방법인 이기심과 탐욕, 미움 등을 이용한다. 우리들의 필요는 유혹이 아니다. 그런데 우리의 마음은 사탄의 방법에 의해 우리의 필요를 채우고 싶어 한다. 하지만 영적으로 새롭게 태어나 영의 눈이 맑아지면 한없는 기쁨과 만족을 주시는 하나님의 방법으로 우리의 필요가 채워짐을 보게 될 것이다.

5. 히스테리란 무엇인가?

이 장에서는 앞장에서 토의했던 강박성 신경증(즉 완벽주의적 증상)과는 전혀 다른 유형을 설명하고자 한다. 이러한 유형은 "히스테리"라는 심리학 용어로 잘 알려져 있다. 히스테리에 걸린 사람들은 매우 감정적이며 외향적이다. 또한 충동적이고 때가 묻지 않은 솔직함을 드러내면서, 때로는 유혹적인 자세를 취하기도 한다. 이런 사람들은 특히 반대의 성을 가진 사람들에게 멋있게 보이고 싶어 하고 사회적으로 인기를 많이 얻기 원한다. 그리고 상당한 카리스마적 기질을 소유하고 있다. 강박성 신경증이 주로 남성에게 나타나는 데 반하여, 히스테리 증상은 주로 여성에게 나타난다. 우리의 문화적 성격이 이렇게 여성과 남성의 성격 유형에 차이가 나도록 만들었다.

완벽주의자들은 대부분 우울증에 빠지지만, 히스테리에 걸린 사람들은 우울증에 걸린 것처럼 행동한다. 특히 여자들이 자주 우울증을 불평한다. 하지만 신중히 살펴보면 병적 우울증에 빠진 것이 아님을 알게 된다. 이러한 증상을 극적 우울증(theatrical depression)이라고 부르는 이유도 여기에 있다. 히스테리를 일으키는 사람들은 다른 유형들처럼 병적인 우울증에 빠지는 경우도 있다. 하지만 대개는 어릴 적부터 이미 사람들을 속이기 위해 우울증을 가장하거나 순간적인 우울에 빠지는 방법을 터득하게 된다. 이런 사람들은 관심을 끌고 싶을 때나, 또는 자신이 하고 싶은 대로 내버려 두지 않는 실제의 사람들을(대개는 부모님, 남자친구, 동료들) 원망하는 투로 우울증을 표현한다.

완벽주의 증세를 보이는 사람들이 죽고 싶다고 말할 때 우리는 즉시 병원으로 가라고 충고한다. 하지만 히스테리성 사람이 자살하고 싶은 충동을 느낀다고 말할 때에는 "글쎄요. 선택은 자유죠. 하지만 당신이 남편에게 화난 사실을 알릴 또 다른 방법은 없나요?"라고 말하면 그만이다.

그리고 남편에게 극적 긴장감을 주기보다는 자신의 솔직한 감정을 말하는 것이 좋다는 또 다른 선택 방법을 제시한다. 그러면 곧 자살하고 싶은 충동은 사라진다.

우리는 자살을 여러 번 시도했었다는 히스테리성의 환자들에 대한 기록을 많이 가지고 있다. 그중 창녀였던 한 환자는 자살을 열일곱 번이나 시도했었다. 그들은 실제로 죽을 뻔한 경우도 여러 번 있긴 했지만 사실 그 누구도 자살을 실제로 저지르진 않았다. 이런 유형의 환자들이 실제 자살을 하게 된 상황에 대해 읽어본 적이 있다. 보통 자살은 우연히 일어난다.

예를 들어 남편에게 화가 난 부인이 오후 5시경 수면제를 과다 복용한다.

'30분 후면 남편이 곧 달려오겠지'라는 마음으로 약을 복용했지만 남편은 차에 문제가 생겨 1시간 반인 6시 30분쯤 집에 도착해 부인이 이미 죽어 있음을 발견한다. 사실 이 부인은 죽으려는 생각이 전혀 없었지만, 자신의 감정이 행동을 지배하여 결국 충동적으로 그리고 우연히 자살을 하고만 것이다. 우리는 모든 자살 위험을 신중히 살핀다. 히스테리성 환자들도 순간적인 충동에 의해 죽는 경우가 있기 때문에 조심스럽게 살펴야 한다. 이제 실제적으로 자살 충동을 느끼는 히스테리성 환자들을 다루는 방법을 제시하고자 한다. 이를 통해 히스테리성 환자들은 자살의 위협을 물리치고 자신의 분노를 표현할 좀 더 책임 있는 방법을 배우게 될 것이다.

강박성 신경증과 마찬가지로 히스테리 증세의 원인도 유년기 시절로 거슬러 올라간다. 만일 당신이 여자 아이의 엄마이고 미래에 당신의 딸이 이렇게 자라길 원한다면 여기 당신이 따라야 할 12가지 규칙이 있다.

1. 당신의 딸이 자기 스스로 생각하지 못하도록 모든 결정을 당신에게 맡기도록 유도하라.

2. 딸의 응석을 받아주어라. 딸이 하고 싶은 대로 하도록 내버려두고 특히 뽀로통하거나 울 때 더욱 그리하라.

3. 당신 남편과 자연스런 성관계를 갖지 말라. 그러면 남편은 딸에게 애정과 관심을 쏟아 딸과 더 친해질 것이다.

4. 당신 자신에 대해 많은 거짓말을 하라. 그러면 당신의 딸도 스스로를 속이는 방법을 터득할 수 있을 것이다.

5. 딸의 외모를 늘 칭찬하고 성격에 관해서는 아무 말도 하지 말라. 사방의 벽에 거울을 걸어놓고 딸이 자신의 모습에 반하도록 유도하라 (이것이 바로 히스테리성 증세를 낳는 가장 중요한 규칙 중 하나이다).

6. 딸이 외출한다면 돌아올 것을 확인시키고, 우선 제멋대로 행동한 것에 용서를 구하도록 시키라.

7. 딸이 슬픈 체하거나 아스피린이나 수면제를 스무 개 이상 먹고 자살을 가장할 때마다 당신은 큰일이라도 난 것처럼 당신 딸을 구하고 당신 딸을 마음대로 행동하도록 하지 못한 이유로 당신이 느끼는 죄책감을 딸에게 보여라. 만일 당신이나 딸의 남자친구가 곁에 있으면 딸은 그런 약을 과다 복용하는 일이 결코 없을 것이다(미국에서는 20건의 여성들의 자살 시도 가운데 실제적인 죽음으로 기록된 경우는 한 건도 채 되지 않는다. 우리는 자살을 시도한 후 응급실에 오게 된 여러 여성 환자들을 만나 얘기도 해보았다. 하지만 아무리 그들이 자살을 할 것이라고 이야기를 해도 실제로 죽는 예를 보지 못했다. 개중에는 남편과 말다툼을 한 후 철제(鐵劑) 알약을 네 개나 먹고 산에서 뛰어내린 부인도 있었다. 남자가 자살로 죽는 경우는 여성의 두 배이다. 이유로는 남성들은 총이나 그 밖의 폭력적인 도구를 사용하기 때문이며, 자살 시도자의 절반가량이 총 등을 이용하여 죽게 된다).

8. 딸에게 영화배우가 되라고 부추기라. 그렇게 되면 딸은 연극적이 되어 연기가 아주 자연스러운 것으로 될 것이다.

9. 당신 딸이 배우도록 이혼과 재혼을 두세 번 하라. 그래서 남자는 쓸데없는 존재라고 믿게 하라.

10. 딸에게 아주 자극적인 옷을 입혀라. 사실 딸 스스로가 자신의 성격보다는 실상 외모를 칭찬해주는 아버지를 기쁘게 하기 위해 그런 옷을 입기 때문에 당신 스스로 지나치게 장려할 필요는 없을 것이다(여성 히스테리 환자 중 3분의 2 이상이 친아버지나 계부와 성적 관계를 갖은 경험이 있었다. 보통 이들은 아버지에 의해 강간당하였다고 말하면서 의식적이건 무

의식적이건 자신이 유혹하려 했다는 사실은 부인한다-물론 친아버지나 계부에게 책임이 있는 건 말할 나위도 없다. 미국 여성의 5%와 미국 남성 2%가 성장하면서 근친상간을 경험한다).

11. 딸이 데이트를 하다 늦게 들어오면 당신과 당신 남편은 딸을 꾸짖으라. 그러다가 얼굴에 호기심 어린 미소를 띠고 어떤 시간을 보냈는지 물으면서 즐거워하라. 하지만 당신이 당신의 딸의 모험을 얼마나 즐기고 있는가를 알아채지 못하도록 조심하라.

12. 딸이 아프다고 엄살을 부릴 때마다 정성스럽게 보살펴라. 그러면 어디가 아픈지도 모르면서 의사를 찾아다니고 남성 우월주의자들에게 화를 내는 예가 많아질 것이다(딸은 의사들의 충고를 받으려고 수억 달러의 돈을 쓰고 말 것이다).

세계적인 심리학 · 정신분석학의 성경으로 알려진 「정신진단 요람」에 따르면 히스테리성 기질을 가진 사람들은 흥분, 감정의 동요, 과민반응, 자기 극화 등의 특징을 보인다고 한다. 자기 극화(self-dramatization)란 환자가 의도를 인식하든 못 하든 늘 주목을 받고 싶어 하고 유혹적인 행동을 하는 것을 말한다. 보통 이런 유형은 성숙이 덜 되어 자기 중심적이며 허영심에 가득하고 다른 삶에 대한 의존심이 상당하다. 히스테리 증세를 보이는 사람들은 우리가 말하는 강박성 신경증의 역행 범위보다 더 높아서 중간에서 말을 가로채거나, 입을 삐죽거리거나, 말을 질질 끌거나, 고집을 피우는 등의 증세를 보인다. 이것은 자신이 의지하던 사람들에게 솔직한 감정을 표현하지 않고 앙갚음하는 방법이다. 우리는 지나치게 내성적이지 않도록 조심해야 한다. 우리들 대부분은 어느 순간 잠시 히스테리를 부릴 때가 있지만, 히스테리성 환자들은 거의 모든 시간에 거의 모든 방법으로 히스테리를 부린다. 이것은 정도의 문제이다.

여기서 우리는 몇 년 동안 학대를 받아온 여성 히스테리 환자와 몇 달 동안 학대를 받아온 남성 히스테리 환자(로마 가톨릭 사제)의 경우를 간단하게 제시하고자 한다. 우리는 슬픔을 부정하는 단계에서 제인을 만났다. 제인이 14살이었을 당시 여러 번의 가출과 마약 복용, 그리고 약간의 이상한 행동 때문에 정신병동에 입원했다. 예를 들어 제인은 학교 화장실에 있는 면도날로 자신의 등을 베고 나서 교실로 뛰어 들어가 여자 선생님께 동생이 자신에게 상처를 내었다고 말했다. 제인은 관심을 얻기 위해서라면 무슨 일이든지 하려고 했다. 언젠가 제인의 병동에 있는 주스를 실은 수레와 이야기하고 있는 것을 보았을 때 우리는 제인이 미친 게 분명하다고 생각했다. 하지만 얼마 후 이 일 역시 관심을 얻기 위한 연극이었다는 것을 알게 되었다. 병원에서 6주 동안의 집중적인 정신 치료요법을 받은 후 2년 동안 입원환자가 아닌 외래환자로 매주 정신과 치료를 받게 되었다. 그 기간 내내 제인은 반나절 이상의 도주와 수차례의 약물을 과잉 복용했다. 그리고 엄마를 괴롭히려고 마리화나를 피우고 자주 불끈하고 화를 내는 등의 행동을 보였다. 이 모든 것은 전에 보인 행동에 비해 극적인 향상이었다. 제인이 16살이었을 때 소녀들을 위해 마련된 보호소에 가게 되었다. 이때만 해도 제인은 어느 정도 성숙되어 있었다.

제인이 처음 환자로 왔던 14살 당시엔 지능지수가 135로 나왔는데도 3

살 정도의 정신적 성숙도를 보였다. 제인이 16살이 될 즈음에는 10살에서 12살 정도의 아이처럼 행동하였다.

어떤 부모들은 가끔 14년 내지 16년 동안을 엉망진창이 된 자신과 아이를 데려와서는 의사들이 소위 "신성 학위"(Master of Diety)를 가졌다고 생각하여 그 의사들이 몇 주 동안의 심리 치료 요법으로 자신들의 실수를 고쳐주기를 기대한다. 물론 그렇게 될 수는 없다. 우리 정신과 의사들이 할 수 있는 일이란 아직 형성되지 않는 10대의 5~10%만 고칠 수 있다는 방법을 제시할 수 있을 뿐이다. 제인이 6살 때까지의 일에 대해 대화를 나눠보았을 때 제인의 어머니는 엄격하고 단정한 여인이었고 아버지는 경제적으로 성공한 사람으로 상류층의 가정에서 태어났음을 알게 되었다. 하지만 정신적으로는 매우 약하고 그리 성숙되어 있지 못했다. 이 가정을 책임지는 사람은 바로 외할머니로 그녀는 뛰어난 사업가였다.

제인의 아버지는 정신적으로 성숙되어 있지 못했기 때문에 제인의 어머니는 남편에게 성적인 만족을 느끼지 못했다. 그리고 성(性)을 매우 천한 것으로 생각하였다. 제인의 아버지는 모든 관심을 제인에게만 집중하게 되었다. 그는 부인은 물론 다른 자녀도 모두 무시해 버렸다. 오직 제인만을 지극히 사랑하여 힘든 일은 전혀 시키지 않았다. 이렇게 해서 제인은 원하는 것이면 무엇이든지 얻을 수가 있었다. 제인의 아버지와 어머니는 각자의 방에서 지냈으며 제인은 매일 밤 아버지와 함께 잤다. 또한 제인은 학교에 들어가기 전, 외할아버지에 의해 강간을 당했다. 그 외할아버지는 자신의 아내에게서는 성적 만족을 얻지 못했던 것이다.

제인이 5살이 되던 무렵, 아버지는 제인과 함께 누워 있다가 갑작스런 심장마비 증세를 일으킨다. 구급차가 도착하여 침실 밖으로 실려 나가면서, 아버지는 놀란 딸에게 "걱정마라 얘야, 곧 돌아올거야."라고 말했다.

하지만 아버지는 병원에서 죽고 말았다. 제인은 아버지의 죽음을 믿으려 하지 않고 몇 개월 동안 옷장이나 문 뒤에서 아버지를 찾곤 하였다. 제인에게 있어서 아버지는 삶의 전부였던 것이다. 제인은 하루에도 수십 번 아버지를 마음속에 그리며 자신과 얘기하려고 찾아오는 아버지를 상상하곤 한다. 16살이 되어서야 아버지를 상상하던 일을 멈추게 되었다. 하지만 "부인"(否認)의 방어기제를 이용해 가끔 아버지가 살아 있다고 믿기도 하였다.

제인은 자신이 너무나 필요할 때 자신을 떠난 아버지를 원망했다. 하지만 사실 아버지가 살아 있을 때 딸을 대하던 식으로 계속 대했더라면 제인은 더욱 나빠졌을 것이다. 그래서 제인은 아버지를 사랑했지만 동시에 미워하기도 하였다. 제인은 모든 남자들에게 독하게 대했고 자라면서 점점 유혹적으로 변해 갔다. 제인의 히스테리적인 기질은 점점 커져 갔다.

제인은 2년 동안 자신을 치료하는 정신과 의사를 만나면서 진정한 그리스도의 사랑을 보여준 나이 많은 남자를 믿기 시작했다. 치료하는 동안 제인은 예수 그리스도를 믿으며 주 안에서 성장하기를 힘썼다. 하지만 제인은 자신이 아버지를 대했던 방법으로 하나님을 대하려 했던 자신을 발견하게 되었다. 대개의 사람들처럼 제인도 하나님을 아버지와 동일시하여 하나님의 전지전능하심과 무소부재하심을 받아들일 수 없었다. 또한 진정한 사랑과 완전한 공의를 소유하신 하나님의 신성도 용납하기 힘

들어 했다.

이제 제인의 어머니가 제인을 어떻게 대했는지를 살펴보고자 한다. 사실 편두통과 심장이 좋지 못해 고생하던 어머니는 제인이 받아야 할 교육을 제대로 시키지 못했다. 그래서 제인은 가까운 도시에 있는 소녀들을 위한 보호소에서 지내게 되었다. 제인은 그곳에서 아주 잘 생활했다는 기록이 있다.

앞에서 살펴본 대로 히스테리 환자가 모두 여성인 것은 아니다. 만일 당신이 당신 아들에게 우리가 열거한 기술들을 적용한다면 당신 아들은 쉽게 히스테리 기질을 보이게 될 것이고 그러면 히스테리를 일으키는 남자들도 흔히 볼 수 있을 것이다. 어쩌면 여러분 중에 이미 히스테리를 일으키는 남자를 본 사람이 있을는지도 모르겠다. 하지만 우리는 그런 사람과 결혼하는 사람이 없기를 간절히 바랄 뿐이다. 여기 남자 히스테리 환자인 로마 가톨릭 사제의 경우를 살펴보기로 한다. 이 로마 가톨릭 사제는 자신의 행동에 자꾸 간섭하는 손위 사제에 대한 불만이 이만저만이 아니었다. 그의 손위 사제는 교회에 들어서다가 손아래 사제가 여신도를 쓰다듬는 것을 보기만 해도 그 사제에게 지나치게 자극적이라며 나무라곤 했다. 물론 자신의 입장에서는 남편 문제나 그 밖의 여러 문제로 고민하는 여신도에게 동정을 표시하는 행동일 뿐이었다. 또한 그 사제는 주교가 자신의 여성의 해방과 인권신장에 대해 자유로운 생각을 하는 것을 못마땅하게 여기는 것 때문에도 불만이 많았다. 한번은 잉크의 얼룩 무늬를 해석하여 사람의 생각을 분석 검사하는 로르샤하 심리 테스트

(Rorshach inkblot test)를 통해 그 사제는 무의식적으로 여성을 싫어하고 있는 히스테리 환자라는 사실이 밝혀졌다. 그가 여성을 나타내는 잉크의 얼룩을 원자폭탄이라고 생각하였던 것이다. 그의 이러한 기질은 그의 어머니에게서 기인하였다. 신경증 환자였던 그의 어머니는 어릴 적부터 아들을 성격보다는 겉모습만을 칭찬하며 애지중지하며 키웠다. 또한 앞에서 열거한 단계를 거의 모두 따랐던 것이다.

히스테리성의 사람들은 반대의 성(性)을 가진 사람을 의식적으로든 무의식적으로든 유혹하여 그들이 무가치한 사람이라는 것을 느끼도록 만든다. 대부분의 창녀들은 히스테리를 일으킨다. 여성 히스테리 환자의 대다수는 성적인 만족을 느끼게 해주는 잘생긴 외모의 남자를 찾아다닌다. 그리고 모든 사람들에게 그 잘생긴 남자가 자신을 유혹했지만 결국 폐가 망신했다고 떠벌린다. 심지어는 성직자나 의사가 자신을 유혹한 것처럼 이야기를 꾸며대기도 한다. 잠언은 이제까지 읽어 본 어떠한 심리학 서적보다도 히스테리성의 남성들에 대해 아주 잘 묘사하고 있다. 잠언서의 기자인 솔로몬은 히스테리를 일으키는 남성을 이렇게 표현하고 있다.

"불량하고 악한 자는 그 행동에 궤휼한 입을 벌리며 눈짓을 하며 발로 뜻을 보이며 손가락질로 알게 하며 그 마음에 패역을 품으며 항상 악을 꾀하여 다툼을 일으키는 자라"(잠 6:12~14). 솔로몬은 히스테리를 일으키는 여성을 "음녀"(strange women)라 부르며 그러한 여성들은 값비싼 생활을 좇아 남자의 타락을 유도한다고 말하고 있다. 그리고 신앙심 깊은 젊은 남자들에게 다음과 같이 경고한다.

"대저 음녀의 입술은 꿀을 떨어뜨리며 그 입은 기름보다 미끄러우나 나중은 쑥같이 쓰고 두 날 가진 칼같이 날카로우며 그 발은 사지로 내려가며 그 걸음은 음부로 나아가나니 그는 생명의 평탄한 길을 찾지 못하며 자기 길이 든든치 못하여도 그것을 깨닫지 못하느니라 그런즉 아들들아 나를 들으며 내 입의 말을 버리지 말고 네 길을 그에게서 멀리 하라 그 집 문에도 가까이 가지 말라 두렵건대 네 존영이 남에게 잃어버리게 되며 네 수한이 잔인한 자에게 빼앗기게 될까 하노라 두렵건대 타인이 네 재물로 충족하게 되며 네 수고한 것이 외인의 집에 있게 될까 하노라 두렵건대 마지막에 이르러 네 몸, 네 육체가 쇠패할 때에 네가 한탄하여 말하기를 내가 어찌하여 훈계를 싫어하며 내 마음이 꾸지람을 가벼이 여기고 내 선생의 목소리를 청종치 아니하며 나를 가르치는 이에게 귀를 기울이지 아니하였던고 많은 무리들이 모인 중에서 모든 악에 거의 빠지게 되었었노라 하게 될까 하노라 너는 네 우물에서 물을 마시며 네 샘에서 흐르는 물을 마시라 어찌하여 네 샘물을 집 밖으로 넘치게 하겠느냐 네 도랑물을 거리로 흘러가게 하겠느냐 그 물로 네게만 있게 하고 타인으로 더불어 그것을 나누지 말라 네 샘으로 복되게 하라 네가 젊어서 취한 아내를 즐거워하라 그는 사랑스러운 암사슴 같고 아름다운 암노루 같으니 너는 그 품을 항상 족하게 여기며 그 사랑을 연모하라 내 아들아 어찌 음녀를 연모하겠느냐 대저 사람의 길은 여호와의 눈 앞에 있나니 그가 그 모든 길을 평탄케 하시리라"(잠 5:3~21).

지나치게 감정적인 성인 여성의 무의식적인 내면세계의 움직임을 좀 더 확실히 이해하고자 마릴린 S.S. 카리스마('S.S'(sybtly sexy)는 음탕하고 외색적임을 뜻한다.)라는 여인의 내면 깊숙한 곳의 생각과 감정적인 갈등 속으로의 상상의 여행을 떠나보도록 하자.

마릴린 S.S. 카리스마는 사교적인 여인으로, 현재 재혼하여 살고 있는 미모의 성인 여성이다. 마릴린이 처음 결혼한 때는 17살 때였다. 마릴린의 남편은 스페인의 방탕한 인물로 알려진 전설적인 귀족 돈 쥬안처럼 사람을 매료시키는 힘이 강하고 매우 잘생겼지만 한 가지 흠이 있다면 의존심이 강하다는 것이었다. 마릴린이 자신이 임신한 사실을 대수롭지 않게 생각하고 결혼한 것이 문제였다. 사실 마릴린은 무의식적으로는 아버지에 대한 불만 때문에 임신을 원했던 것이다. 마릴린과 그녀의 첫번째 남편은 결혼 초부터 부부싸움을 했다. 그들 모두는 각자의 성격 차에 무책임하여 결국 이혼하게 되었으며 그 이혼을 성격 차 탓으로 돌렸다. 이러한 일은 흔한 변명일 뿐이다(사실 정확하게 일치하는 성격이란 없다. 단지 내키지 않는 성격일 뿐이다. 서로 다른 두 가지 유형의 성격이 하나님의 도움과 상담을 통해서 그리고 각자의 자존심을 누그러뜨리면서 행복한 결혼 생활을 발전시킬 수 있는 것이다. 하지만 분명히 서로 간에 책임 있는 변화를 하고 싶어 하는 마음이 있어야 할 것이다.).

마릴린은 이혼한 후 혼자 독립적으로 사는 것을 더 이상 참을 수가 없어서 좀 더 나이 많은 사람과 결혼했다. 그 남자는 크게 성공한 사람으로 논리적이고 침착하며 자신만만한 성격의 소유자였다. 마릴린은 그가 강박성 신경증세를 보인다는 사실과 그의 침착성이나 신념이 허울뿐이었음을 미처 알지 못했다. 또한 그 남편이 자기에게 있어 아버지 대리인이었다는 사실도 깨닫지 못했다.

이제 마릴린 S.S. 카리스마의 생각이 어떻게 변해가는지를 좀 더 분명히 살펴보기로 하자. 예를 들면 마릴린은 감정적이고 매우 흥분을 잘하며 우울해 보일 때도 더러 있다. 하지만 때로는 매우 사랑스럽고 유쾌한 성격의 소유자가 되기도 한다. 외향적이며 활발한 마릴린은 자신의 삶이 늘 파티와 같아서, 사람들은 항상 그녀의 흥분 때문에 몰려들곤 한다. 마릴린은 정말 대단한 매력을 가지고 있다. 사람들은 마릴린과 함께 있기를 즐긴다. 때로는 연극 톤의 말과 몸짓을 하여 육체적인 매력을 과시하기도 한다. 마릴린은 사람들의 관심을 지나치게 원하는 듯이 보인다. 마릴린이 하는 말은 좀 과장되고 연극적이기도 하며 표현력이 풍부하다.

마릴린은 매력적인 여인으로 다른 사람을 편하게 해주는 능력을 가지고 있지만 자신의 마음 깊이에서는 편안함을 느끼지 못한다. 겉으로는 감정적인 사람으로 비춰지지만 내면 깊숙이에서는 다른 사람과 가까워지는 것에 어려움을 느낀다. 마릴린은 논리적이기보다는 감정에 더 치우친다.

마릴린의 시간관념은 미래나 과거보다 현재에 많은 비중을 둔다. 하지만 남편은 미래의 목표를 계획하여 살기 때문에 미래에 더 관심이 많다.

마릴린의 친한 친구들은 마릴린이 허영심 많고 자기 중심적인지를 잘 알지 못한다. 마릴린은 자신의 외모로 남성의 관심을 끈다. 정신적인 친밀관계를 육체적인 친밀관계로 대신한다. 남편이 출장 중이거나 하면 다른 남자와 잠자리를 하곤 한다. 마릴린은 성관계를 좋아하는 것은 아니지만 뭇 남성들에게 관심받기를 좋아하기 때문에 성(性)을 이용하여 자신이 원하는 관심을 얻어내곤 한다. 마릴린은 때로는 자신이 아무것도 아닌 초라한 존재로 느끼기도 한다. 마릴린은 자신이 아름다움에도 불구하고 자신의 외모를 좋아하지 않는다. 하지만 성적인 매력과 주위의 관심을 끄는 힘을 통해서 자신이 하찮은 존재가 아님을 스스로 인정하게 된다. 남편이 자신을 나무라지 않는데도 아스피린이나 신경안정제를 과다 복용한다. 하지만 자살할 정도의 양은 아니고 단지 남편에게 죄책감을 유도하기 위해 먹는 것이다. 마릴린은 옷이라든가 행동이 상당히 자극적이기 때문에 자신이 갈망하는 타인의 관심을 얻을 수 있다.

마릴린은 남성과 많은 마찰을 빚는다. 때로는 남성을 얕보는가 하면 어느 순간엔 상당한 존경심을 가지고 대하기도 한다. 마릴린은 도저히 용서할 수 없는 아버지와의 사이에도 불화가 많았다. 어린 시절 아버지가 자신의 속임수에 넘어가곤 했던 일을 기억하고 있지만 가끔씩은 예측할 수 없는 성격의 소유자가 되기도 한다는 사실 또한 알고 있었다. 마릴린은 아버지로부터 거절당하는 느낌을 맛보기도 하였다. 이러한 일은 후에 다른 사람들로부터 거절 받을 것이라는 두려움을 갖게 하였으며 사람에 대한 이중의식을 갖게 된 원인이 되었다. 이렇게 아버지와 다른 사람에 대한 억압된 분노로 마릴린은 남편과의 성관계에 만족하지 못하고 다른 남자들과의 관계를 즐기게 된 것이다.

마릴린은 사람들에게 매우 따뜻하고 매력적인 인상을 풍기지만 사실은 논리적이지 못하고 지나치게 감정적이기 때문에 늘 불안정하다. 감정이란 것이 중요한 것이긴 하지만 대체로 불안정하고 변하기 쉬운 것이기 때문에 마릴린 역시 그러한 성격의 소유자가 되는 것이다. 마릴린 S.S. 카리스마는 겉으로는 매우 긍정적인 여인으로 비춰지지만 내면 깊숙이 에서는 감정을 억제하고 있다. 마릴린은 상당히 개방적이어서 마릴린과 사귄 지 얼마 안 되는 사람들도 오랫동안 사귄 듯한 느낌을 갖는다. 하지만 사실 마릴린은 사람들과 표면적인 사귐보다 그것을 지속시키는 데 어려움을 느낀다. 다시 말하면 마릴린을 아는 사람들은 그녀와 1시간을 사귄 것보다 여러 달이 지날수록 그녀를 더 모른다는 것이다. 마릴린은 겉으로는 안정적이고 매우 자신만만한 것처럼 보이지만 내면으로는 상당히 불안해 한다. 마릴린은 지루함을 자꾸 느낀다. 마릴린의 남편은 시간 관념이 철저하지만 마릴린은 늦는 것이 보통이다. 마릴린은 이렇게 늦는 것을 통해 무의식적으로 남편을 괴롭히는 것이다. 남편은 모든 일을 세심하게 계획하지만 마릴린은 꼼꼼함과는 거리가 멀다. 남편이 대단히 엄격한 데 비해 마릴린은 매우 충동적이고 느낌이나 욕구에 따라 행동한다.

마릴린은 음악이나 미술에 창의력이 풍부하며 상상력 또한 뛰어나다. 남편은 돈에 매우 엄격하지만 마릴린은 낭비벽이 심하다.

마릴린 S.S. 카리스마는 남성과 경쟁하려는 적대감과 같은 감정을 가지고 있으며 성적인 정복으로 남성을 휘어잡으려는 욕구가 강하다. 마릴린은 성을 통하여 남성을 유혹하기도 하고 자기 멋대로 조종할 수 있다.

마릴린은 능력이 많은 아버지 같은 모습의 남자를 택한다. 그러한 남자들은 마릴린의 뛰어난 미모 때문에 마릴린을 높은 사회적 지위를 나타내는 성질의 사람으로 본다. 마릴린은 남자들의 기대고 싶은 마음을 만족시키는 일종의 어머니와 같은 모습으로 이뤄지기도 한다.

마릴린 S.S. 카리스마의 환상은 사랑과 관심에 집착하고, 자신의 강박성 신경증은 권력을 얻는 데 전념한다. 마릴린은 어릴 적 아픈 것만이 관심을 끌 수 있다는 사실을 깨달았다. 그리고 이러한 그녀의 거짓된 행동으로 자신이 하고 싶은 대로 할 수 있다는 사실도 깨닫게 되었다. 또한 마릴린은 엄마에 대한 의존심이 상당해서, 정신적인 성숙에도 어려움이 있었다. 더군다나 마릴린은 모든 특전이 남자에게만 주어진 것을 느껴 경쟁적인 질투심으로 행동하며 점점 절망적이 되어갔다. 마릴린은 매우 어릴 적에도 아버지와 상당히 친했었지만 점점 갈등이 커가면서 사춘기 무렵에는 극도의 거부감을 느끼게 되었다. 10대 시절 마릴린은 다른 사랑으로 인정을 받는 데에만 몰두하게 된다. 마릴린은 예쁘게 생긴 여자친구들과의 관계는 별로 좋지 못했는데 이유는 남성의 관심을 얻는 데 경쟁자가 되었기 때문이다.

우리 모두는 약간의 히스테리적인 기질을 가지고 있다. 이러한 히스테리적 기질이 점점 더해 갈수록 아래 열거하는 특징을 나타내게 된다.

1. 호감이 간다.
2. 친절하다.
3. 외향적이다.
4. 파티와 같은 즐거운 삶을 산다.
5. 사람들과 어울리기를 좋아한다.
6. 극적인(dramatic) 성격의 소유자다.
7. 몸짓이나 말투가 다분히 연극적이다.
8. 다혈질이다.

9. 마음이 자주 변한다.

10. 감정적이다.

11. 흥분을 잘한다.

12. 현재를 중요시 한다.

13. 이성보다는 감정을 중시한다.

14. 허영심이 많다.

15. 자기 중심적이다.

16. 의타심이 강하다.

17. 천진스럽다.

18. 거짓말을 잘한다.

19. 자살하려는 몸짓을 보이며 약물을 과다 복용할 때가 있다.

20. 자극적인 옷을 즐겨 입는다.

21. 유혹하는 행동을 취할 때가 있지만 자신은 잘 인식하지 못한다.

22. 반대의 성(性)에 이중의식을 느낀다.

23. 감정에 상당히 의존하기 때문에 충분히 생각하지 않는다.

24. 논리적이지 못하다.

25. 주요 방어기제는 부인(否認)이다.

26. 또 다른 방어기제는 전이(轉移)이다(예를 들어 아버지에 대해 억제된 분노는 다른 사람에게 전이되어 나타난다).

27. 히스테리 기질이 있는 사람의 주요한 문제는 반대의 성(性)을 가진 사람에게 보이는 무의식적인 분노이다. 그들의 관심을 갈망하면서도 말이다.

28. 활동량이 상당하다.

29. 다른 사람의 관심을 끄는 행동을 한다.

30. 아버지 같은 모습의 남자를 찾는다.

31. 하지만 아버지와 같은 사람을 미워하기도 한다.

32. 아버지에 대한 쓰린 감정을 가지고 있다.

33. 성숙치 못하다.

34. 매력적이다.

35. 활발하다.

36. 자기 표현을 잘 한다.

37. 과장된 표현을 많이 한다.

38. 다른 사람을 편하게 해주지만 동시에 자신은 불안함을 느낀다.

39. 겉으로 봐서는 인정이 많다.

40. 매우 개방적이어서 너무 빨리 나누어 주는 성격이다.

41. 사람을 사귀면 오랜 친구처럼 느껴진다.

42. 하지만 더 이상 깊게는 친해지지 않는다.

43. 진정한 사랑과 친분을 쌓는 데 어려움이 있다.

44. 끊임없이 사랑을 갈구한다.

45. 감정의 변화가 많다.

46. 상상력이 풍부하다.

47. 육체적인 매력이 있다.

48. 자신의 외모가 능력이다.

49. 신경이 예민하다.

50. 사람의 생각도 끌어당기는 힘이 있다.

51. 자신의 생각을 과장해서 표현한다.

52. 표현력이 풍부하다.

53. 매우 안정된 인상을 풍긴다.

54. 자신에 찬 인생을 즐긴다(물론 이런 자신은 거짓이다).

55. 불안한 자아상을 가지고 있다.

56. 걱정이 많다.

57. 지루함을 싫어한다.

58. 무질서하다.

59. 시간관념이 부족하다.

60. 세심한 계획은 잘 세우지 못한다.

61. 현실적으로 해야 할 일은 늘 짐처럼 느껴진다.

62. 충동적이다.

63. 육감이나 느낌에 의존하지 않는 판단이나 신념을 따르지 않는다.

64. 즐겁고 자극적인 일을 즐긴다.

65. 틀에 박힌 일은 좋아하지 않는다.

66. 자기 암시에 걸리기 쉽다.

67. 쉽게 최면에 걸린다.

68. 자기 중심적인 분위기를 풍긴다.

69. 자신의 빼어난 외모에 관심이 많다.

70. 자신이 원하는 것은 곧 채워지기를 바란다.

71. 사치스럽다.

72. 불안한 성기능을 경험한다. 남자의 경우에 조숙한 사정(射精)을 경험하고, 여자인 경우 자신의 정신적인 문제들이 해결되기 전까지는 성적 흥분을 거의 느끼지 못한다.

73. 성적 불감증을 느껴 남편과의 성관계를 꺼린다.

74. 자신의 성적인 감정을 두려워한다.

75. 아름다운 외모를 가진 여성을 혐오하며 경쟁심을 갖는다.

76. 남성을 지배하고 싶어 한다.

77. 유혹을 통해 정복하려 한다.

78. 아버지처럼 전능해 보이는 남자를 선택한다.

79. 하지만 때로는 자신이 통제할 수 있는 의타심 많은 남자를 선택하기도 한다.

80. 심기증세를 보이기도 한다. 하지만 스스로 육체에 아픔이 있다고 느껴 정신적인 문제를 피하려고 한다.

81. 사랑과 관심 속에 집중되기를 원한다.

82. 대단한 몽상가이다.

83. 겉에 드러난 감정으로 마음속의 감정을 방어한다.

84. 거절의 두려움을 느낀다.

85. 집안에서 가장 어리거나 가족 안에서 특별한 위치에 있다.

86. 어머니가 매우 냉정하고 쉽게 화를 내며 질투심이 많은 사람이다.

87. 하지만 자식이 아프거나 아픈 체 할 때에는 따뜻해지기도 한다.

88. 어머니에게 지나치게 의존하여 제대로 성숙하지 못했다.

89. 자존감 때문에 끊임없이 다른 사람에게 의지한다.

90. 청소년 시절에 대단한 개구쟁이였다.

91. 남자들과 직접적으로 경쟁한다.

92. 아버지는 매우 매력적이고 절제력이 강하다.

93. 아버지는 사회를 적대시하는 사람이거나 알코올 중독자이다.

94. 유아 시절(5세 이하) 아버지와 매우 가까웠다.

95. 아버지에게서 감정에 충실하라는 격려를 받기도 하였다.

96. 사춘기 시절, 아버지로부터의 거절을 경험하기도 하였다.

97. 친구들은 자신보다 별로 매력적이지 못하였다.

98. 자신의 감정반응에 대해 책임을 회피하려고 한다.

99. 성인으로서 해야 할 일을 두려워한다.

100. 유혹적인 악수를 한다.

101. 감정의 변화가 심하다.

102. 남성(혹은 여성)을 지배하려고 한다.

103. 남성(혹은 여성)을 현실적으로 보지 못하여, 남성을 아주 이상적으로 생각하거나 가치 없는 존재로 생각하기도 한다.

104. 수련이 부족하다.

105. 남자인 경우 여성의 관심을 끌고자 다른 상대자와 경쟁한다.

106. 여자인 경우 남성의 관심을 끌고자 다른 상대자와 경쟁한다.

107. 성적 갈등이 거부되어 성기관 등에 심한 통증을 느낀다.

108. 많은 히스테리 환자들이(척추 교정 지압 요법을 받으라는 충고를 들은 후 몇 년이 지나서) 특히 성기관 등에 복합적인 수술을 받기도 하였다.

109. 여성의 경우 무의식적으로 여성이기를 싫어하여 40세 전에 자궁제거 수술을 받기도 하였다.

110. 칼빈의 예정설을 부인한 알미니아니즘(Arminianism)을 신봉한다.

111. 자신의 종교적인 의지는 하나님께 있는 것이 아닌 자신의 감정적인 경험에 있다.

112. 영(靈)적인 기복이 심하다.

113. 자신의 책임이나 죄의식에서 회피하려고 모든 일을 사탄의 탓으로 돌린다.

114. 자신이 특별한 권능이나 은사를 받았다며 종교적인 위세를 과시하기도 한다.

115. 심지어는 교회활동에서조차도 무의식적으로 관심을 얻고 싶어 한다.

116. 자신의 뜻대로 하지 못하는 것에 대해서 하나님을 자주 원망한다.

117. 하나님께서 자신의 뜻대로 하시지 않을 때마다 매일의 개인적인 헌신을 멈춘다. 이렇게 해서 하나님께 대한 분노가 쌓여 가지만, 이 분노가 헌신을 그만 둔 진정한 이유인지는 알지 못한다.

118. 주로 죄악 된 유혹은 성적인 영역에서 많이 나타난다. 때로는 동성연애의 유혹을 받기도 한다.

6. 우울증을 일으키는 스트레스는 무엇인가?

만일 당신이 경제적으로 곤란을 겪고 있거나, 말이 통하지 않는 친구때문에 괴로워하거나 아니면 우울증을 유발시키는 다른 스트레스에 시달린다면 이스라엘이라는 나라를 생각해 보라. 끔찍스러운 스트레스에 시달려야 했던 이스라엘의 역사를 생각해보기 바란다. 당신이 배울 수 있는 교훈이 참으로 많다. 이스라엘은 지금도 존재하며 앞으로도 존재할 것이다. 하나님께서는 그리스도인들이 행복한 삶을 위한 당신의 계획에서 떠나 방황할 때마다 고통을 허락하신다. 하지만 이스라엘은 수많은 고난에도 불구하고 여전히 존재한다. 하나님께서는 당신 자신의 교회, 즉 당신의 자녀가 멸망하기를 결코 원하지 않으신다. 아무리 하나님께서 준비하신 스트레스가 우리의 관점에서 볼 때 너무 가혹하게 여겨지더라도 반드시 통과하게 하신다. 이렇게 준비된 시험은 당신 자녀가 백혈병을 앓는 문제에서부터 배우자의 불륜 관계에 이르기까지 아주 다양하다. 그러한 시험은 당신 자신의 고통도 포함된다. 우리는 직접적이건 혹은 무의식적이건 우리의 무책임으로 인한 것이라고 스스로를 탓하며 이러한 모든 스트레스를 자신에게로 옮긴다. 하지만 몇몇 그리스도인들이 생각하는 것처럼 모든 스트레스가 개인적인 죄나 무책임 때문이라고 생각하는 것은 어리석고 현명하지 못한 일이다.

만일 백혈병으로 죽어가는 자녀를 둔 사람이 찾아와 충고와 위로를 얻고자 한다면 우리는 참으로 그 슬픔에 아파할 것이다. 우리는 그런 아픔이 결코 자신의 죄 때문에 온 것이 아니며 그러한 질병이나 죽음은 인간의 탄생이나 사랑에 빠지는 것처럼 사람이 생활하는 데 흔히 있는 일이라는 것을 이해하도록 위로할 것이다. 사람들은 어리석게도 자녀의 죽음이 자신들이 저지른 죄에 대한 벌이라고 생각하는 경향이 있다. 그렇게 생각하는 것은 매우 어리석고 자기 중심적인 것이다. 자의식이 강한 우리 인간들은 자신들이 우주의 중심이기라도 한 것처럼, 살면서 일어나는 모든 사건이 자기 주위만을 맴돈다고 생각하려는 경향이 있는데 이것은 어떤 의미에서는 이기적인 생각이다.

한편 한 부인이 남편으로부터 일주일에 두 차례씩 구타당한다며 위로를 얻으려 찾아왔다면 우리는 보통 "오! 정말인가요? 당신은 남편이 그렇게 하도록 내버려 두시나요?"라는 질문으로 반응하기 일쑤이다. 이러한 문제에 대해 수없이 분석해 본 결과 매 맞는 아내는 남편이 격분할 때까지는 절대 남편에게 화내지 않는다는 한 가지 사실을 알아냈다. 때린 후 남편은 보통 죄책감을 느끼며 몇 주 동안은 아내에게 잘 해준다. 그러면서 그 부인은 자신이 바라는 주위 사람들로부터의 동정을 얻으며, 무의식적으로 매조키스트가 되는 것에 만족해 한다. 그 부인이 그렇게 학대받기를 원하는 데에는 몇 가지 이유가 있다. 아마도 부인은 자신의 개인적인 죄에서 해방되기를 원하거나 모든 남자들이 자신의 아버지처럼 포악하다는 것을 증명하고자 했던 것이다. 대개의 사람들은 자신과 반대의 성(性)을 가진 부모와 비슷한 사람을 찾아 결혼한다. 그 부모가 아무리 나빠도 말이다.

이러한 일은 정신과 의사라면 누구나 늘 경험하는 일 중의 하나이다.

우리는 사람들이 각자의 삶을 조절하고 있지만 사실상 자신의 무의식적인 충동이나 마찰, 동기 등에 의해 지배되기를 스스로 인정하고 있다고 본다. 사람들은 보통 자신의 환경에서의 갑작스런 스트레스를 도저히 참기 어려운 것이라고 본다. 하지만 현명한 상담가라면 그런 사람의 마음속을 들여다보아 그 사람이 자신이 당하고 있는 스트레스를 극복하려면 어떻게 해야 할지를 제시하려고 노력해야 할 것이다.

자, 이스라엘이라는 나라를 다시 살펴보자. 이스라엘 역시 얼마나 많은 고통 속에 헤맸어야 했는가? 왜 지혜의 왕 솔로몬 역시 은밀한 죄로 자신의 영혼을 구하는 기도를 드렸다고 생각하는가? 왜 현명한 다윗도 "하나님이여 나를 살피사 내 마음을 아시며 나를 시험하사 내 뜻을 아옵소서 내게 무슨 악한 행위가 있나 보시고 나를 영원한 길로 인도하소서"(시 139:23~24)하며 간구해야 했던가? 하나님께서 우리에게 "눈이 있어도 소경이요 귀가 있어도 귀머거리"(사 43:8)라고 하신 의미는 무엇이라고 생각하는가? 우리 인간들은 모두 약점을 지니고 있다. 사실 우리 자신이 불행의 원인이다. 우리가 하나님의 지혜 안에서 자라며 자신감을 가질 때에 행복은 선택되는 것이다. 예레미야 17장 9절에는 기독교적 정신의학에 대한 핵심이 제시되어 있다. "만물보다 거짓되고 심히 부패한 것은 마음이라 누가 능히 알리요마는." 선지자 예레미야는 우리 인간의 마음, 즉 무의식적인 충동, 갈등, 동기, 감정 등이 얼마나 죄악에 가득 차고 거짓된 것인지를 헤아릴 수도 이해할 수도 없다고 말한다. 잠언 8장에는 지혜를 의인화하여 묘사하고 있다. 지혜는 어리석은 사람들에게 자신의 어리석음을 하나님의 현명한 교훈으로 전이시켜 성공과 행복에의 길에 귀를 기울이라고 권면한다. 지혜는 다음의 구절로 결론이 내려진다.

"대저 나를 얻는 자는 생명을 얻고 여호와께 은총을 얻을 것임이니라 그러나 나를 잃는 자는 자기의 영혼을 해하는 자라 나를 미워하는 자는 사망을 사랑하느니라"(잠 8:35,36).

솔로몬은 "도략이 없으면 백성이 망하여도 모사가 많으면 평안을 누리느니라"(잠 11:14)고 말한다. 어떤 이들은 특히 중·하층의 사람들은 전문적인 상담사를 찾는 것(즉 정신과 의사에게 문의하는 것)을 조롱하기도 한다. 하지만 사실 이런 조롱은 그들 자신의 솔직함과 방어수단의 산물이라 할 수 있다. 박식한 목회자나 전문적인 기독교 상담가의 도움으로 스트레스에 짓눌린 삶속에서 승리를 얻을 수 있다. 훌륭한 기독교적 심리요법을 삶에 적용시킨다는 것은 제자도 개념과 일치한다. 하나님께서는 사랑이 많고 분별력이 있는 친구나 목사, 상담자 또는 정신과 의사와의 만남 등을 통해 수많은 사람들을 정화시킨다. 살아가면서 고통스러운 일이 있을 때 상담받기를 부끄러워해서는 안 된다. 병적인 우울증의 85%가 생활 속의 스트레스에서 심각해진다는 사실이 과학적 연구에서 밝혀진 바 있다. 아울러 아주 쓰라린 환경 때문에 자살을 시도하는 경우가 있다는 사실도 알려져 있다. 다음은 우울증에서 자주 나타나는 10가지 스트레스에 대해 나열한 것이다.

상 실

우울증을 심각하게 하는 가장 대표적인 스트레스가 바로 이 "상실"일 것이다. 이 상실감은 사랑하는 사람의 죽음 때문에 오기도 한다. 이럴 경우 느껴지는 슬픔은 보통의 슬픔의 반응을 넘어서 우울한 감정으로 치닫게 된다. 이혼을 통해서도 상실감을 느낀다. 어떤 사람은 자신의 배우자의 죽음과 함께 자신을 지지해 주던 것을 모두 잃기도 한다. 자신의 의존적인 필요들이 더 이상 채워지지 않는 경험을 하기도 한다. 상실감은 직장에서의 승진 문제 때문에 오기도 한다. 이런 승진 문제는 실제 일어나는 위협이다. 승진을 하지 못한 사람들은 자신이 더욱 생산적이지 못한 것에 대한 해명은 잊어버리고, 자신은 승진에 걸맞지 않는 사람이라 느껴 우울 상태가 더욱 심화되는 결과를 초래하기 때문이다. 사람들이 대학 생활을 좀 더 오래하고 싶은 이유도 아마 실패에 대한 두려움 때문일 것이다.

성경의 인물 중에서 자신의 모든 것을 상실함으로 매우 심한 우울증을 경험했던 사람은 바로 욥이다. 욥은 자식과 재물을 모두 잃었다. 자신의 모든 것을 상실함으로 완전한 절망 상태에 빠지게 되었다. 그러나 욥은 하나님의 도우심으로 절망을 이겨내고 하나님께 더욱 헌신하게 되었다.

분노의 억제

우리는 갖가지의 귀중한 상실을 경험할 때마다 변경된 슬픔의 반응을 보이게 된다. 분노하고 있으면서도 자기 자신은 잘 인식하지 못한다. 이러한 분노가 억압되면 우울증이 야기된다. 다시 말해 귀중한 상실은 분노를 무책임하게 다루게 될 때 우울증으로 깊어지는 것이다. 예를 들어, 사랑하는 사람의 죽음에 분노를 느낄 수 있다. 부모나 형제의 죽음을 당한 후에는 거의 모든 아이들이 이러한 분노를 경험하기 때문에 상담을 통하여 시간이 흐를수록 우울증과 같은 상황이 더 악화되지 못하게 해야 한다. 사랑하는 사람의 죽음에 대한 분노를 표현한다는 것이 전혀 용납되지 않기 때문에, 그 분노는 자신에게 향하게 되며, 결국엔 우울증을 초래하고 만다. 우울증을 주제로 한 책들 대부분은 우울증을 "분노의 억제"로 설명하고 있다. 분노는 얼굴 표정, 목소리, 행동 등에서 매우 확실하게 드러난다. 이들은 상당히 화가 나 있으면서도 자신이 화가 나 있다는 사실을 깨닫지 못한다. 이들은 이들이 느끼는 분노를 지적하는 정신과 의사에게도 매우 화를 내며 아주 강력하게 자신의 분노를 부인한다. 만일 이들이 비디오를 통해 자신의 모습을 볼 수만 있다면, 자신이 아주 크게 분노하고 있다는 사실을 인식하게 될 것이다. 뿐만 아니라 이들은 자기 스스로를 방어하고 있다는 사실도 부인한다. 분노를 다루는 방법은 제3부에서 살피기로 한다.

자아상의 타격

자아상에 타격을 받게 되면 우울증의 골은 더욱 깊어진다. 이혼한 사람들의 대부분은 거절감과 자아상의 상처 때문에 우울증에 시달린다. 이러한 자아상의 타격은 사람의 자아 개념을 직접적으로 공격하여 스스로를 비하시키게 만드는 외부의 환경에서 기인한다. 또한 내부세계로 인해서도 자아상에 타격을 받는다. 예를 들어, 우리가 죄를 짓게 되면, 우리의 양심은 괴로움에 시달리고 낮은 자아상을 갖게 된다. 하지만 하나님과 자기 자신에게서 용서를 받게 되면, 자아상은 본래대로 회복된다.

많은 그리스도인들이 몇 주나 몇 달 동안 죄에 빠져 있다가 자신이 왜 우울해야 하는지에 대해 의아해 하는 것은 참으로 놀라운 일이다. 한 환자가 우리에게 찾아와 자신은 두 달 동안 우울증에 시달렸다고 이야기하면, 우리는 종종 이렇게 묻는다. "당신은 지난 두 달 동안 무엇 때문에 우울증에 시달렸나요?" 그러면 그 환자는 그 질문에 매우 당황하여 이렇게 대답할 것이다. "글쎄요, 전 사실 어떤 사람과 정(情)을 통해 오고 있었습니다. 하지만 그것이 저의 우울증과 관계된 것인 줄은 몰랐습니다."

자신의 죄를 고백하고 그 죄에서 떠나, 자기 자신을 용서하게 될 때 우울증은 말끔히 사라진다.

"적응 반응"이란 스트레스를 받아 어느 정도의 불안과 우울증을 느끼는 주로 건강한 사람들에게 나타나는 일을 묘사하는 데 쓰이는 말이다.

고린도후서 4장 8~10절에서 사도 바울은 "우리가 사방으로 우겨 쌈을 당하여도 싸이지 아니하며 답답한 일을 당하여도 낙심하지 아니하며 핍박을 받아도 버린 바 되지 아니하며 거꾸러뜨림을 당하여도 망하지 아니하고 우리가 항상 예수의 죽음을 몸에 짊어짐은 예수의 생명이 또한 우리 몸에 나타나게 하려 함이라"고 말씀하고 있다. 우리 모두는 우리 자신을 불안하게 만들고 때로는 깊은 절망에 빠뜨리는 문제들을 겪으며 살아간다. 하지만 우리는 병적인 우울증으로 깊어지기 전에, 대개 그 문제에 대처하여 해결할 수 있다.

잘못된 죄의식

앞에서도 언급한 바와 같이, 강박성 신경증에 시달리는 사람들은 자기 자신에게 지나치게 엄격하며 비판적이다. 이들은 쉽게 염려하여 잘못된 죄의식에 빠지기 쉽다. 결국엔 그러한 염려와 잘못된 죄의식의 노예가 되어 우울증을 초래하기도 한다. 말하자면, 이런 사람들은 자신에 대해 적대감을 가지게 되는 것이다. 이러한 사람들의 양심은 건강치 못한 방법으로 자아를 거스르며 결국 양심의 공격에 굴복하여 절망 상태에 빠지게 된다. 신약시대의 갈라디아교회 신자들은 예수 그리스도의 사랑과 은혜에 자극되지 못하고 내면의 잘못된 죄의식에 쫓겨야 했다. 갈라디아교회 신자들의 모습은 오늘날 잘못된 죄의식으로 인한 우울증에 시달리는 형식적인 그리스도인들의 모습과 전혀 다를 바 없다. 만일 당신이 개인적으로 이러한 문제를 겪고 있다면, 갈라디아서의 말씀을 조용히 묵상해 보기 바란다.

진정한 죄의식

진정한 죄의식도 우울증의 주요 요인이다. 우울증을 초래하는 진정한 죄의식은 죄를 짓고도 하나님께로 돌아서지 않는 그리스도인들에게 흔히 있는 반응이다. 사실, 죄를 짓고도 진정한 죄의식을 느끼지 못하는 그리스도인이라면, 자신의 구원 문제를 다시 생각해 볼 필요가 있다. 대부분의 신앙심이 깊은 그리스도인들은 죄와 진정한 죄의식으로 인해 우울증에 시달린다. 다윗은 "내가 토설치 아니할 때에 종일 신음하므로 내 뼈가 쇠하였도다"(시 32:3)라고 고백한다. 디도서에서는 사람들의 성격 유형에 따라 일곱 가지로 분류하고 있다. 예를 들면, 나이 든 사람들은 책망할 것이 없고 자랑하지 않으며, 급히 분내지 아니하고 술을 즐기지 않으며 구타하지 않아야 한다는 등의 성격 유형을 제시한다. 나이 든 여인들은 행실이 거룩하고 참소하지 않으며, 많은 술의 종이 되지 아니하고 선한 것을 가르치는 자들이 되어야 한다고 말하고 있다. 이러한 일곱 가지 부류 중 여섯 가지는 한 가지 공통적인 유형이 있다. KJV(King James Version)에서는 그 유형을 "절도 있는"(sober)이라고 번역하였고, NASV(New American Standard Version)에서는 "분별 있는"(sensible)이라고 번역하였으며, NIV(New International Version)에서는 "절제 있는"(self-controlled)이라고 번역하였다. 아마도 NIV의 번역이 가장 잘된 듯 싶다. 여섯 부류 가운데 "근신"이 유일한 공통적 유형이라는 사실은 매우 흥미로운 일이다. 젊은이들에게는 "근신하라"는 말이 가장 처음에 씌어졌다. 많은 그리스도인들이 근신을 하지 못하고 죄를 짓게 되어 우울증에 시달리고 있다. 간음을 저지르고도 죄책감이나 우울증을 전혀 느끼지 못하는 한 여인의 예를 들어보기로 한다. 그 여인은 그리스도인이 되고 싶어 했다. 하지만 우리는 그 여인의 태도가 염려되어 다음의 말씀을 나누었다.

"죄를 짓는 자마다 불법을 행하나니 죄는 불법이라 그가 우리 죄를 없이 하려고 나타내신 바 된 것을 너희가 아나니 그에게는 죄가 없느니라 그 안에 거하는 자마다 범죄하지 아니하나니 범죄하는 자마다 그를 보지도 못하였고 그를 알지도 못하였느니라 자녀들아 아무도 너희를 미혹하지 못하게 하라 의를 행하는 자는 그의 의로우심과 같이 의롭고 죄를 짓는 자는 마귀에게 속하나니 마귀는 처음부터 범죄함이라 하나님의 아들이 나타나신 것은 마귀의 일을 멸하려 하심이라 하나님께로서 난 자마다 죄를 짓지 아니하나니 이는 하나님의 씨가 그의 속에 거함이요 저도 범죄치 못하는 것은 하나님께로서 났음이라 이러므로 하나님의 자녀들과 마귀의 자녀들이 나타나나니 무릇 의를 행치 아니하는 자나 또는 그 형제를 사랑치 아니하는 자는 하나님께 속하지 아니하니라"(요일 3:4-10).

"네가 이것을 알라 말세에 고통하는 때가 이르리니 사람들은 자기를 사랑하며 돈을 사랑하며 자긍하며 교만하며 훼방하며 부모를 거역하며 감사치 아니하며 거룩하지 아니하며 무정하며 원통함을 풀지 아니하며 참소하며 절제하지 못하며 사나우며 선한 것을 좋아 아니하며 배반하여 팔며 조급하며 자고하며 쾌락을 사랑하기를 하나님 사랑하는 것보다 더하며 경건의 모양은 있으나 경건의 능력은 부인하는 자니 이 같은 자들에게서 네가 돌아서라 저희 중에 남의 집에 가만히 들어가 어리석은 여자를 유인하는 자들이 있으니 그 여자는 죄를 중히 지고 여러 가지 욕심에 끌린 바 되어 항상 배우나 마침내 진리의 지식에 이를 수 없느니라"(딤후 3:1~7).

이 말씀은 습관적으로나 의식적으로 죄를 짓는 자는 진정한 그리스도인이 아님을 알려주는 말씀이다. 죄를 지음으로 죄책감을 느끼는 것은 자연스러운 일이다. 만일 그 죄책감을 하나님께 고백하여 용서받지 못하면, 그 때에는 우울증의 결과를 초래하게 된다. 그리스도인들도 날마다 죄를 짓는다. 그러므로 자신의 죄를 용서해 주신다는 하나님의 약속을 끊임없이 기억하며 간구할 필요가 있다(요일 1:9, 오직 그리스도인을 위한 말씀). 아무리 신실한 그리스도인이라 하더라도 오랫동안 의식적으로 죄를 짓게 되면, 죄책감과 우울증의 골은 더욱 깊어진다.

갈라디아서 5장 19~21절에서 바울 사도는 다음과 같이 우리에게 경고하신다.

"육체의 일은 현저하니 곧 음행과 더러운 것과 호색과 우상 숭배와 술수와 원수를 맺는 것과 분쟁과 시기와 분냄과 당 짓는 것과 분리함과 이단과 투기와 술 취함과 방탕함과 또 그와 같은 것들이라 전에 너희에게 경계한 것같이 경계하노니 이런 일을 하는 자들은 하나님의 나라를 유업으로 받지 못할 것이요."

이 말씀 역시 그리스도인이 계속해서 습관적으로 죄를 지어선 안 된다는 것을 지적하는 말씀이다. 여기서 중요하게 다루어야 할 말은 "습관적으로 행하다"이다. 그리스도인은 죄를 습관적으로 지어서는 안 된다. 이 말은 절대 죄를 짓지 말라는 의미가 아니다. 요한일서에서는 이미 우리 모두가 죄인이라고 말하고 있다. 하지만 그리스도인은 죄를 습관적으로 지으며 죄 가운데 살아서는 안 된다. 믿지 않는 사람이 그리스도인이 되는 길은 죄를 짓지 않는 완전한 삶을 살겠다고 고백하거나 어떠한 맹세를 하는 것이 아니라 오직 주님께서 그를 위해 하신 일을 받아들임으로 이루어지는 것이다. 하지만 일단 예수님을 구주로 영접하면 주님께서는 더 이상 우리가 죄를 습관적으로 짓지 않도록 만드신다.

잘못된 시각

그리스도인들에게 있어서 우울증의 또 다른 주요 요인은 잘못된 시각이다. 우리는 지금 물질이 풍족하고 수많은 유혹으로 가득찬 세상에 살고 있다. 그러므로 그리스도인들이 잘못된 시각에 초점을 맞추는 일은 어려운 일이 아니다. 시편 73편 1~3절에서 아삽은 자신의 잘못된 시각이 커져 갈 때 겪었던 우울증에 대해 기록하고 있다.

> "하나님이 참으로 이스라엘 중 마음이 정결한 자에게 선을 행하시나 나는 거의 실족할 뻔 하였고 내 걸음이 미끄러질 뻔 하였으니 이는 내가 악인의 형통함을 보고 오만한 자를 질시하였음이로다."

그러나 같은 장의 16절과 17절을 보면, 결국 그의 시각이 온전해졌고, 우울증 또한 말끔히 사라진 것을 알 수 있다.

"내가 어쩌면 이를 알까 하여 생각한즉 내게 심히 곤란하더니 하나님의 성소에 들어갈 때에야 저희 결국을 내가 깨달았나이다."

한편 모세는 더욱 큰 믿음의 시각을 가지고 있었다.

"믿음으로 모세는 장성하여 바로의 공주의 아들이라 칭함을 거절하고 도리어 하나님의 백성과 함께 고난 받기를 잠시 죄악의 낙을 누리는 것보다 더 좋아하고 그리스도를 위하여 받는 능욕을 애굽의 모든 보화보다 더 큰 재물로 여겼으니 이는 상 주심을 바라봄이라"(히 11:24~26).

모세는 믿음의 통찰력을 가지고 있었기 때문에 그의 삶에 덧없기만 한 죄의 즐거움을 포기했다. 좁은 시각을 가지고 있는 많은 그리스도인들은 자신의 고통을 제거하기 위해 마약을 복용하거나 불륜 관계를 맺는 등의 행동방식을 선택하지만 결국 우울증을 깊게 만들 뿐이다. 이러한 행동방식은 순간적인 기쁨만을 줄 뿐, 오랫동안 고통에 시달리지 않으면 안된다. 반대로 넓은 시각을 가지고 있는 사람은 성경말씀을 암송하거나 성경공부를 하는 등의 행동방식을 선택하여 결국 고통스러운 감정을 극복하게 되며 자기 자신에게도 좋은 감정을 가지게 된다.

건전한 시각은 오직 두 가지의 실체를 깨닫게 한다. 그것은 바로 하나님의 말씀과 사람이다. "천지는 없어지겠으나 내 말은 없어지지 아니하리라"(마 24:35), "땅과 그 중에 있는 모든 일이 드러나니라"(벧후 3 : 10하). 건전한 시각이란 영원히 귀중한 하나님의 말씀과 사람들, 오직 이 두 가지 것에 우리의 삶을 투자하는 것이다. 그리고 건전치 못한 시각이란 사탄이 죄악 된 수단에 우리의 삶을 투자하도록 꾀어내는 것이다. 하지만 이것은 순간적인 해방만을 줄 뿐 영원하지 못하다. 건전한 시각은 자녀를 건강하게 키우고 가족을 더욱 큰 신앙심으로 살도록 뒷바라지 하는 데 시간을 보내게 한다. 하지만 얼마나 자주 정신과 의사들은 이와는 정반대의 일을 경험하게 되는가? 예를 들어 한 중년 남성이 가족을 돌보기보다는 다른 여자와 시간을 보내겠다고 결정했다. 이러한 결정은 순간적인 기쁨만을 줄 뿐, 결국은 더욱 큰 고통과 감정상의 문제를 겪게 된다.

솔로몬 왕이 성과 교육과 쾌락에 대한 만족을 추구한 후에 내리게 된 결정은 "헛되고 헛되니 모든 것이 헛되도다."라는 고백이었다. 우리는 자신의 중요성을 똑바로 받아들임으로써 우울증을 이겨 낸 사람들의 모습에서 거듭 감동을 받곤 하였다.

사탄의 공격

우울증의 또 다른 주요 요인은 사탄의 공격이다. 사도 바울은 "삼킬자를 찾아 다니는 우는 사자처럼 사탄도 우리 주위를 배회한다."고 했다.

또한 "우리의 싸움은 혈과 육에 대한 것이 아니고, 정사와 권세와 이 어두움의 세상 주관자들과 하늘에 있는 악의 영들에게 대함"이라고 했다. 사탄은 그리스도인들이 우울증을 통하여 무능력하게 되기만을 바란다. 하지만 예수님께서는 우리가 우리의 죄를 고백하여 용서받고, 우울증에서 완전히 벗어나기를 간절히 원하신다. 만일 절망에 빠지게 된다면 하나님께서 무엇인가를 말씀하시려고 하는 것인지 아니면 그 자신이 단지 걱정하고 있는 것인지를 어떻게 알 수 있을까?

여기 도움이 될 만한 사실이 있다. 만일 낙심과 우울증의 이유가 헛되다면 이는 하나님의 뜻이라고 할 수가 없다. 하나님은 어지러움의 하나님이 아니시기 때문이다(고전 14:13). 또한 스스로 아무 쓸모가 없다고 느끼고 나아갈 길을 전혀 찾지 못하는 것 역시 하나님의 뜻이 아니다. 하나님께서 함께하신다는 것 자체가 문제를 극복하는 희망이 되기 때문이다. 마찬가지로 자신을 격하시키며 스스로를 아무 가치가 없다고 생각하더라도 하나님께서 함께하시면 자신의 가치를 바로 깨달아 문제를 잘 처리해 나가면서 온전히 세워져 갈 수 있음을 알게 될 것이다.

자기 노력

헌신된 그리스도인들이 느끼는 낙심의 주요 원인은 바로 그들 자신의 힘으로 그리스도를 위해 살려고 노력하기 때문이다. 그리스도인의 삶이란 분명 영적인 삶이며, 성령님의 능력으로서만 살아갈 수 있다. 사도 바울은 "내게 능력 주시는 자 안에서 내가 모든 것을 할 수 있느니라"(빌4:13)고 말씀한다. 하지만 이와 반대로 로마서 7장 24절에서는 자신의 힘으로 하나님을 위해 살려고 애썼지만 결국은 낙망뿐이었다고 고백하고 있다.

만일 하나님께서 원하시는 준비된 자가 있다면 하나님께서 친히 자신의 소원을 이루어가실 것이다. 분명한 것은 하나님이 원하시는 것 이상을 하려고 할 때에 그것이 곧 낙심의 주요 원인이 된다는 사실이다.

잘못된 우선순위

하나님께서는 무엇보다도 사람들이 당신을 잘 알아가기를 원하신다 (빌 3:10). 두 번째로 하나님은 사람들이 자신의 가족의 필요를 잘 채워 주기를 원하신다(딤전 5:8). 그리고 세 번째로 하나님과 배우자와 자녀들과의 교제를 나눈 후에는 자신이 할 수 있는 최대한의 효과적인 방법으로 다른 사람들을 섬기기를 원하신다. 많은 그리스도인들은 인정받고 싶어 하는 무의식적인 욕구와 자존심으로 자신의 가족을 뒤로 한 채, 하나님을 섬기려고 한다. 충분한 수면과 휴식을 뒷전으로 미룬다는 것은 또 하나의 잘못된 우선순위이다. 잘못된 우선순위를 갖는 것은 우울증이 생기는 가장 중요한 요인 중의 하나이다. 온전한 우선순위에 대해서는 이 책의 3부에서 살펴보기로 한다.

이제까지의 내용을 간추려 보면 수많은 사람들이 고통스런 스트레스를 받아 이를 정신적으로 극복할 때까지는 오랫동안 우울증과 싸우지 않으면 안 된다는 것이다. 우울증에 빠지게 될 때마다 순간순간 일어나는 스트레스는 억압된 분노를 통하여 일을 벌인다. 어쨌든 억압된 분노는 병적인 우울증과 깊은 관련을 맺고 있다. 대부분의 스트레스는 우리 자신의 매우 미묘하고 무의식적이며 자기 파괴적인 태도나, 감정, 행동 방식에 의해 나타난다. 하지만 삶이란 우리 각자가 처리해야 할 스트레스로 가득 차 있다. 살다 보면 사랑하는 사람의 죽음도 맛보고 또는 자신의 죽음까지도 경험하게 된다. 이번 장에서 논의된 10가지의 스트레스를 우리가 책임감 있게 처리한다면 우울증은 생기지 않을 것이다. 무책임한 태도와 행동은 10가지 스트레스 중의 그 어느 하나라도 우울증으로 깊어지도록 하고 말 것이다. 거듭 강조하지만 행복은 선택이다.

7. 우울증의 원인이 되는 성격 역학은 무엇인가?

이번 장에서는 이제까지 언급하지 않았던 우울증의 심리학적, 생리학적 역학에 대해 몇 가지를 요약하여 살펴보기로 하겠다. 우리는 이 내용이 그리스도인 상담가뿐만 아니라 비 그리스도인들에게도 도움이 되리라 믿는다.

우리는 태어나서 6세까지의 불건전한 가족생활로 인해 다른 사람들보다 우울증에 더욱 쉽게 빠지는 사람들이 있었음을 살펴보았다. 이러한 요인 중의 하나는 어릴 적에 경험했던 분노를 지혜롭고 건설적으로 표현하는 법을 배우기보다는 억제하는 법을 배웠기 때문이다.

그 다음으로 중요한 요인은 유전이다. 강박성 신경증과 히스테리적인 증세를 보이는 사람의 역학에 대해서는 이미 앞에서 설명을 한 바 있다. 이러한 모든 요인은 우울증에 걸리기 쉬운 요인이 된다. 그리고 이때 우울증을 더욱 심각하게 만드는 스트레스도 함께 동반한다.

하지만 이 책의 내용을 잘 적용한다면, 병적인 우울증으로 깊어지지 않도록 갑작스럽게 일어나는 스트레스를 잘 처리해 나갈 수 있을 것이다. 하지만 환경적인 요인(유전)에 의해 영향을 받았거나 어릴 때부터 자신의 분노를 억제하도록 배우며 자란 사람이라면 병적인 우울증으로 더욱 깊어져 2장에서 열거한 생리적인 증상이 점점 더 심각해질 수도 있다.

학습 모형

우울증도 학습하게 된다. 가족들 가운데에서 부모가 우울증에 시달리면 자녀들 역시 부모와 동일시 하는 것을 익히게 되어 우울한 성격으로 변화되어 간다. 우울증은 하나의 삶의 방법으로 학습되고 또한 스트레스를 처리하는 하나의 수단으로 학습된다. 우울증에 시달리는 가족은 세대를 거듭할수록 계속 우울증에 시달린다. 아이들은 부모의 행동과 동일시하게 되어 성격이나 스트레스를 처리하는 방법 등을 따라한다. 사람의 뇌 속에는 사람의 감정을 조절하는 변연계(limbic area)라 하는 곳이 있다.

이 변연계에서는 기분의 상승이나 침울 또는 기질의 변화를 조절한다.

브레인 아민(brain amines)은 신경세포 사이의 시냅스(synapse)를 흐르는 신경전달 물질이다. 이러한 신경전달 물질인 노에피네프린(norepinephrine)과 세로토닌(serotonin)의 결핍은 우울증의 주요 원인이 된다. 분노를 억제할 경우 이러한 아민의 결핍을 초래하게 되어 결국 신경계가 그 기능을 온전히 발휘하지 못하게 되고, 그렇게 되면 사람들은 불면증과 피로, 식욕 변화, 가슴의 두근거림 등에 시달리게 된다. 부모의 부정적이고 병적인 우울 상태에 빠진 모습을 자신과 동일시하며 어린 시절을 보낸 사람은 이와 비슷한 태도를 학습한다. 이들은 다른 사람보다 더욱 억제된 분노를 마음속에 품게 되며, 결국 이들의 브레인 아민은 오랫동안 결핍된다. 어떤 과학자들은 신경계가 그런 결핍상태에 계속 머물러 있거나 고질적인 상태로 깊어지게 됨으로 우울증에 적응해 간다고 생각하기도 한다. 이러한 추측이 사실로 증명되면 이러한 브레인 아민을 회복하는 약물을 통해, 우울증을 치료하는 것이 매우 중요한 것이다. 하지만 예방이 치료보다 훨씬 중요하기 때문에 우리의 자녀가 우울한 환경에서 자라지 않도록 신경을 써야 할 것이다.

속 임

어떤 경우에 있어서 우울증은 인간관계의 한 수단이 되기도 한다. 사실 우울증은 다른 사람을 속이고, 자기 마음대로 할 수 있는 강력한 수단이 되기 때문이다. 자기 배우자를 속이기 위해 우울증을 이용하기도 하고, 부모를 속이는 수단으로 우울증을 이용하기도 한다. 아이들에게는 반드시 자신의 감정을 솔직히 나누도록 격려하여 슬픈 행동으로 다른 사람을 속이는 일이 없도록 해야 할 것이다.

양심의 위로

우울증에서는 자아와 자아가 서로 대립한다. 그렇기 때문에 절망과 비참함을 느끼는 사람은 자신이 받아야 할 대우를 받고 있는 것처럼 생각한다. 이러한 생각은 자기 자신의 양심을 달래고 즐겁게 만든다. 이것은 벌 받아야 할 양심을 위로하는 스스로 초래한 감정적인 아픔이다. 그 치료 방법은 후에 살펴보겠지만, 벌 받을 일을 저질렀다면 하나님께 맡기고, 자신을 스스로 벌 주는 일이 더 이상 있어서는 안 된다. 사람을 훈계하는 것은 하나님의 일이지 사람의 일이 아니기 때문이다.

사고 장애

누군가 우울증에 시달리게 되면 그의 생각도 점점 더 고통스러워진다.

다시 말해 절망과 무력감, 자기 존중감 상실, 죄책감 등이 더욱 깊어진다는 말이다. 매우 자기 비판적이고 자기 비하에 빠지게 된다. 그렇기 때문에 일반적으로 우울증이 깊어지면 고통스러운 생각이 더욱 커진다고 말한다. 온전치 못한 생각은 계속해서 온전치 못한 생각을 낳는다. 사람이 자기 자신에게 말하는 방법을 변화시킴으로 자기 자신이 느끼는 자신에 대한 감정을 변화시킬 수 있을까? 환자들은 자기 자신에게 말하는 방법을 바꿀 때 자신의 상태가 상당히 호전되는 것을 자주 느낀다. 이들은 이런 사고의 변화가 자학과 자기비판에 빠지곤 하던 태도를 멈추게 하는 데 효과적이라고 생각한다.

만일, 우울증에 시달리는 사람이 스무 명의 사람에게는 칭찬을 듣고, 단 한 사람에게서 비판을 받게 되면 그 사람은 분명 한 사람의 비판에만 초점을 맞추어 다른 스무 사람의 칭찬은 잊어버리고 말 것이다. 이러한 사람은 이제 정반대의 생각을 함으로 다른 사람의 긍정적인 평가에 관심을 기울이고 그다지 중요하지 않고 별로 있지도 않는 부정적인 반응을 받아들이지 않도록 자신감을 얻어야 한다.

부적절한 보상체계

어린이들은 어릴 적 훈계나 벌에 반응하는 것을 배우게 된다. 예를 들면 우울증에 시달리는 아이가 학교나 외부의 관심에서 떠나 집에 머무르도록 하는 벌을 받게 되면, 이 아이의 우울증은 삶의 한 부분으로 커져가게 된다. 이 아이는 자신의 우울증에 대해 부적절하게 보상받았기 때문에 우울증은 더욱 깊어져 간다.

갑상선 기능 부전증

갑상선 기능 부전증 역시 우울증의 원인이 될 수 있다. 많은 전문의들은 우울증의 치료에 갑상선 치료 약물이 도움이 된다고 알고 있다. 이 약물은 갑상선 기능 부전증으로 인해 생긴 우울증뿐 아니라 다른 경우의 우울증에도 효과적이다.

사이로트로핀 분비 호르몬(TRH$_6$)은 이런 경우 큰 도움이 되는 것처럼 보인다. 과학자들은 우울증이 가끔 갑상선에 영향을 주어 갑상선 기능 부전증을 더욱 심각하게 만드는 것이 아닌가 하고 생각한다. 정신과 육체가 서로 긴밀하게 연결되어 있다는 사실은 이미 잘 알려져 있지만, 그 중 어느 것이 우선하는지는 분명치 않다. 하지만 우리는 정신과 영의 온전한 성숙을 통해 육체적인 질병을 거의 제거할 수 있다고 믿는다.

저혈당증

저혈당증은 오늘날의 문화에서 극도의 스트레스를 느끼게 한다. 저혈당증에 대한 책들은 많이 있다. 저혈당증으로 인해 피로, 우울증 그리고 그 밖의 다른 질병들이 발생한다. 상당히 보수적인 의학자들은 이러한 사실에 의문을 던진다. 저혈당증은 불안을 증가시켜 감정적인 문제를 더하게 한다. 하지만 대부분의 불안이나 우울증을 설명하는 데 저혈당증이 이용되어선 안 된다. 대체로 저혈당증을 앓는 사람들 가운데 자신의 우울증은 정신이나 영이 아닌 저혈당증 때문이라고 둘러대는 사람들이 있다.

바이오제닉 아민 불균형

우리는 이미 브레인 아민이 두 신경세포 사이의 시냅스를 흐르는 신경 전달 물질이라고 언급한 바 있다. 이러한 신경 전달 물질이 감소하면 우울증의 주요한 요인이 된다. 여기 이러한 가설을 뒷받침할 만한 몇 가지의 이유가 있다.

1. 수년 전 레세르핀(혈압강하제)으로 알려진 약품이 고혈압 치료를 위해 사용되었다. 그리고 레세르핀으로 치료받은 대다수의 사람이 우울증에 시달리게 된다는 사실이 관찰되어 이제는 브레인 아민을 감소시키는 약품으로 알려지게 되었다. 레세르핀을 함유한 약품은 사람에게 우울증의 증세를 일으킬 뿐 아니라, 동물에 투여했을 때에도 우울증의 증세를 일으킨다는 사실이 밝혀졌다.

2. 우울증 치료에 사용되는 약품은 브레인 아민을 증가시키는 것으로 알려져 있다. 브레인 아민이 정상 수준에 도달하면 우울증이나 우울증으로 인한 많은 문제들은 분명 깨끗이 사라진다. 동물을 상대로 이 약품의 효능을 시험해 보았을 때, 동물이 상당히 민첩해져 한시도 가만히 있지 못한다는 사실이 밝혀졌다. 다시 말해, 기분이 상승된 것이다.

3. 카타클로 아민 대사 산물(바이오제닉 아민의 파괴로 인한 산물)은

병적인 우울증에 시달리는 사람들의 소변에서 매우 낮은 수치로 발견되었다.

4. 우울증이 본래 생물학적이라는 증거는 우울증 증세를 보이면 육체의 증상으로 나타난다는 사실이 이를 뒷받침해 주고 있다. 그 육체의 증상으로는 불면증이나, 식욕 부진, 성기능 장애 등이 있다. 우울증은 또한 불규칙한 대사활동과 같은 특정한 질병과 연관되어 있는 것으로 알려져 있다. 이것은 우울증에 생물학적인 요소가 있다는 가설을 증명해 주는 것이다.

5. 미국에서 지대한 관심을 모으고 있는 브레인 아민은 바로 노에피네프린이다. 노에피네프린에 관한 연구 가운데 "우울증의 카타클로아민 가설"이라는 이론이 나왔다. 이 이론은 브레인 아민의 결핍으로 우울증이 초래된다고 설명하고 있다. 이것은 어쩌면 일의 진행을 지나치게 단순화시킨 것일 수도 있다. 그 밖의 브레인 아민도 우울증과 연관을 맺고 있다는 사실을 증명하는 연구 결과도 나와 있다. 예를 들면 유럽의 연구에서는 세로토닌의 이상 분비를 상당히 강조하고 있다. 어떤 우울증의 경우에는 노에피네프린이 부족하게 되면, 노에피네프린을 증가시키는 토프라닐(Tofranil)과 같은 약품에 반응하기도 하고, 어떤 우울증의 경우에는 세로토닌이 부족하게 되면 세로토닌을 증가시키는 시네콴(sinequan)과 같은 약품에 반응하기도 한다. 토프라닐은 노에피네프린과 세로토닌을 모두 증가시키기 때문에 다른 약품보다 더욱 자주 사용된다.

내분비의 불균형

그동안 우울증과 내분비 장애 사이에는 어떠한 연관성이 있다는 사실이 알려져 왔으며 최근의 연구를 통해서 더욱 명확해졌다. 총괄 선으로 알려진 뇌하수체선(pituitary gland)은 ACTH(부신 피질 자극 호르몬), 성장 호르몬, 황체형성 호르몬, 프로락턴(성 호르몬의 일종), 갑상선 자극 호르몬 등의 호르몬을 분비한다. 사실, 뇌하수체선을 "총괄선"이라 부르는 것은 잘못된 것이다. 왜냐하면, 실제로 뇌하수체선은 시상하부 부위의 통제를 받고 있기 때문이다. 뇌 속에 있는 이 두 선(腺)의 크기는 조그마한 자갈만하다. 시상하부는 방출인자를 분비하여 뇌하수체선으로 하여금 앞서 말한 호르몬을 분비하게 한다. 시상하부의 방출인자가 노에피네프린과 같은 바이오제닉 아민의 통제를 받는다고 하는 것은 이미 알려져 있는 사실이다. 물론 이것은 우울증의 경우, 감소되는 것으로 알려진 화학물질이다. 따라서 뇌 속의 바이오제닉 아민에 혼란이 오면 우울증을 초래하게 되고 내분비의 이상이 나타난다. 이것 역시 이미 증명된 사실이다. 우울증의 경우에선 혈액 속의 콜티졸(스트레스 호르몬)이 증가한다. 콜티졸이 증가하면 항체를 생성하는 임파구(백혈구)는 억제되고, 항체가 부족하게 되면 육체적 질병에 걸릴 확률이 높아진다. 다시 말해, 억압된 분노는 노에피네프린의 감소를 가져오고, 노에피네프린이 감소하면 시상하부에서 분비하는 ACTH가 증가한다. 그리고 뇌하수체에서 분비하는 ACTH 역시 증가하면 이로 인해 부신에서 분비하는 콜티졸도 증가하게 된다. 콜티졸의 증가로 임파구는 감소하게 되며, 이 결과 항체가 제대로 형성되지 않아 결국엔 전염성 질병에 쉽게 노출되는 것이다. 이렇게 해서 억압된 분노는 죽음의 주요 원인이 되기도 한다.

억압된 분노는 또한 항체형성 호르몬과 성장 호르몬의 감소를 가져온다고 알려져 있다. 그리고 우울증의 경우에 리비도(성적 충동)가 감소한다는 것 또한 이미 잘 알려져 있는 사실이다. 이는 아마도 성 호르몬의 내분비계의 영향 때문일 것이다. 또한 갑상선 호르몬 때문에 순간적인 우울증세를 보인다는 사실도 흥미롭다. 이러한 가설을 뒷받침해주는 자료로는 우울증의 내부관계, 노에피네프린과 같은 브레인 아민의 감소, 내분비선 혼란 등이 있다.

전해질 이상

전해질 이상은 우울증에서 자주 나타난다. 예를 들어 나트륨과 칼륨 분포의 이상이 조울증 환자에게서 발견된다. 이러한 혼란이 우선하는 것인지, 부차적인지는 명확하지 않다. 다시 말해, 우울증의 원인인지, 우울증의 결과인 지가 확실하지 않다는 것이다. 전해질(Electrolytes)은 노에피네프린과 같은 신경전달 물질의 합성, 저장, 분비, 비활성화에 대해 중요한 역할을 담당하고 있는 것처럼 보인다. 전해질 분포의 변화는 여러가지로 나타난다. 예를 들면, 나트륨 분포는 콜티졸이나 알도스테론과 같은 호르몬의 영향을 받는다. 다음에 콜티졸은 노에피네프린과 같은 바이오제닉 아민의 영향을 받는다. 어떤 것이 먼저 영향을 끼치는지는 여전히 확실히 밝혀지지 않고 있기 때문에 좀 더 흥미로운 연구가 있어야만 할 것이다. 전해질이 정서장애와 연관되어 있다는 한 가지 결정적인 증거는, 탄산리튬염이 조울증 치료에 대단히 효과적이라는 사실이다. 전해질 대사에 이러한 리튬염이 끼치는 영향에 대해선 분명히 밝혀지지 않았지만 신장(腎臟)의 나트륨 펌프(sodium pump) 활동에 영향을 줄 것이라고 여겨진다.

바이러스성 전염병

우울증은 바이러스성 질병을 곧잘 동반한다. 바이러스에 의한 비교적 미세한 호흡기 질환을 가지고 있어도 우울증에 걸렸다고 생각하는 사람이 있다. 이것은 육체적이고 생화학적인 정도의 질환이다. 바이러스성 질환은 순간적인 우울증 증세를 일으키게 할 수 있다. 앞에서도 말했듯이 우울증은 바이러스성 질환을 포함한 모든 전염성 질환에 감염될 확률을 높인다. 대부분의 암도 바이러스성 원인을 가지고 있는 것으로 알려져 있다.

피 로

우울증을 일으키는 가장 흔한 요인 중의 하나가 바로 "피로"의 문제이다. 사람이 육체적으로나 정신적으로 활동 영역이 지나치게 넓으면 우울증의 결과를 낳게 된다. 열왕기상 19장에는 엘리야가 육체적, 정신적으로 활동의 범위가 지나치게 넓어져 절망 상태에 빠졌던 일이 기록되어 있다. 엘리야는 죽고 싶을 정도로 심각한 우울증에 빠져 있었다. 밤을 새며 공부하거나, 매일 밤 늦게까지 공부하는 학생들 대부분이 우울증을 경험하고 있다. 우리의 몸은 하나님의 전(展)이기 때문에 충분한 수면을 취하지 않는 것은 죄이다. 사람은 보통 하루 8시간의 수면이 필요하다.

온전한 정신을 유지하려면 꿈을 꾸는 시간이 또한 필요하다. 모든 성인들은 90분의 잠을 잔다고 할 때 약 20분은 꿈을 꾼다. 하지만 꿈을 꾸는 동안 깨지 않으면 꿈을 기억하지 못한다. 3일간 꿈을 꾸지 않게 되면, 아무리 충분한 수면을 취했더라도 우울증에 빠지거나 편집증세를 보이는 일이 발생한다. 그렇다면 뇌의 어떤 화학물질이 꿈을 꾸고 기억하게 하는가? 최근의 어떤 연구에서 노에피네프린과 세로토닌(특히 뇌의 하부에 위치한 연수중앙)이 꿈을 꾸고 기억하게 한다는 사실이 입증되었다. 꿈 속에서는 우리가 무의식적으로 느끼고 있는 갈등이 상징화되어 나타난다. 꿈은 보통, 상징적 형태의 무의식적인 욕구 충족이다. 그렇기 때문에 행복을 선택하기 원하는 사람은 반드시 건강한 수면 습관도 선택해야 한다. 수면과 꿈은 삶과 정신 건강에 없어서는 안 될 요소이다.

청소년기의 우울증

성인이 우울증에 빠지면, 모습이나 행동에서 우울증의 증세를 보인다.

하지만 성장기 아이들이 우울증에 빠지면 다소 이상한 행동으로 이들의 우울증이 표현된다. 표정이나 행동이 아닌 무의식의 충동 등을 모르는 사이에 행동으로 나타낸다. 매우 도덕적이고 양심적인 10대 청소년들은 물건을 훔치거나, 거짓말을 하거나 혹은 법으로 금지된 마약을 복용하거나 성적인 부정을 저지르는 등의 자신의 우울증이 은연중 표출된다. 한번은 어떤 어머니께서 성적인 부정과 마약복용을 일삼는 딸의 치료를 위해 우리를 찾아온 적이 있다. 그 딸은 불과 몇 달 전만 해도 아주 예의 바른 어린 학생이었다. 그래서 우리는 딸이 우울증에 시달리고 있다는 것을 알게 된 어머니에게 딸을 위하여 몇 가지 제한사항을 두었다. 그리고 딸은 정신요법과 우울증 치료 약물을 통하여 몇 주가 지나자 이전의 성실한 학생으로 되돌아 왔다. 수많은 청소년들이 같은 방법으로 치료를 받았다. 하지만 이미 모든 것이 망쳐지고 삶 전체에 금이 간 청소년에게 이 치료법은 통하지 않는다.

아이들은 부모가 이혼할 때 크나큰 절망감을 느낀다. 이들 역시 자신의 우울증을 자신도 모르는 사이에 행동으로 나타낸다. 하지만 이들이 이혼한 부모에게 느꼈던 분노가 말로 표현되고, 부모를 용서하게 되면(부모가 용서 받을 자격이 있건 없건 간에) 이들의 상황은 훨씬 나아진다. 더욱이 아버지의 죽음으로 마약을 복용하고, 잘못을 일삼던 아이들은 아버지의 죽음과 자신의 감정을 솔직히 말할 수 있는 그 순간부터 상태가 점점 나아지게 된다.

산후 우울증

여성들이 아이를 낳은 후 심한 우울증에 시달리는 것은 드문 일이 아니다. 이러한 산후 우울증은 아이를 낳게 된 것에 대해 느끼는 복잡한 감정을 억누르려는 어머니들 사이에서 자주 나타난다. 복합된 감정을 느끼는 것은 정상적인 일이다. 아이를 낳아 어머니가 된다는 것은 대단한 책임감이 필요한 일이다. 만일, 아이를 낳은 것에 대한 두려움을 받아들이지 못하고 이러한 감정을 자꾸 억누르면, 우울증에 빠지게 된다. 이러한 두려움을 인정하고 남편이나 다른 여성들과 상의하는 것은 그리 어려운 일이 아니다. 어머니는 아이에게 해가 되는 두려움을 키워가면서 자신의 이중 감정을 상징적으로 표현하기도 한다. 이러한 일은 흔히 일어난다.

이러한 감정을 누군가와 상의할 수 있을 때, 우울증은 사라지게 되지만 때로는 항 우울제가 필요한 경우도 있다.

중년의 우울증

중년의 우울증은 매우 흔하다. 특히 자신이 세운 목표에 도저히 도달할 수 없을 것이라고 느끼는 강박성 신경증의 사람에게 흔히 나타난다.

이들이 목표에 도달할 수 없을 것이라는 사실을 깨닫게 되면 자신에 대한 강한 분노와 병적인 우울증에 빠지게 된다.

중년에 들어서면 많은 상실을 경험한다. 예를 들어 중년 부인의 가장 큰 두려움은 자신의 외모를 잃어가는 것에 대한 것이라는 연구조사가 나왔다. 또한 중년 부인의 두 번째 큰 두려움은 남편과의 사별이나 혼자가 된다는 것에 대한 두려움이라고 한다. 이런 상실 이외에도 자녀들이 집을 떠나 그들과 헤어지는 상실을 경험하기도 한다. 그리고 예전에 남편에게서 받았던 관심을 잃기도 한다. 이러한 상실에 대한 반응으로 우울증에 빠지게 되는 것이다.

남성들 또한 중년의 우울증에 시달리며, 잘못된 성행위를 통해 이를 표현하기도 한다. 중년 남성들은 자신이 젊음을 잃지 않았다는 것을 과시라도 하듯이, 젊은 여성들에게 자주 매혹된다. 이런 사람은 심각한 불안의 결과로 자신이 아직도 건재하다는 자기 기만에 빠진 것이다. 그렇기 때문에 중년의 우울증은 성적 부정(sexual misbehavior)으로 표현되기도 한다. 또한 술을 많이 마시게 되거나 체중의 감소, 또는 이전에 살펴본 우울증 증세들을 보이기도 한다.

우울증과 노년

노년에 접어들면 자신의 기본적인 성격 유형이 두드러지게 나타난다. 그렇기 때문에 살아오는 동안 다소 우울 증세를 보였던 사람은 나이를 먹을수록 더욱 우울해 한다. 반대로 삶에 대한 긍정적인 가치관과 믿음에 바탕을 둔 건강한 자존감을 가졌던 사람은 자존감이 더욱 자라므로 나이가 들수록 더욱 행복하고 현명해진다. 이런 사람의 기본적인 필요들(자존감, 다른 사람들과의 친교, 하나님과의 친밀감)은 계속해서 충족된다.

사실 이들은 전보다 더욱 완전한 성취감을 맛본다. 노년에 접어들면 뇌세포의 손실로 그동안 억제되어 있던 것이 줄어들기 때문에 죄책감이 증가되기도 한다. 그리고 노년기에 접어든 사람들은 혼자임을 느낄 때, 우울증에 빠진다. 배우자의 죽음으로 인해 우울증에 빠지기 때문에, 이런 경우에는 동성(同姓)의 친구를 갖는 것도 좋을 듯하다.

앙갚음

사람들 대부분은 다른 사람에게 자신의 분노를 발산하며 앙갚음하기 위한 수단으로 우울증을 이용한다. 이런 식으로 분노를 발산하는 것은 이들에게 어느 정도의 분노는 가시게 할 수 있지만 다른 사람을 더욱 비참하게 만들 뿐이다. 고질적인 우울증에 시달리는 사람과 함께 산다는것 자체가 크나큰 고통이며, 이것은 우울증에 시달리는 남편(혹은 아내)의 무의식적인 의도이기도 하다. 우리는 이러한 우울증 환자들에게 좀 더 나은 방법으로 다른 사람에게 앙갚음하라고 부탁한다(물론 조금 우스운 제안이기는 하지만 말이다). 그런 후 우리는 이들의 분노를 해소케 하여 자신의 남편(혹은 아내)을 용서하도록 격려했다. 그렇게 했을 때 이들의 우울증은 결국 말끔히 사라졌다.

관심을 구하는 행동

사람들은 가끔 다른 사람의 관심을 얻기 위한 수단으로 우울증을 이용한다. 이것은 다른 사람을 속이기 위해 우울증을 이용하는 것과 비슷하다. 우울증이 처음에는 다른 사람의 관심을 상당히 끌 수 있는 것은 사실이다. 하지만 이것은 우울증에 시달리는 사람에게 불리한 결과를 가져와 오히려 후에 더 큰 문제를 일으키기도 한다. 그의 가족과 친구들이 이 사람의 우울증을 치료해 보려다 크게 좌절하기 때문이다. 관심을 구하는 우울증은 배우자나 친구의 상실로 끝나 버린다. 그 때 더욱 심각한 우울증이 야기된다.

변장한 우울증

1950년대 매우 유행했던 단어가 바로 "변장한 우울증"(masked depression)이다. 이것은 유기 병리학에 전혀 토대를 두지 않은 육체의 질병으로 특징지어진다. 이러한 증세는 우울증 치료 약물에 쉽게 반응한다. 육체의 질병이란 두통을 비롯한 각종 육체의 통증을 말한다. 이미 설명한 대로 사람들은 자신에게 정신적인 문제가 전혀 없다는 자기 기만에 빠져 감정적인 갈등을 육체의 질병으로 옮겨 놓는다. 이것은 체면 세우기 식의 방어기제이다.

최근 자신이 왜 우울해야 하는지를 이해하지 못한 젊은 청년이 있었다. 이 청년은 과거에 수많은 삶의 변화를 겪었다. 실제로 이 청년이 경험한 "삶의 변화 항목"의 수를 세어 봤더니 무려 400개를 넘었다. 1년에 200개 이상의 변화를 겪게 되면 정신장애의 증가를 가져 온다는 연구 결과가 나왔다. 조금 후에 홈즈(Homes)와 라흐(Rahe)가 개발한 "변화에 적응하는 스트레스"의 도표를 살펴보기로 하겠다.

스트레스의 원인이 되거나, 일종의 상실이라 할 수 있는 한 가지 변화는 바로 주거지의 변화이다. 이사를 여러 번 경험한 아이들은 자주 우울증에 빠진다.

다음의 도표에서 볼 수 있듯이 가장 큰 스트레스의 원인이 되는 변화는 배우자, 부모, 가까운 친지들의 죽음이다. 실제로 부모가 사망한 그 첫 해에 사망률이 현저히 증가한다.

아이들은 부모의 죽음을 경험할 때 가장 괴로워한다. 이들은 심각한 절망감이나, 비행 또는 집착행위로 자신의 감정을 드러낸다. 아이가 느끼는 불안이 크면 클수록 남아있는 가족들에게 더욱더 집착하려고 한다.

그리고 나중에는 우울증에 걸릴 소지가 높다.

인간은 변화를 꺼린다. 실제로, 우울증에 시달리는 사람들은 자신을 불안하게 만드는 방식에 익숙해져 그러한 삶을 지속해 나간다(하지만 동시에 그러한 삶을 끊임없이 불평한다). 예를 들면, 피학증세와 우울증세를 보이는 여성이 가학증세를 보이는 남편과 이혼해도 또 다른 가학증의 사람을 선택하는 것이다. 이 여성의 성장과정을 보면 부모 역시 가학증세를 보이는 사람들이었다. 또한 어릴 적 다른 사람들에게서도 부당한 대우를 받았다. 하지만 이 여성은 그러한 대우를 싫어하면서도 이미 익숙해져 버렸기 때문에 현재에도 계속해서 다른 사람의 학대 속에서 살아가는 것이다.

변화에 적응하는 스트레스

<사례>	<충격 정도>
배우자의 죽음	100
이혼	73
별거	65
교도소 복역	63
가족의 죽음	63
개인적인 사고나 질병	53
결혼	50
실직	47
배우자와의 재결합	45
정년퇴직	45
가족의 건강문제	44
임신	40
성적 결함	39
새로운 가족을 맞이함	39
사업의 재조정	39

경제사정의 변화 ······················· 38

가까운 친구의 죽음 ················· 37

직장 내의 직무변화 ················· 36

부부싸움 ································· 35

상당한 금액의 저당 ················· 31

저당이나 차용권리 상실················· 30

직장에서의 책임변화 ················· 29

자녀의 가출················· 29

며느리(혹은 사위)와의 갈등 ················· 29

탁월한 개인적 사업 ················· 28

부인의 직장생활 혹은 휴직 ················· 26

입학 혹은 졸업 ················· 26

생활환경의 변화 ················· 25

개인습관의 변화 ················· 24

직장 상사와의 갈등 ················· 23

근무시간이나 근무조건의 변화················· 20

주거지의 변화 ················· 20

학교생활의 변화 ················· 20

휴식의 변화················· 19

교회활동의 변화 ················· 19

사회활동의 변화 ················· 18

천 만원 이하의 대부 ················· 17

여러 각도에서 살펴본 우울증

정신병학에서 우울증은 열 가지로 분류된다. 이러한 10가지 분류는 관심 있는 사람들을 위해 부록 1에서 설명해 놓았다. 하지만 여기에서는 조금 다른 견지에서 분류해 보고자 한다. 영적인 우울증과 심리학적인 우울증, 내생(內生) 우울증과 외생(外生) 우울증을 같이 분류하여 설명하기로 하겠다.

단극성 우울증과 양극성 우울증

우울증은 단극성 우울증과 양극성 우울증으로 분류하기도 한다.

단극성 우울증이란 정상적인 기분상태에서 우울증으로의 단순한 기분의 변화를 말한다. 반면 양극성 우울증은 흥분이나, 조증의 상태에서 우울증으로 변화하는 것을 말한다. 단극성 우울증이 양극성 우울증보다 흔하게 나타난다. 단극성 우울증은 양극성 우울증에 비해 뚜렷하지 않은 유전적 요인을 지닌 것처럼 보인다. 앞서 설명한 조울증은 양극성 우울증에 속한다. 양극성 우울증의 경우에는 우울증의 증세도 보이지만 흥분

상태에 있게 되면 말이 빨라지거나 행동이 빨라지고, 매우 낙천적이거나, 재정적인 판단이 매우 흐려지는 등의 조증 증세도 보인다. 자기도취에 빠지거나 성적인 활동이 증가하기도 하고 매우 말이 많아지고 불면증에 시달리기도 한다. 조울병 증세는 한 달, 많게는 몇 년을 서로 분리되어 나타나기도 한다.

▨ 내생 우울증과 외생 우울증

우울증은 또한 내생(內生) 우울증과 외생(外生) 우울증으로 분류하기도 한다. 내생 우울증은 내면에서 오는 우울증을 말한다. 심리적 갈등이나 환경으로 인한 스트레스에 의해서라기 보다는 신경화학 물질의 불균형에 의해서라는 추측이 일반적이다. 이와는 대조적으로 외생 우울증(반응 또는 상황 우울증으로 알려짐)은 생활 속의 스트레스에 의해 발생한다. 예를 들면 사랑하는 사람의 죽음이나 직장 문제 등으로 인해 생기는 것이다. 다시 말해 내생 우울증은 신체 내부의 신경화학 물질의 불균형에 의해서 나타나고, 외생 우울증은 외부의 갈등 상황에 의해서 나타난다.

▨ 영적인 우울증과 정신적 우울증

우울증은 영적, 정신적, 육체적 이렇게 세 가지로 분류되기도 한다. 대체로 그 경계가 희미하기 때문에 이들을 명확하게 구분하기는 조금 어렵다. 사실 이 세 가지 부분(영, 정신, 육체)은 긴밀하게 연결되어 있기 때문이다. 한 부분이 관련되어 있다 해도 나머지 두 부분도 함께 나타난다. 예를 들어 간음을 저지른 한 중년 남자가 있다. 이 남자는 진정한 죄의식으로 우울증에 시달리고 있다. 자신의 성격 때문에 생리적인 요인이 침입해 들어오고 과거의 경험 때문에 올바르고 건전한 방법으로 자신의 죄를 처리하지 못한다. 하나님을 향하여, 자신의 죄를 고백하여 삶을 정리하지 못하고 오히려 문제에 대한 염려로 우울증은 더욱 깊어진다. 사실 화학적 불균형을 일으킬 때까지 염려하게 되어 결국 육체적 우울증도 깊어진다.

영적인 우울증을 일으키는 주요 요인은 죄의식, 분노의 억제, 잘못된 시각, 그리고 사탄의 공격 등을 들 수 있다. 정신적인 우울증은 어릴 적 어려움에 적응하는 방법을 배우지 못했거나, 아이로서의 온전한 대우를 받지 못하고 자란 사람에게 나타난다. 또한 정신적 우울증은 사고장애가 있거나, 상실을 경험하였을 때, 혹은 잘못된 죄의식으로 괴로워할 때 나타난다. 정신적 우울증을 일으키는 요인들 가운데는 갑상선 기능 부전증, 전해질의 불균형, 저혈당증, 바이오제닉 아민의 불균형, 내분비계 이상, 피로, 바이러스성 질환 등도 있다.

⧩ 기질성 우울증

앞에서도 살펴보았듯이 우울증은 기질성 질환에 의해서도 생길 수 있다. 예를 들면, 바이러스성 질환은 순간적 우울증의 원인이 되기도 하지만 악성 종양과 같은 심각한 질환을 초래하기도 한다. 우울증은 약물치료의 결과로 나타나기도 한다. 고혈압 치료를 위해 쓰이는 레세르핀(혈압 강하제)과 같은 약물을 사용할 때, 우울증이 초래되기도 한다. 레세르핀은 뇌 속에 있는 노에피네프린의 수치를 감소시켜 우울증을 낳게 한다. 우울증은 또한 충격의 결과로 발생하기도 한다. 우반구에 충격을 받으면 일종의 감정 장애 증상인 행복감을 느끼는 반면, 좌반구에 충격을 받으면 우울증이 발생한다는 흥미로운 결과가 있다.

▧ 내생 우울증, 신경성 우울증, 반동 우울증

우울증을 분류하는 마지막 방법으로 내생 우울증, 신경성 우울증, 반동 우울증이 있다. 이러한 분류방법을 살펴보려면 정신적 문제의 주요 원인이 되는 유전, 어릴 적 환경, 정신 문제를 검토해 보는 것이 도움이 될 것이다. 이 각각의 요소는 매우 중요하기 때문에 나누어 정리해 보았다.

마음의 병은 한 가지 요인으로 생기는 것이 아니다. 영적인 문제가 정신문제의 주요원인이 되기도 하지만 다른 요인들이 함께 작용하거나 다른 요인들에도 책임이 있다.

예를 들어 유전적인 환경은 마음의 문제를 진단할 때 매우 중요하다. 특히 같은 혈육에서 높게 나타나는 조울증이 그렇다. 정신분열 증세를 보이는 부모 밑에서 자란 아이는 아무리 부모와 떨어져 자랐다 하더라도 다른 아이에 비해 정신분열증을 일으킬 확률이 매우 높다는 사실이 연구를 통해 밝혀졌다. 더욱이 성격 유형이 한 가족 안에서 비슷하게 나타난다는 것은 더 이상 살펴볼 필요도 없다. 개들도 성격 유형이 유전되듯이 (독일 셰퍼드-공격적, 세인트버나드-우호적), 사람도 마찬가지이다.

둘째로, 환경은 성격을 형성하는 데 매우 중요하다. 아이들은 겸손이나 예의 바름, 무례함 등을 배우게 된다. 부모들은 자신의 아이가 버릇없이 굴거나, 싸움을 좋아하고, 말을 제대로 듣지 않는지의 이유를 알고 싶어 한다. 하지만 사실 부모가 아이들을 제대로 훈련시키지 못했기 때문이다. 육체적 건강 또한 이 범주에 포함될 수 있다. 육체적으로 질병이 있는 아이나 어른들은 정신적인 스트레스를 참아낼 능력이 부족하다.

보통, 세 번째 요인으로 인해 정신적인 문제는 더욱 깊어간다. 세 번째 요인은 바로 "우울증을 재촉하는 스트레스"이다. 아무리 유전적 요인이나 어릴 적의 어려운 환경을 겪었다 하더라도 극도의 스트레스를 받지 않으면 정신 장애는 더욱 커지지 않는다.

실제로 유전적인 배경과 자라온 환경은 매우 중요한 요인이다. 이를 부정한다는 것은 참으로 어리석은 일이다. 하지만 현재의 행위에 대한 변명으로 이러한 요인을 탓하는 것 역시 어리석은 일이다. 대부분의 문제는 무책임한 행동을 통해 나타난다. 바울 사도의 말씀은 여전히 진실하다. "사람이 무엇으로 심든지 그대로 거두리라"(갈 6:7하). 정신적인 문제는 무책임한 행동뿐 아니라 죄악 또는 신자들의 소원의 대상인 하나님을 모르거나 그 믿음이 없을 때 나타난다.

유전적 요인에 강조를 둔 것을 내생 우울증이라고 부른다. 이것은 신체 내부에서 기인한다는 뜻이고, 본래 생화학적이며, 또한 유전적으로 발생한다.

어릴 적 환경에 강조를 둔 것을 신경성 우울증이라고 부른다. 이는 어린 시절 잠재의식 속에서 해결되지 않은 갈등에서 발생한다는 뜻이다.

갑작스럽게 일어나는 스트레스에 강조를 두면, 이는 반동 우울증이라고 불린다. 이것은 자신을 억누르는 어떠한 상황에서 기인한다는 뜻이다.

정신적인 문제의 원인

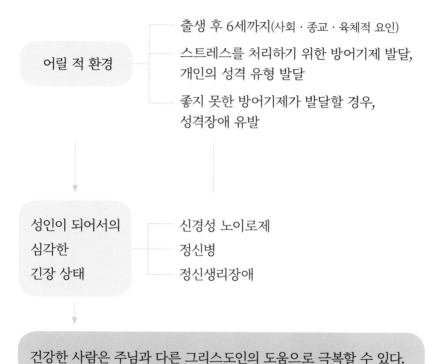

유 전

어릴 적 환경
— 출생 후 6세까지(사회·종교·육체적 요인)
— 스트레스를 처리하기 위한 방어기제 발달,
   개인의 성격 유형 발달
— 좋지 못한 방어기제가 발달할 경우,
   성격장애 유발

성인이 되어서의
심각한
긴장 상태
— 신경성 노이로제
— 정신병
— 정신생리장애

건강한 사람은 주님과 다른 그리스도인의 도움으로 극복할 수 있다.

우울증의 성격 유형

우울증에 시달리는 사람에게는 다양한 성격 유형이 나타난다.

1. 걱정을 많이 한다.

2. 비관적이다.

3. 활동력이 적다.

4. 스스로를 쓸모없다고 생각한다.

5. 우울해 한다.

6. 행복을 느끼지 못한다.

7. 슬프다.

8. 가치 없는 인간이라고 생각한다.

9. 절망적이다.

10. 무력하다.

11. 죄책감에 사로잡힌다.

12. 과거 속에 산다.

13. 쉽게 낙망한다.

14. 침울하다.

15. 마음이 쉽게 동요한다.

16. 화를 잘 낸다.

17. 혼란스럽다.

18. 자신을 늘 완벽하지 못하다고 생각한다.

19. 신념이 부족하다.

20. 아무리 노력해도 소용없다고 실토한다.

21. 집중력이 부족하다.

22. 정신운동이 느리다.

23. 육체의 움직임이 감소한다.

24. 사고 과정이 감소한다.

25. 슬픈 기분에 사로잡힌다.

26. 고통스러울 정도로 침울하다.

27. 화가 난다.

28. 불안하다.

29. 우울하다(hypochondria).

30. 두려움이 많다.

31. 죽음이 두렵다.

32. 우울하다(melancholia).

33. 아무것에도 흥미를 느끼지 못한다.

34. 자기 문제에만 집착한다.

35. 의지가 부족하다.

36. 아침을 하루 중에서 가장 나쁜 시간이라고 생각한다.

37. 아침에 일어나는 것이 싫다.

38. 식욕이 감퇴하거나 증가한다(대개는 감퇴한다).

39. 체중이 감소하거나 증가한다(대개는 감소한다).

40. 변비로 고생한다.

41. 피로한 모습이 눈에 역력하다.

42. 극도로 냉정해진다.

43. 불면증에 시달린다.

44. 쉽게 잠이 오지 않는다.

45. 수면시간이 늘어난다(가끔).

46. 아침에 아주 일찍 깬다.

47. 성적 욕구가 감퇴한다.

48. 생리가 불순하다.

49. 우울증에 시달리는 동안 생리가 없기도 한다.

50. 순간적인 불쾌감을 느낀다.

51. 자살의 가능성이 있다.

52. 고통스런 생각을 한다.

53. 의욕이 상실되어 있다.

54. 잘못된 죄의식에 괴로워한다.

55. 얼굴 표정이 낙담해 있다.

56. 이마에 주름이 가득하다.

57. 입의 언저리는 축 처져 있다.

58. 자주 울고 싶어진다.

59. 매무새가 단정치 못하다.

60. 면도를 하지 않는다(남자).

61. 화장을 하지 않는다(여자).

62. 아주 강한 초자아를 가지고 있다.

63. 스스로를 고립시킨다.

64. 유머감각을 잃어버려 잘 웃지 못한다.

65. 과거에 살기 때문에 미래는 늘 어둡다.

66. 삶을 전혀 가치 없는 것이라고 느낀다.

67. 침착하다.

68. 자기반성이 강하다.

69. 내성적이다.

70. 자신감이 부족하다.

71. 열등의식에 사로잡혀 있다.

72. 육체적 증상이 나타난다(심한 두통, 빠른 맥박, 전염병, 위장병…).

73. 매사에 열심이 부족하다.

74. 허무함을 느낀다.

75. 열망하는 마음이 강할 때도 있다.

76. 현실감각이 부족하다.

77. 자아감을 상실한다.

78. 사랑받지 못하고 부당한 대우를 받고 있다고 느낀다.

79. 자기에게만 몰두한다.

80. 후회를 잘 한다.

81. 과거의 기쁨은 잘 기억하지 못한다.

82. 자발성이 부족하다.

83. 말을 더듬거나 불분명하다.

84. 목의 통증을 느낀다.

85. 요통에 시달린다.

86. 입이 바싹바싹 마른다.

87. 손이 떨린다.

88. 낮은 자아관을 가지고 있다.

89. 다른 사람으로부터의 사랑을 열망한다.

90. 거절당하리라고 생각한다.

91. 다른 사람의 관심을 열렬히 기대하면서도 거절에 대한 두려움을 느낀다. 이런 두려움은 악순환으로 거듭된다.

   분노→친밀한 관계로부터의 고립→불만족스러운 의지 대상→분노 증가

92. 소외감을 느낀다.

93. 남에게 지나치게 의존하려 한다.

94. 부인(否認), 전이(轉移), 투입(投入), 투사(投射) 등의 방어기제를 이용한다.

95. 공격적인 자세를 숨기려 한다.

96. 초인간이 된 듯한 느낌에 사로잡힌다. 이러한 감정은, 자신의 낮은 자아개념을 인식하지 못하는 조증 증세에 빠지기 전에 나타난다.

97. 편집증에 빠질 가능성이 있다. 자신의 가치를 높이려고 거만한 체하며, 자신의 적개심을 다른 사람에게 투사한다. 다른 사람들은 이 사람에게 전혀 화를 내고 있지 않는데도 스스로는 그렇게 생각한다. 영사기가 화면에 슬라이드를 투사하듯이 자신의 분노를 다른 사람에게 투사한다.

98. 자기 학대 경향이 있다(매저키즘).

　　고통스런 경험을 좇거나 익숙한 자기 학대의 방식에서 안정을 찾는다.

99. 레크리에이션에도 즐거움을 느끼지 못한다.

100. 다른 가족들에게 분노를 느낀다.

101. 형식적이거나 또는 지나치게 감정적인 교회의 성도이다(프란시스 쉐퍼의 「새로운 초영성」(The New Superspirituality)에서 말하는 영적 미성숙의 두 가지 극단임).

제3부

우울증을 어떻게
극복할 것인가?

1. 행복한 삶을 위한 기본지침

인간에게는 반드시 기억해야 할 세 가지의 필요한 요소가 있다. (1) 자존감, (2) 다른 사람과의 친밀감, (3) 하나님과의 친밀감. 이 세 가지는 마가복음 12장 29~31절에 기록된 예수님의 크신 명령에 포함되어 있다. 성경은 성경의 다른 모든 명령들이 바로 이 명령과 연결된다고 가르친다. 다시 말해 우리가 예수님의 크신 명령에 순종할 때 우리는 자동적으로 다른 명령에도 순종하게 되는 것이다. 그렇다면 예수님의 이 크신 명령은 무엇인가? 예수께서는 "네 마음을 다하고 목숨을 다하고 뜻을 다하고 힘을 다하여 주 너의 하나님을 사랑하라 하신 것이니 이것이 첫째 계명이라 둘째는 이것이니 네 이웃을 네 몸과 같이 사랑하라 하신 것이라 이에서 더 큰 계명이 없느니라."고 말씀하셨다. 하나님을 사랑하라, 이웃을 사랑하라, 그리고 당신 자신을 사랑하라(진정한 자존감은 잘못된 교만과는 전혀 다르다. 잘못된 교만은 자존감의 부족으로 보상받으려는 사람들에 의해 주로 저질러지는 무서운 죄이다).

이 장에서 살펴볼 일곱 가지 기본지침은 예수님의 크신 명령에 바탕을 둔 것이다. 만일 이 일곱 가지 지침을 따르기로 선택한다면, 우울증의 고통 없이 행복한 삶을 살 수 있을 것이다. 물론 약간의 삶의 기복이 있을 수 있으며, 사람이라면 누구나 겪는 정상적인 슬픔의 반응을 경험할 수도 있다. 하지만 병적인 우울증에는 결코 시달리지 않을 것이다.

이제 이 일곱 가지 기본지침을 나누기 전에 한 가지 더 살펴볼 것이 있다. 예수 그리스도와의 진정한 만남이 없으면, 그 누구도 이 일곱 가지 기본지침을 끊임없이 선택할 능력을 얻지 못한다. 정신과 의사인 우리는 환자들이 "할 수 없다"는 말을 할 때마다 위축되곤 한다. 예를 들어 환자들은 이렇게 말한다. "저는 제 남편과 더 이상 살지 못 하겠어요.", "제 남편과 저는 더 이상 대화를 나눌 수 없어요.", "저는 제가 원하는 대로 아이들을 훈계할 수 없을 것 같아요.", "저는 제 정부(情婦)를 포기할 수 없어요.", "저는 더 이상 직장을 구하지 못 하겠어요.", "저는 과식하는 버릇을 멈출 수 없어요.", "저는 아무리 노력해도 제 아내를 더 이상 사랑할 수 없어요."

유능한 정신과 의사라면 "전 할 수 없어요.", "노력해 봤다구요."라는 말이 단지 변명에 지나지 않는다는 것을 안다. 우리는 우리를 찾아오는 환자에게 스스로를 속이지 말고 있는 그대로의 상황을 솔직하게 고백하라고 요구하곤 한다. 그래서 "할 수 없다"라는 말 대신에 "하지 않겠다"라는 말로 바꾸어서 말하게 한다. 그러면 앞에서 예로 든 말들을 "하지 않겠다"라는 말로 바꾸어 보도록 하자. "전 다시는 제 남편과 살지 않겠어요.", "제 남편과 저는 결코 말이 통하지 않을 거예요.", "저는 제 식대로 아이들을 키우지 않을 거예요.", "나의 정부(情婦)를 포기하지 않겠어요.", "저는 더 이상 직장을 구하지 않겠어요.", "저는 과식하는 버릇을 멈주지 않겠어요.", "전 제 아내를 사랑하지 않겠어요. -아내를 사랑하려고 내키지 않는 노력을 해 보겠지만, 결국 성공하지 않을 거예요."

만일 "할 수 없다"는 말에서 "하지 않겠다"는 말로 바꾸면 진실에서 회피하던 것을 그만 두고, 더 이상 자기를 기만하지 않고, 진실한 삶을 살기 시작할 것이다. 만일 그리스도인이라면 말이다. "내게 능력 주시는 자 안에서 내가 모든 것을 할 수 있느니라"(빌 4:13), "사람이 감당할 시험 밖에는 너희에게 당한 것이 없나니 오직 하나님은 미쁘사 너희가 감당치 못할 시험당함을 허락지 아니하시고 시험당할 즈음에 또한 피할 길을 내사 너희로 능히 감당하게 하시느니라"(고전 10:13). 계속해서 실패를 경험한 그리스도인은 변명을 하지 않는다. 스스로를 패배시켜 간다. 자신이 자기의 가장 나쁜 적이 되는 것이다. 우울증에 시달리는 그리스도인들은 하나님의 말씀대로 살지 않음으로 우울증을 선택했기 때문에 우울증에 시달린다. 하나님의 말씀대로 살면 성령의 열매를 맺게 된다. 성령의 열매에는 사랑(억압된 분노나 고통이 아닌), 기쁨(우울증이 아닌), 평강(불안이 아닌) 등이 있다. 성령의 열매를 맺지 못한다면 성령 안에서 산다고 할 수 없다.

우리는 비 그리스도인이 "할 수 없다"는 말을 할 때마다, 그런 말을 하지 못하도록 요구한다. 하나님의 능력 없이 살아가는 그리스도인은 올바른 길을 선택하지 못한다. 우리는 그동안 그리스도인과 비 그리스도인 등 우울증에 시달리는 2,000명이 넘는 사람들을 치료해 왔고, 모두가 깨끗이 치유되었다. 어떤 사람은 우울증을 치료하려고 보통 두세 달이 아닌 거의 1년이라는 시간을 들여 병적인 우울증을 극복하기도 한다. 하지만 그리스도를 구주로 영접하지 않은 사람은 우울증에서 벗어날 힘을 가지지 못한다. 약 1년이 지난 후에는 다시 우울증의 상태로 돌아온다. 우울증을 극복하고 일곱 가지 기본지침을 계속해서 따르는 그리스도인은 결코 다시는 우울증에 시달리지 않을 것이다.

그렇기 때문에 우울증을 극복하는 주요 단계는 우리가 그리스도 안에서 가지고 있거나 가질 수 있는 가장 뛰어난 자원을 활용하는 것이다.

그리스도인도 늘 문제를 가지고 산다. 문제 없는 그리스도인은 없다. 하지만 그리스도인들은 자신의 문제를 해결할 아주 귀한 자원을 가지고 있다. 우울증을 해결할 자원으로 예수님을 활용하기 위해서는 우선 반드시 예수님을 구주로 영접해야 한다. 예수님을 영접하거나 믿는다는 것은 기본적으로 두 가지 의미가 있다. 첫째는 우리가 어떠한 사실을 안다는 의미이고, 둘째는 우리가 예수 그리스도와 인격적인 관계에 있음을 의미한다.

우선, 우리는 어떠한 사실을 알아야 한다. 예를 들면 예수님은 단지 선한 사람 이상이라는 것을 알아야 한다. 예수님은 또한 하나님의 아들이시다. 세상의 죄를 대신하여 십자가에서 죽음을 당하셨다. 다시 말해, 예수 그리스도는 하나님께 죄를 지은 모든 사람의 죄에 대한 값을 하나님께 완전히 갚으셨다. 그분은 우리 각 사람의 죄로 인해 십자가에 달리셨을 뿐 아니라 죽음에서 승리하시기도 하셨다. 이것은 우리가 반드시 알아야 하는 그리스도에 대한 기본적인 사실이다. 하지만 단지 아는 것만으로 충분하지 않다. 예수님과의 인격적인 관계를 가져야 한다. 그리스도를 인격적으로 믿어야 한다. 그리스도를 인격적으로 믿는 방법은 사람에 따라 다르다.

예를 들면 어떤 이는 예수님께 자신의 구주가 되어 달라고 기구하기도 하고, 또 어떤 사람은 그리스도께서 자기를 위해 죽으셨다는 사실을 깨닫기도 한다. 경우야 어떻든 중요한 것은 그리스도와 인격적인 관계를 가져야 한다는 사실이다.

그리스도에 대한 믿음은 의지의 선택으로 시작한다. 선택에 포함된 감정적인 고백의 정도는 사람마다 다르다. 우리는 자신의 믿음에 대해 걱정하는 사람들을 많이 보았다. 이들은 믿음을 감정적인 설득과 혼동하고 있는 것처럼 보인다. 우리는 이들의 믿음이 의지적으로 이루어졌다는 말에 공감한다. 감정은 정신적인 문제나, 오래 전 마음의 쓴 뿌리로 인해 바꾸기 힘들 때가 있다. 예를 들면 어릴 적부터 부모님을 전혀 믿지 못하고 의지하지 않았던 한 여인은 하나님을 믿고 의지하는 데에 어려움을 느꼈다. 이 여인의 믿음은 의지로 시작해야 했다. 후에 그리스도와 그의 말씀 안에서의 시간을 가지게 되면서 감정의 변화가 오고 확신을 얻게 되었다. 거듭 말하지만 믿음은 의지로 출발한다. 받아들이지 못하면 해결할 수 없는 믿음의 문제를 낳게 된다.

과연 어느 정도의 믿음과 정신적인 신념이 있어야 구원받을 수 있는가? 믿음이 충분한지 아니면 여전히 너무나 나약한지를 구분 짓는 선을 어디에 두어야 할 것인가? 마가복음 9장에는 간질병에 걸린 소년의 이야기가 기록되어 있다. 소년의 아버지는 소년을 예수님께로 데리고 왔다. 예수님께서 믿는 자에게는 능치 못할 일이 없다고 말씀하시자, 그 아버지는 믿는다고 말하였다. 하지만 자신의 믿음 없는 것을 도와 달라고 예수님께 요구했다. 다시 말해 온전히 믿지 못하는 감정이 남아 있었던 것이다. 하지만 자신의 의지로 그는 믿음을 선택했다. 신약성경만 해도 구원의 조건으로 "믿음"이라는 단어가 115번이 나온다는 사실은 매우 흥미롭다. 이와 관련된 신약의 구절을 살펴보기로 하자.

"예수께서 여자에게 이르시되 네 믿음이 너를 구원하였으니 평안히 가라 하시니라"(눅 7:50).

"영접하는 자 곧 그 이름을 믿는 자들에게는 하나님의 자녀가 되는 권세를 주셨으니"(요 1:12).

"하나님이 세상을 이처럼 사랑하사 독생자를 주셨으니 이는 저를 믿는 자마다 멸망치 않고 영생을 얻게 하려 하심이니라"(요3:16).

"저희(간수)를 데리고 나가 가로되 선생들아(바울과 실라) 내가 어떻게 하여야 구원을 얻으리이까 하거늘 가로되 주 예수를 믿으라 그리하면 너와 네 집이 구원을 얻으리라 하고"(요 16:30,31).

"죄의 삯은 사망이요 하나님의 은사는 그리스도 예수 우리 주 안에 있는 영생이니라" (롬 6:23).

"누구든지 주의 이름을 부르는 자는 구원을 얻으리라"(롬 10 : 13).

"너희가 그 은혜로 인하여 믿음으로 말미암아 구원을 얻었나니 이것이 너희에게서 난 것이 아니요 하나님의 선물이라"(엡 2 : 8,9).

"하나님이 우리를 구원하사 거룩하신 부르심으로 부르심은 우리의 행위대로 하심이 아니요 오직 자기 뜻과 영원한 때 전부터 그리스도 예수 안에서 우리에게 주신 은혜대로 하심이라"(딤후 1:9).

"그러므로 자기를 힘입어 하나님께 나아가는 자들을 온전히 구원하실 수 있으니 이는 그가 항상 살아서 저희를 위하여 간구하심이니라"(히 7 : 25).

믿음이란 단지 그리스도께서 우리를 위하여 하신 일을 깨닫고, 우리의 죄를 대신하여 십자가에서 죽으심을 받아들이는 것이다. 이것은 그리스도께로 나오는 모든 죄인들에게 요구되는 일 전부이다. 아마도, 이것이 무엇이 믿음인지를 설명하는 데 큰 도움이 될 것이다. 믿음은 단지 그리스도를 공개적으로 고백하는 것이 아니다. 비록 믿음과 공개적인 고백이 동시에 일어난다 해도 말이다. 믿음은 기도가 아니다. 비록 기도 중에 믿음을 표현한다고 하더라도 말이다. 믿음은 뉘우침이 아니다. 비록 뉘우침과 믿음이 동시에 일어난다 해도 말이다. 믿음은 죄의 고백이 아니다.

비록 그리스도만이 자신의 죄를 용서하실 수 있다고 깨닫는다 하더라도 말이다. 다시 말해, 믿음은 단지 그리스도께서 우리를 위하여 죽으셨음을 깨달아 우리를 구원하신 그리스도를 믿는 것이다. 그리스도를 믿는다는 것은 의지의 문제이다. 구원도 행복과 마찬가지로 선택으로 얻어진다. 하나님께서는 그리스도의 속죄와 성령의 깨우침을 통해 일하신다.

우리 인간들은 단지 구원을 선택하거나 거부하기만 하면 된다. 구원에 대해 수동적인 태도는 구원을 거절하는 것과 같다. 요한복음 3장 16~18절을 비롯한 많은 성경구절에는 영원한 저주가 예수 그리스도를 능동적으로든, 수동적으로든 받아들이기를 거부하는 사람을 기다린다고 말씀하고 있다.

일단 그리스도를 영접하면 전에는 결코 누리지 못했던 엄청난 자원을 경험하게 된다. 그건 바로 그리스도께서 나의 형제가 되시고, 하나님께서는 바로 나의 아버지가 되시는 것이다. 세상의 아버지들은 대부분 자녀를 도우려는 열망이 강하다. 하나님 역시 그러하시다. 아니, 더하시다.

하나님은 당신의 자녀가 괴로움을 당할 때, 특히 우울증으로 괴로워할 때 도우시기를 간절히 원하신다.

그렇다면 이제는 행복하고 만족스럽고 의미 있는 삶을 위한 일곱 가지 기본지침에 주위를 돌려보자. 이 글을 읽는 독자들은 인간에게 가장 필요한 세 가지-즉 자존감, 다른 사람과의 친밀감, 하나님과의 친밀감을 충족시켜 주고, 주님의 크신 명령에 바탕을 둔 일곱 가지 기본지침임을 반드시 기억하기 바란다.

1. 예수 그리스도의 영광을 위해 당신의 매일의 삶을 드리라.

우리는 아침이면 가장 먼저 그리스도께 영광을 돌리기 위해 우리의 삶을 드린다. 잠에서 깨어 기쁜 삶을 즐길 수 있는 날을 허락하신 하나님께 감사드린다. 우리는 매일 하나님께서 아내와 자녀를 포함한 우리의 동역자들에게 은혜를 베푸시므로 그 날 하나님께 영광을 돌리기 위해 우리를 사용하시길 기도한다. 우리는 하나님의 능력으로 그 날의 유혹을 잘 극복할 수 있게 절제를 위해 기도한다. 그리고 모든 그리스도인이 날마다 잘못을 저지른다는 사실을 깨달으면서 우리가 잘못을 할 때마다 우리를 용서해 달라고 간구한다. 우리는 하루를 보내면서 하나님과 그의 영광을 위해 그 날 하루를 드렸음을 마음에 되뇐다. 이렇게 되뇌는 것은 우리가 부모를 더욱 사랑하고 인내하며 그리스도와 같은 참다운 관심을 쏟도록 도와준다. 우리는 때로 몸이 아파 괴로워하시는 부모님을 보며 눈물을 흘릴 때도 있다. 하루를 하나님께 맡길 때, 우리는 우리 자신을 사랑하게 되고, 더 이상 자신을 비판하지 않는다. 또한 아내와 아이들 그리고 친구들을 더욱 사랑하게 되고, 하나님의 영광을 위해 그들을 도울 수 있는 방법들을 생각해 보게 된다.

2. 날마다 하나님의 말씀을 묵상하고 그 말씀을 당신의 삶에 적용하는 시간을 가지라.

우리의 두뇌는 자유의지가 있다는 사실을 제외하고는 컴퓨터와 같은 기능을 한다. 우리는 본래 이기적이고 자기를 기만하는 죄 많은 존재로 태어났기 때문에 우울증과 자기파멸로 이끄는 잘못을 너무나 많이 저지른다. 우리는 그러한 잘못을 저지르면서도 그 사실을 인정하지 않으려고 할 때가 있다. 선지자 예레미야의 말을 다시 한번 생각해 보자. "만물보다 거짓되고 심히 부패한 것은 마음이라 누가 능히 알리요마는"(렘 17 : 9). 우리가 만일 행복을 선택한다면 우리 자신의 잘못된 사고체계가 아닌, 하나님의 사고체계로 우리의 "컴퓨터" 두뇌를 재 프로그래밍 하는 것을 또한 선택해야 한다. 이것은 하나님의 말씀을 묵상함으로써만 가능하다.

신경외과 의사인 펜필드(Penfield) 박사는 뇌의 한 부분에 전극을 사용하는 실험을 한 바 있다. 뇌의 한 부분에 전극을 갖다 대면 과거의 사건을 회상한다는 사실을 발견했다. 과거의 사건과 함께 감정도 기억해 낸다는 사실을 아울러 발견했다. 가끔 사람들은 특별한 사건은 기억하지 못하고, 단지 감정만을 회상할 때가 있다. 이러한 점에서 두뇌도 컴퓨터와 같은 작용을 한다는 결론을 끌어낼 수 있다. 때로는 사건(기억)을 기록하고, 때로는 감정을 기록하기도 하며, 때로는 사건과 감정 모두를 기록하기도 한다. 우리는 또한 어떠한 기록이 현재의 삶에 유용하고, 현재의 행동에 상당한 영향을 끼치는지를 유추해 낼 수 있다. 그렇기 때문에 과거의 잘못된 프로그램은 현재의 마음가짐에 영향을 주기도 한다. 과거의 잘못된 프로그램은 우리가 우리 자신에 대해 느끼는 감정에도 영향을 준다. 그리고 또한 과거의 잘못된 프로그램은 우리가 다른 사람의 관심을 끌기 위한 수단으로 우울증을 이용하도록 만들기도 한다. 그리고 이것은 다른 사람을 속이기 위한 수단으로 우울증을 이용하도록 만들고, 하루 동안의 사고방식을 부정적으로 이끌게 한다. 순간순간 끊임없이 걱정하게 하고 우울증을 더욱 심각하게 하는 고통스러운 생각만을 하게 한다. 또한 의심과 비판으로 가득 차고, 하나님과의 인격적 관계를 의심하도록 만든다. 그리고 다른 사람과의 관계와 인정을 의심하게 만든다.

수년 전 프로그래밍이 된 것을 현재에 와서 직접적으로 통제하기란 좀 어렵지만, 우리의 "컴퓨터" 두뇌를 재 프로그래밍 할 수는 있다.

요한복음 3장 6절에서는 일단 그리스도인이 되면, 그 안에 새로운 영을 가지게 된다고 말씀하고 있다. 다시 말해, 성령님이 내재하는 것이다. 그렇기 때문에 자신의 문제를 해결할 수 있는 새로운 잠재적인 자원을 가지게 되는 것이다. 하지만 새롭게 되는 것은 영(spirit)이지 마음(mind)이나 감정(emotion), 혹은 의지(will)가 아님을 주목해야 한다. 마음과 감정 그리고 의지는 오직 하나님께 기도하고 다른 그리스도인들과 교제하며 하나님의 말씀을 묵상할 때 변화하게 된다.

로마서 12장 2절에서 바울 사도는 "이 세대를 본받지 말고, 오직 마음을 새롭게 함으로 변화를 받으라."고 말씀하셨다. 마음을 새롭게 한다는 것은 그리스도를 영접하고(새로운 탄생의 순간), 성령님이 임재하시는 바로 그 순간(그리스도를 믿는 그 순간 들어오심)부터 시작하는 점차적인 과정이다. 마음을 새롭게 한다는 것은 일시적인 현상이 아니다. 거듭남의 순간에서 시작하여 삶을 통하여 계속 진행된다. 만일 마음이 어릴 적에 잘못 프로그래밍 되어 확고히 굳어졌다면, 건강한 방향으로 재 프로그래밍 되는 데에는 수년이 걸릴 수도 있다. 하지만 분명히 언젠가는 재 프로그래밍 된다.

우선 마음은 하나님의 말씀을 통해 재 프로그래밍 될 수 있다. 이사야 55장 11절에서 하나님은 "내 입에서 나가는 말도 헛되이 내게로 돌아오지 아니하고 나의 뜻을 이루며 나의 명하여 보낸 일에 형통하리라"고 말씀하신다. 하나님의 말씀은 하나님의 뜻을 이루어 가실 것이다. 그분의 말씀은 우리의 마음을 재 프로그래밍 하실 수 있다. 다윗은 하나님의 말씀이 자신의 카운슬러가 되었음을 고백한다. 모세는 이스라엘의 자녀들에게 자신의 말은 허사가 아니라, 그들에게 생명이 된다고 말하였다 (신 32:46,47). 하나님의 말씀은 바로 우리들의 생명이다. 여호수아는 성공의 지름길을 이렇게 말한다. "이 율법 책을 네 입에서 떠나지 말게 하며 주야로 그것을 묵상하여 그 가운데 기록한 대로 다 지켜 행하라 그리하면 네 길이 평탄하게 될 것이다 네가 형통하리라"(수 1:8). 시편 1편에서 다윗 왕은 정신적으로 건강한 사람을 시냇가에 심은 나무에 비유하고 있다. "오직 여호와의 율법을 즐거워하여 그 율법을 주야로 묵상하는 자로다 저는 시냇가에 심은 나무가 시절을 좇아 과실을 맺으며, 그 잎사귀가 마르지 아니함 같으니 그 행사가 다 형통하리로다." 다시 말해, 고통이 닥쳐 오더라도 하나님의 백성은 하나님의 말씀에 대한 믿음으로 프로그래밍 되었기 때문에 흔들림 없이 이겨낼 수 있는 것이다. 예수님께서는 "사람이 떡으로만 살 것이 아니요 하나님의 입으로 나오는 말씀으로 살 것"이라고 말씀하신다(마 4:4). 더욱이, 우리가 그리스도 안에 거하고 그의 말씀이 우리 안에 거하면 우리는 무엇이든지 원하는 대로 구할 수 있고, 또한 얻을 수 있다(요 15:7). 즉, 하나님의 말씀은 놀라운 변화의 능력이 있어 우리의 "컴퓨터" 두뇌를 재 프로그래밍 할 수 있는 것이다.

골로새서 3장 16절에서 바울 사도는 교회에게 하나님의 말씀이 풍성히 거하기를 격려하였다. 예레미야 15장 16절에서 예레미야 선지자는 "내가 주의 말씀을 얻어 먹었사오니 주의 말씀은 내게 기쁨과 마음의 즐거움"이라고 고백한다. 우리는 하나님의 말씀으로 우울증을 극복하는 기쁨을 누릴 수 있으며, 우리의 "컴퓨터" 두뇌를 재 프로그래밍 할 수 있다. 요한일서 2장 14절에서 사도 요한은 강하고, 하나님의 말씀이 속에 거하는 청년들에게 편지를 쓴다고 말하고 있다. 이들은 하나님의 말씀이 내재하시기 때문에 강한 것이다. 이들은 하나님의 말씀을 따라 자신의 "컴퓨터" 두뇌를 재 프로그래밍을 해왔고, 그 결과 정신적으로 더욱 강하고 흔들림이 없게 되었다.

우리의 "컴퓨터" 두뇌를 재 프로그래밍 하는 또 다른 방법은 우리의 생각을 조정(monitor)하는 것이다. 비판적이고 부정적인 생각은 우울증을 강화할 뿐이다. 자신의 생각을 바꿈으로 기분을 고조시킬 수 있다. 빌립보서 4장 8절에서 바울 사도는 자신의 편지를 읽는 자들에게 무엇에든지 참되고, 정직하고, 옳고, 정결하고, 사랑할 만하며 덕망 있고, 칭찬 받을 만한 것에 대해 사랑하라고 격려했다. 부정적이고 비판적인 생각은 절망적인 기분을 강화시키지만, 방금 전 말한 생각들은 기분을 상승시킨다. 긍정적인 생각에는 분명히 능력이 있다.

우리는 하나님의 말씀을 묵상하는 것이 하나님을 따르는 삶이라는 것을 너무나 많이 배웠다. 한 가지 좋은 예로 히스기야 왕의 이야기가 있다. 열왕기하 18장은 절제와 하나님을 좇는 삶에 대한 통찰력을 제시하고 있다. 히스기야 왕은 하나님의 말씀을 지켰고, 알았으며, 사랑했다. 예수님께서는 마태복음 4장 4절에서 가장 훌륭한 논리를 제시하신다. "기록되었으되, 사람이 떡으로만 살 것이 아니요 하나님의 입으로 나오는 모든 말씀으로 살 것이니라." 또한 요한복음 6장 3절에서는 "살리는 것은 영이니 육은 무익하니라 내가 너희에게 이른 말이 영이요 생명이라." 그리고 마지막으로 요한일서 2장 14절에서는 "아비들아 내가 너희에게 쓴 것은 너희가 태초부터 계신 이를 알았음이요 청년들아 내가 너희에게 쓴 것은 너희가 강하고 하나님의 말씀이 너희 속에 거하시고 너희가 흉악한 자를 이기었음이니라"고 말씀하신다. 앞에서도 말했듯이 젊은이들은 하나님의 말씀이 그들 속에 거하시기 때문에 흔들림이 없다. 그리고 세월이 흐르면 하나님을 알고 그의 말씀대로 살아가시는 자신의 아버지의 모습을 닮게 된다. 정말로 말씀의 사람이 되지 않으면 누구도 하나님의 사람이 될 수 없다.

열왕기하 18장에는 하나님을 좇는 삶과 연관된 또 다른 요소가 언급되어 있다. 그것은 절제 이상의 것이며, 하나님을 아는 것 이상의 것이다. 그것은 바로 하나님과 "연합하는"(cleaving) 것이다(왕하 18:6). 많은 그리스도인들은 자신의 절제와 말씀에 대한 열심 있는 연구로 주님을 위한 많은 일들을 이루어 왔다. 하지만 세 번째의 가장 중요한 요소인 "하나님과 연합하는 것"을 실천에 옮긴 그리스도인들은 사실 그리 많지 않다. 여기 "연합한다"는 히브리말은 창세기 2장 24절(남자가 부모를 떠나 아내와 연합하여)에서 사용된 바로 그 말이다. 이 말 속에는 우정의 뜻이 함축되어 있다. 누군가와 함께 있는 것을 갈망하고, 그 누군가와 함께 있는 것을 즐거워하며, 그 누군가와 많은 시간을 함께 보내길 간절히 바란다는 뜻이 함축되어 있는 것이다. "하나님과 연합한다."는 말은 하나님을 열심으로 좇는다는 의미이다. 하나님과 함께 시간을 보내고, 함께 걸으며, 함께 이야기하고, 다른 친구들처럼 하나님을 알고, 그분과 가까이 있기를 갈망한다는 뜻을 함축하고 있다.

그렇다면 우리가 어떻게 해야 하나님을 좇아 살 수 있을까? 자 히스기야 왕을 다시 살펴보기로 하자. 역대하 29장 11절에서, 히스기야 왕은 레위 사람들에게 "내 아들들아 이제는 게으르지 말라 여호와께서 이미 너희를 택하사 그 앞에 서서 수종 들어 섬기며 분향하게 하셨느니라"고 말하고 있다. 히스기야 왕은 레위 사람들이 하나님과 함께하는 시간을 갖고, 하나님에 대해 하나님과 이야기해야 한다고 제안하고 있는 것이다. 여기서 한 가지, 우리가 적용해 볼 수 있는 것은 경건의 시간에 하나님에 대해 하나님과 이야기하는 시간을 가져야 하는 것이다. 지난주 우리는 하나님과 이야기하는 시간을 얼마나 가졌으며, 우리의 친구이신 하나님께 얼마나 감사했는가?

"히스기야 왕이 일찍이 일어나 성읍의 귀인들을 모아 여호와의 전에 올

라가서"(대하 29:20). 이 말씀에서 적용해 볼 것은 하나님을 따르기 위한 시간을 가지라는 것이다. 우정을 발전시키기 위해서는 시간이 필요하다. 친밀감을 자라게 하기 위해서는 함께 있는 시간을 가져야 한다. 대개 사람들은 하나님을 아는 것에 대해 지름길을 원한다. 지름길을 찾으려고 경험적인 히스테리와 같은 여러 가지 잘못된 길로 들어서기도 한다. 하지만 누군가를 아는 데에는 지름길이 없고 시간이 필요하다. 히스기야 왕이 하나님과의 시간을 보내고 싶어 한 것처럼 말이다.

30절에는 "히스기야 왕이 귀인들로 더불어 레위 사람을 명하여 다윗과 선견자 아삽의 시조 여호와를 찬송하매 저희가 즐거움으로 찬송하고 몸을 굽혀 경배하니라"고 기록되어 있다. 여기서 적용해봐야 할 것은 하나님께 노래를 부르며 보내는 시간은 우리가 하나님을 아는 데 도움이 된다는 사실이다. 하나님에 대한 찬송은 많아도, 하나님을 향한 찬송은 정말 거의 없다. 하나님에 대하여 하나님을 향해 찬송을 부르는 것은 아주 좋은 일이다. 이것이야말로 진정한 경배이다. 30절을 가만히 살펴보면, 레위 사람들은 즐거움으로 찬송하고 몸을 굽혀 경배하고 있다. 하나님을 향해 직접적으로 찬양하는 찬송가를 찾아보는 것은 매우 가치 있는 경험이 될 것이다.

"그런즉 너희 조상들같이 목을 곧게 하지 말고 여호와께 돌아와 영원히 거룩하게 하신 전에 들어가서 너희 하나님 여호와를 섬겨 그의 진노가 너희에게서 떠나게 하라"(대하 30:8). 히스기야 왕의 이야기에서 살필 수 있는 네 번째 교훈은 하나님을 따르는 삶을 방해하는 것이 없도록 절제를 발휘하라는 것이다. 이 절제는 우리에게 건강한 마음을 허락한다(딤후 1:7).

"무릇 그 행하는 모든 일 곧 하나님의 전에 수종드는 일이나 율법에나 계명에나 그 하나님을 구하고 일심으로 행하여 형통하였더라"(대하 31:21). 히스기야 왕의 이야기에서 살필 수 있는 마지막 교훈은 하나님을 그가 마음을 다해 구했다는 것이다. 하나님을 따르려면 하나님을 전심으로 찾아야 한다. 하나님과의 교제를 회복하여 세상 그 누구보다 하나님과 가까이 하려는 결단이 있어야 한다.

이러한 교훈을 생각해 볼 때에 혹자는 하나님께서 자신을 계시해보일 특정한 사람을 선택하실 것이라고 생각할지도 모른다. 하지만 세월이 흐르면서 하나님께서는 그런 방법으로 역사하지 않으신다는 사실이 명백해진다. 하나님께서는 이미 우리들을 찾으셨으며, 이제는 당신을 섬길 사람을 찾고 계신다. "여호와의 눈은 온 땅을 두루 감찰하사 전심으로 자기에게 향하는 자를 위하여 능력을 베푸시나니"(대하 16:9). 하나님은 이미 우리들을 찾으셨으며, 당신을 섬기기에 부지런한 사람을 이 세상 끝까지 몸소 찾고 계신다. 하나님은 당신을 찾는 자들에게 당신을 계시하신다. 그리고 그들과 함께 친밀한 관계를 발전시켜 가신다. 그것은 히스기야 왕이 하나님과 함께했던 관계와 같은 것이다. 히스기야 왕은 하나님을 온전히 구했다.

그런 까닭에 하나님은 히스기야 왕을 기뻐하셨으며 오늘날의 우리에게도 동일하게 원하신다.

3. 날마다 죄에서 벗어나라.

에베소서 4장 26절은 날마다 죄에서 벗어날 것을 권고하고 있다. 이 말씀은 병적인 우울증이 더욱 심각해지는 것을 막아줄 것이다. 이 말씀은 너무나 중요하기 때문에 다음 장에서 좀 더 자세히 살펴보기로 하겠다.

4. 가족들 간의 갈등을 해결하기 위해 최선을 다하라.

당신의 아내(혹은 남편)와 자녀들과 좀 더 친밀한 시간을 가지도록 하라. 또는 부모, 형제자매, 그 밖의 가까운 친지들을 우선순위로 할 수도 있다. 가족들에게 절대 원한을 품지 말라. 당신이 할 수 있는 한, 최선을 다해 그들의 상처를 싸매어 주고, 나머지는 모두 하나님께 맡기라. 가족과의 친밀감은 대부분의 사람들이 생각하는 것보다 스스로의 자존감과 정신 건강에 더없이 중요하다. 가족 간의 갈등이 오랫동안 해결되지 않을 수도 있다. 여기서 "가족"(family)이라는 말은 아주 가까운 혈연보다 좀 더 넓은 개념으로 이해해야 한다. 오늘날 세간의 입에 끊임없이 오르내리는 아랍 국가들과 이스라엘 간의 "민족 갈등"이 좋은 예가 된다. 이들의 민족 싸움은 이미 수천 년 전부터 지금까지 계속되어 오고 있다. 이들의 민족 갈등이 수천 년 전에 모두 해결되었다면 지금 아랍 민족과 이스라엘 민족은 최악의 원수지간이 아닌 절친한 친구로 존재하였을지도 모른다.

우리는 신경정신과 업무로 늘 바쁘지만 그러한 중에도 매일 밤 보통 2시간씩 그리고 토요일과 주일에는 보통 4시간씩 아이들과 함께 보낸다. 옛말에 "아이들과 함께하는 시간은 양이 아닌 질이어야 한다. 바로 그것이 중요하다."는 말이 있다. 이것은 너무도 어리석은 소리이다. 시간의 양은 시간의 질만큼이나 중요하다. 우리는 매일 아내와 깊은 대화의 시간을 갖는다. 적어도 일주일에 한두 번씩은 바깥에서 데이트를 즐기기도 한다. 그리고 부모님과 형제자매 그리고 다른 가까운 친척들과 좀 더 가까워지기 위해 해야 할 일이 무엇인가를 자주 생각해 본다.

우리의 자존감의 상당 부분은 부모의 사랑과 인정에서 기인한다.

가족 간의 오랜 갈등을 풀기 위해서는 나 자신이 먼저 시작해야 한다. 나의 마음을 상하게 한 가족의 누군가가 뉘우칠 때까지 거리를 두어선 안 된다. 가족 간의 갈등을 해결하는 책임을 전적으로 인정하고 멀어진 관계를 회복하기 위한 보다 창조적인 방법을 찾도록 기도하는 것이 가장 최선의 방법이다. 혹 실패를 경험하더라도 다시 시작해야 한다.

5. 적어도 한두 명의 헌신된 동성(同性)의 친구와 이야기 나눌 시간을 매 주마다 갖도록 하라.

만일 당신이 결혼했다면 결혼한 다른 부부와의 즐거운 시간을 마련하라. 그렇게 하면 남편과 아내는 다른 사람들과의 어울림 속에서 많은 도움을 얻게 될 것이다.

"지혜로운 자와 동행하면 지혜를 얻고 미련한 자와 사귀면 해를 받느니라"(잠 13:20). 친구를 사귈 때에는 신중히 선택해야 한다.

당신이 친구를 선택한 의도가 어떻든지 간에 당신은 점점 친구를 닮아갈 것이기 때문이다. 당신의 친구들과 짐을 나누라(히 10:24,25). 당신에겐 믿지 않는 친구들도 있겠지만 당신이 만일 헌신된 그리스도인이라면, 당신의 가장 가까운 친구도 헌신된 그리스도인이기를 원할 것이다. 당신 자신의 영적인 능력을 과대평가하지 말라.

이것은 대부분의 그리스도인들이 믿지 않는 사람이 믿는 사람의 영적인 능력을 떨어뜨린다고 생각하는 것보다 훨씬 쉬운 일이다. 잠언 27장 17절에서 지혜의 솔로몬 왕은 "철이 철을 날카롭게 하는 것같이 사람이 그 친구의 얼굴을 빛나게 하느니라"고 했다. 또한 "마음의 즐거움은 양약과 같다"고 했다(잠 17:22). 여기서 우리는 믿음의 열매를 바라는 행복한 그리스도인과의 우정을 돈독히 해야 한다는 교훈을 배울 수 있다. 삶에 대한 절망적인 태도와 자기 연민에만 빠져 있는 비성숙한 그리스도인과는 너무 가깝게 지내지 말라.

사람은 결코 외딴 섬이 아니다. 행복한 은둔자란 있을 수 없는 표현이다. 외로움은 고통스럽다. 우리에겐 절친한 친구가 있어야 한다. 우정을 쌓는 데에는 우리 각자에게 전적인 책임이 있음을 반드시 인정해야 한다. 솔로몬 왕은 우리가 만일 친구를 원하면 밖으로 나가 친절을 베풀라고 말씀하셨다. 사람들 모두는 거절당하는 것을 두려워한다. 어떤 사람들은 다른 사람들에 비해 더 두려워하기도 한다. 모든 사람이 당신을 좋아하리라고 기대하지 말라. 6~7명의 사람들에게 친절을 베풀어서 그 중 한 명만이 좋은 반응을 보인다고 해도 그것을 성공이라고 생각하라. 많은 친구들을 원하지 말라. 두세 명의 가까운 친구로 충분하다. 만일 그 중 한 명이 죽거나 혹은 멀리 떠나거나, 혹은 당신을 거절한다 해도 완전한 절망은 아니다. 당신에겐 당신이 의지할 두 명의 친구가 아직 남아 있기 때문이다. "많은 친구를 얻는 자는 해를 당하게 되거니와 어떤 친구는 형제보다 친밀하니라"(잠 18:24). 여기서 필요한 것은 친밀감 (intimacy)이지, 양(quantity)이 아니다. 친구 누구에게도 원한을 품지 말라. 원한은 쉽게 쌓이기 때문에 당신이 느끼는 분노를 말하지 않은 채 마음속에 억눌러 버린다면 결국 무의식적으로 드러나게 마련이다.

"허물을 덮어주는 자는 사랑을 구하는 자요 그것을 거듭 말하는 자는 친한 벗을 이간하는 자니라"(잠 17:9).

6. 당신에게 만족을 가져다 주는 하루 일과를(직장일, 놀이, 집안일 등을 포함하여) 계획하라.

이러한 일과는 당신이 하나님께 영광을 돌리는 일이며, 또한 당신의 삶을 위한 하나님의 뜻이며 목적임을 확신하라.

하나님께서는 모든 사람을 전임 사역자로 부르지 않으셨다. 대부분의 젊은 그리스도인들은 이 사실에 무지하다. 전임 사역자가 된다는 것은 헌신된 그리스도인이 자신의 생계를 위해 일하는 것보다 더욱 영적인 일은 아니다. 하늘나라에서는 먼저 된 자가 나중 되고, 나중 된 자가 먼저 되는 놀라운 상황으로 반전되기 때문이다. 신학교에서 강의도 하고, 몇 가지 책을 저술하기도 한 우리들은 사실 많은 사람들로부터 인정을 받고 있다. 하지만 우리는 공적으로 인정을 받지 못하고 있는 헌신된 그리스도인, 진정한 기도의 용사들을 너무나 많이 알고 있다. 우리는 비록 하늘나라에서는 인정을 받지 못하여, 대단히 영적인 친구들의 현관문을 쓰는 신세가 되어도 행복할 것이다.

그리스도께서는 당신의 오신 목적이 사람을 구원할 뿐 아니라 더욱 풍성한 삶을 살 수 있도록 하기 위함이라고 말씀하셨다(요 10:10).

하나님께 당신의 모든 삶을 인도해 달라고 기도하라. 그리고 당신을 인도하시는 그분의 말씀에 전적으로 의지하라. 순간적인 감정으로 중요한 결정을 내리지 말고, 혹시 그러한 결정을 내렸다 하더라도 성령님의 탓으로 돌리지 말라. 비성숙한 그리스도인이 "하나님께서 하라고 말씀하셔서 그렇게 했다"라고 말하는 것은 참으로 슬픈 일이 아닐 수 없다. 만일 이들이 하나님께서 그러한 말씀을 하셨다고 생각한다면 약효가 좋은 진정제를 먹어야 할 것이다. 되도록이면 죄악된 행동은 피하라. 죄악된 행동은 낮은 자존감의 원인이 되어 하나님을 슬프게 하기 때문이다.

하루 일과를 선택할 때에는 당신 자신을 너무 속박하지 않도록 조심하라. 다음의 우선순위를 토대로 하여 하루 일과를 선택해야 한다.

(1) 날마다 하나님과 교제하는 시간을 만든다.

(2) 개인적인 정신 건강을 위한 시간을 만든다. 정신 건강이 좋지 못하면 하나님과 가족 그리고 그 밖의 다른 사람들에게 도움이 되지 못하기 때문이다. 여기에는 긴장을 풀고 쉴 시간이 포함되어야 한다. 당신에게 쉼을 주는 스포츠를 관람하거나 아내(혹은 남편)와의 데이트를 즐겨라. 또한 다른 부부들과 만나는 시간을 갖거나 약간의 운동도 좋다.

(3) 아내(혹은 남편)와 더욱 친밀한 시간을 갖는다. 여기엔 즐거움, 친교, 깊은 대화, 건전한 성생활을 위한 시간이 필요하다. 자녀보다 아내(혹은 남편)가 더 높은 우선순위에 있어야 한다.

(4) 아이들을 올바르게 교육시킬 시간을 마련한다. 여기엔 아이들과 함께 놀아주고, 아이들의 문제를 들어주며, 함께 기도하고, 학교 발표회에 참석해 주는 등의 시간이 포함된다.

(5) 가족의 생계를 위해 돈을 벌 시간이 있어야 한다. 성경은 당신이 가족을 돌보지 않는 것이 믿지 않는 사람보다 하나님 보시기에 더 악하다고 말하고 있다. 우리 역시 이 말씀에 진심으로 동의한다.

사실, (1)에서 (4)까지의 우선순위는 실제 생계를 위해 들이는 시간이 아니다, 하지만 당신의 가족은 당신이 벌어오는 돈보다 당신 자신을 더 원할 것이다.

(6) 시간이 있을 때마다 하나님께서 주신 달란트를 개발하여 선교의 사명을 감당하도록 한다.

우리가 틈틈이 짬을 내어 책을 내는 것도 선교의 사명을 감당하는 일이다. 때로는 (1)에서 (5)까지의 우선순위로 보내지는 시간때문에, 몇 달 동안 책을 쓰지 않기도 한다. 교회에서 너무나 많은 일을 맡지 말라. 교회에서는 한 가지 일만 감당하여 최선을 다하라. 사람에게 인정받기 위해서가 아닌 하나님을 위해서 열심을 내라. 영적으로 성숙하지 못한 선교사나 목회자 중에는 (6)을 가장 중요한 우선순위로 생각하는 경향이 있다. 하지만 자녀 문제나 부부 문제 또는 정신건강 문제 그리고 마침내는 하나님과의 관계에서까지 말할 수 없는 고통에 시달리는 일이 생기고 말 것이다. 이런 사람들은 어리석게도 하나님께서 자신에게 너무나 많은 일은 맡기셨다고 불평한다. 예수님께서는 "내 멍에는 쉽고 내 짐은 가벼움이라"고 말씀하셨다. 당신의 일의 멍에나 영적인 성직의 멍에가 너무 무겁게 느껴진다면 그 멍에를 내려 놓으라.

그 멍에는 하나님께서 원하시지 않는다. 그 멍에는 당신 자신의 강박성 신경증에서, 부모님으로부터 인정을 받고 싶어 하는 완벽주의에 이르는 멍에인 것이다.

7. 매주마다 어느 특정한 사람을 위해 선한 일을 하라.

육체적인 일(허드렛일)과 정신적인 일(책을 사 주고 상담해 주는 일…) 그리고 영적인 일(함께 헌신하는 일)로 도울 방법이 있다.

매주마다 어느 특정한 사람을 도울 수 있는 방법을 보여 달라고 하나님께 기도하라. 대부분의 그리스도인들은 자기 반성이 적은 것에 대해 죄의식을 가지고 있지만, 어떤 사람들은 너무 지나치게 자기 반성적인 경향을 보이기도 한다. 이 지침은 당신이 다른 사람들의 삶에 영향을 끼칠 수 있도록 도울 것이다. 당신이 얼마나 유용한 사람이 될 수 있는가를 깨닫게 해 주고, 비록 작은 친절이라도 다른 사람에게 베풀면 그것이 그들의 삶에 얼마나 도움이 되는가를 보여줄 것이다. 뿐만 아니라, 당신이 다른 사람으로부터 사랑을 받고, 하나님의 축복을 누리는 계기가 될 것이다. 그리고 더 이상 자기 반성이나 자기 연민에 빠지지 않게 될 것이다.

이 일곱 가지 삶의 지침을 당신이 얼마나 실행했는지 스스로 자문해 보라. 그리고 당신이 경험하고 있는 우울증의 정도와 행복의 정도를 비교해 보라. 당신은 분명 직접적인 관계를 보게 될 것이다. 이 일곱 가지 삶의 지침을 실행하는 모든 사람은 몇 개월이 지나지 않아 행복하고 풍성한 삶을 살게 될 것이다. 예수님을 자신의 구주로 영접하고, 성경의 말씀에 순종하며 사는 사람에게는 행복한 삶이 뒤따른다.

2. 분노는 어떻게 다루어야 하는가?

행복한 삶을 위한 세 번째 기본 지침은 날마다 죄에서 벗어나라는 것이었다. 이 장에서 제시할 분노를 처리하는 방법을 성실히 수행한다면, 병적인 우울증은 더 이상 깊어지지 않을 것이다.

1. 당신 자신과 하나님 그리고 다른 어떤 사람에게 심각한 분노를 느낄 때마다, 그 분노가 올바른 것인지 아닌지를 바로 분석하여 처리하도록 하라. 그렇게 하면 당신은 당신의 분노에 대한 통찰력을 얻게 될 것이다.

우리에게 잘못을 저지른 사람에 대해 느끼는 분노는 타당한 분노(올바른 적개심)이다. 한 가지 예로 우리에 대해 좋지 못한 소문을 퍼뜨리거나 거짓말을 하는 친구를 들 수 있다. 또 다른 예는 성생활을 즐기지 않으려는 배우자이다. 고린도전서 7장 3~5절에 따르면 신자인 남편과 아내는 기도하는 동안을 제외하고는 성생활을 거부하지 말아야 한다. 부부 각자는 서로의 육체에 대한 권리를 가지고 있기 때문에, 만일 아내가 남편을 거부한다면(반대의 상황도 마찬가지이다.), 그 아내는 하나님께서 남편에게 주신 권리를 침해하는 것이며, 이에 대해 남편이 잠들기 전 아내를 용서하기까지 갖는 분노는 옳은 것이다. 즉 그것은 타당한 분노이다.

에베소서 4장 26절은 우리에게 분을 내어도 죄를 짓지 말라고 명령하고 있다. 하지만 또한 같은 절에서 해가 지도록 분을 품지 말라고 경고하고 있다. 우리는 분을 품어서는 안 된다. 해가 질 때쯤이면(또는 잠 들기 전에), 그 위험한 감정(분노)을 제해 버려야 한다. 분명한 것은 우리의 분노가 만일 죄악 된 것이라면 분을 내어도 죄를 짓지 말라는 하나님의 명령에 순종하는 것이 아니다.

하지만, 우리가 느끼는 분노의 대부분이 죄가 되며 타당치 못한 것이다. 여기서 죄가 되는 분노의 세 가지 유형을 살펴보기로 하자.

(1) 사람의 이기적인 욕구가 충족되지 못해서 나오는 분노

이기심은 대부분의 타당치 못한 분노의 원인이 된다. 사람이 이기적일수록(이기적인 행위가 겉으로 드러난 범죄자이건, 은밀하게 이기적인 전임사역자이건 간에), 분노를 느끼는 횟수는 더욱 많아진다. 분을 품는 것은 우울증의 주요 원인이 되기 때문에 우울증 등의 심각한 문제를 겪게 된다.

(2) 사람의 완벽주의적인 욕구가 만족되지 않아 생기는 분노

완벽주의자(강박성 신경증 환자)는 자신은 물론 다른 사람, 심지어는 하나님에게까지 너무나 많은 것을 기대한다. 하지만 대부분은 자기 자신에 대한 분노이다. 이것은 완벽주의자라고 인정된 사람들 가운데에서 우울증에 시달리는 예가 가장 많다는 이유가 되기도 한다.

(3) 의심에서 나오는 분노

약간의 편집증적인 성격을 소유한 사람들은 다른 사람의 동기를 잘못 이해하는 일이 자주 발생한다. 누군가가 그를 알아주지 않으면 그가 의도적으로 자신을 피하고 있다고 생각하게 된다. 만일 누군가가 우정을 돈

독케 하려고 약간의 장난이라도 치면, 그 친구가 자신을 거절한다고 생각하게 된다. 편집증적인 경향이 있는 사람은 자신의 억압된 분노는 파악하지 못하고 그 분노를 다른 사람에게 투사하여 그 사람이 자기에게 분을 품고 있다고 생각하게 된다. 성경은 여러 곳에서 투사에 관해 밝히고 있다. 특별히 예수 그리스도께서 말씀하신 마태복음 7장 3~5절을 살펴보기로 한다.

"어찌하여 형제의 눈 속에 있는 티는 보고 네 눈 속에 있는 들보는 깨닫지 못하느냐 보라 네 눈 속에 들어가 있는 들보가 있는데 어찌하여 형제에게 말하기를 나로 네 눈 속에 있는 티를 빼게 하라 하겠느냐 외식하는 자여 먼저 네 눈 속에서 들보를 빼어라 그 후에야 밝히 보고 형제의 눈 속에서 티를 빼리라."

예수님께서 말씀하셨듯이 때로는 우리의 형제가 실제로 눈 속에 있는 티를 가지고 있을 때가 있다. 하지만 우리 눈에 들보를 가지고 있는데도 이를 보지 못하고 형제의 눈에 있는 티만을 나무란다. 다시 말해 우리는 자신에게 느끼는 분노가 너무 많이 억압되어 있거나 형제의 죄가 우리 자신이 저질렀던 죄를 기억나게 하기 때문에 사소한 일에도 극도의 화를 내게 된다. 신경 정신 전문의들은 사람들이 가장 많은 분노를 느끼는 대상은 아마도 자기 자신과 같은 성격 유형일 것이라고 말하고 있다. 우리 인간은 자기 자신의 실수에 대해 지나치게 반응하여 어느 누군가가 비슷한 실수를 저지르면 그 사람에 대해서 부정적인 반응을 보이며 왜 그래야 하는지를 이해하지 못한다. 모든 인간에게 이러한 경향이 있지만, 편집 증세를 보이는 사람에게 특히 더 두드러진다.

간단히 말해서 세 가지 타당치 못한 분노의 유형은 이기심, 완벽주의적 욕구 그리고 의심이다.

하나님께 분노를 품는 것은 언제나 타당치 못하다. 하나님은 완전히 공의로우시며, 그 사랑이 너무나 풍부하시기 때문이다(시 103). 하나님께 분노를 느낄 때마다, 우리는 하나님께 자신의 심정을 모두 아뢰며 하나님께 대한 분노가 우리 인간의 철없고 이기적인 마음 때문이라는 것을 깨달아야 한다. 그렇기 때문에 기도하지 않고 하나님을 철없이 원망해서는 안 된다. 하나님께서는 우리를 위해 가장 선한 일을 완벽하게 이루신다는 사실을 믿어야 한다.

우리의 분노가 타당한지 아닌지를 살필 수 있는 통찰력을 갖는 것은 분명히 중요하다. 그리스도인의 성숙(영성)을 통하여, 우리의 이기심과 의심, 완벽주의적인 욕심을 버림으로 타당치 못한 분노를 제거할 수만 있다면, 우리는 분노의 대부분을 제거하게 되는 것이다.

통찰력을 갖는 것은 우울증을 극복하는 데 상당한 도움이 된다. 물론, 첫 번째 단계는 각 사람이 자신이 분노하고 있다는 사실을 인정하는 것이다. 분노는 자신이 그 사실을 깨닫지 못하면 처리하기 어렵다. 또한 어떠한 상황에서 자신이 왜 분노하고 있는가를 이해하는 것은 미래에 자신의 분노를 슬기롭게 통제하고 다스리는 데에 도움이 된다. 예를 들어, 친구가 자신을 경시할 때, 극도의 화가 날 수 있다. 그 실제 상황에 대해 정도 이상의 분노를 느끼면, 그 일은 열등감이나 무력감에 젖어들 때마다 기억나게 된다. 현재의 사건은 과거에 느낀 감정과 불안을 더욱 강화한다.

현재의 사건에 대한 반응 중 25%는 현재의 상황에 대한 것이지만, 나머지 75%는 이미 오래 전에 억눌러져 있던 감정에 대한 반응인 것이다.

이와 비슷하게, 통찰력을 자신의 성격에 적용시킬 수 있는 사람은 자신의 분노를 조절하여 우울증도 점점 나아질 것이다. 예를 들면, 조울 증세를 느끼는 사람이 통찰력을 자신의 행동 방식에 적용하여 다른 사람으로부터 거절을 당할 때마다, 그들에게 분노를 느꼈던 자신을 인식하게 되면서, 미래에는 자신의 타당치 못한 분노를 조절할 수 있게 될 것이다.

또한 강박성 신경증이나 완벽주의적 기질이 있는 사람이 자신은 물론 다른 사람에게 지나치게 비판적이었던 모습에 통찰력을 적용한다면, 머지않아 자신의 타당치 못한 분노를 조절할 수 있을 것이다. 히스테리 증세를 보이는 사람이 자신이 지나치게 감정적이고 순간의 상황에 매우 적대적인 생각을 하였던 사실에 통찰력을 적용한다면, 미래의 타당치 못한 분노를 조절하는 데 큰 도움이 될 것이다.

자신의 과거를 살펴보고 그것이 자신에게 어떠한 영향을 주었는가를 볼 수 있는 통찰력은 현재 느끼고 있는 분노와 우울증을 극복하는 데에 지대한 도움이 된다. 또한 현재의 자신의 성격을 꿰뚫을 수 있는 통찰력 역시 분노와 우울증을 극복하는 데 커다란 도움이 된다. 하지만 한 가지 주의할 것은 통찰력도 위험할 수 있다는 사실이다. 통찰력을 다룰 준비가 되어 있지 않은 사람에게 통찰력은 위험하다. 또한 통찰력이 너무 빨리 주어져도 위험하다. 너무 빠르게 너무 많은 통찰력을 얻은 사람은 자신이 알게 된 진실의 고통을 참기 위해 정신 이상 증세를 보이게 된다.

이들은 정신 이상의 상태에서 현실 감각을 잃기 때문에, 이들의 모든 통찰력은 막히게 된다. 그렇기 때문에 이런 사람들에게는 통찰력이 신중하게 사용되어야 한다. "사랑 안에서 진실을 말하라"라는 말을 잊지 말기 바란다.

2. 만일 당신의 분노가 타당하다고 확신한다면, 그 날 하루가 다 가기 전 그 분노를 말로 표현하고 분노의 대상이 누구이건 간에 용서하도록 하라.

이것은 마태복음 5장 21~24절의 말씀과 에베소서 4장 26절의 말씀에 순종하는 것이다. 산상수훈에서 예수님은 이러한 교훈을 주신다.

> "옛 사람에게 말한 바 살인치 말라 누구든지 살인하면 심판을 받게 되리라 하였다는 것을 너희가 들었으나 나는 너희에게 이르노니 형제에게 노하는 자마다 심판을 받게 되고 형제를 대하여 라가라 하는 자는 공회에 잡히게 되고 미련한 놈이라 하는 자는 지옥 불에 들어가게 되리라" (마 5 : 21~24)

예수님께서는 이 얼마나 환상적인 예를 들으셨는가? 우리 인간은 공개적으로 드려지는 헌금으로 우리의 "초영성"(super-spirituality)을 판단한다. 하지만 예수님께서는 형제의 고통까지도 사랑하며, 형제에게 느끼고 있는 분노 혹은 그 형제가 우리에게 느끼고 있는 분노를 해결할 수 있을 만큼의 사랑을 실천하는 것이야말로 진정한 영성이라고 말씀하신다. 만일 우리가 아닌 우리의 형제가 우리에 대해 분노를 가지고 있다고 하더라도 예수님께서는 우리에게 책임을 돌려 우리가 먼저 가서 그와 화해하라고 하신 말씀을 잊어서는 안 된다. 이것은 상당한 용기와 그리스도인으로서의 성숙과 풍부한 사랑을 필요로 한다.

왜 예수님은 우리의 분노를 말로 표현하기를 원하시는가? 분노를 표현함으로 정신적이고 영적인 몇 가지의 이익이 있다.

(1) 분노의 표현은 우리가 화를 억제하여 좌절이나 우울증에 빠지는 것에 대해 의문을 품는 것 대신에 우리 자신이 정말로 화가 나 있다는 사실을 인식하게 한다.

(2) 분노를 표현함으로 우리는 스스로를 용서하게 된다. 분노를 말로 표현하지 않고 용서하는 것이 가능하지만, 우리가 느끼는 분노가 타당하지 않더라도 분노를 말로 표현하는 것이 더욱 쉽게 용서할 수 있도록 한다. 우리는 다른 사람의 반응이 어떻든지 간에 용서해야 한다. 왜 우리는 다른 사람의 죄 때문에 우울증에 시달려야 하는가? 이것은 참으로 어리석은 일이다. 우리는 그가 용서를 받을 만하건 그렇지 않건 간에 우리가 느끼고 있는 분노를 표현하고 용서해야 한다. 이렇게 함으로 우리는 더 이상 우울증에 시달리지 않을 것이다. 하나님께서는 우리가 사랑과 기쁨과 평안을 누리기 원하시지 분을 품는 것을 원치 않으시기 때문이다.

(3) 하나님께서는 형제의 죄를 뉘우치게 하시려고 우리의 말을 사용하신다. 하지만 분노의 표현은 반드시 지혜롭게 이루어져야 한다. 분노는 서로 간에 원한을 갖는 것이 아니라 화해하는 것에 그 목적을 두어야 한다.

(4) 분노를 지혜롭게 표현하면, 부부관계나 친구들 간의 우정에 더욱 친밀감을 더하게 한다. 만일 분노를 말로 표현하지 않는다면, 입을 삐죽거리거나, 음식을 태운다거나, 혹은 집에 늦게 들어 오거나, 전화를 하지 않는 등의 침묵의 수동적인(대개는 무의식적임) 행동으로 분노를 나타내는 것이 인간의 본성이다.

(5) 우리가 만일 누군가에게 느끼는 분노를 지혜롭게 표현한다면, 그 사람은 우리의 분명한 표현과 감정을 잘 조절하는 모습, 그리고 분노를 처리하는 그 책임감에 존경심을 가지게 될 것이다.

(6) 지혜롭게 분노를 표현하고 형제와 화해함으로 오는 또 하나의 중요한 이익은 그것이 하나님의 말씀에 대한 순종의 행동이라는 것이다.

(7) 분노를 지혜롭게 표현하면, 잘못된 소문이 퍼지지 않는다. 만일 우리가 분노를 느끼는 대상에게 이를 표현하지 않으면, 우리를 괴롭히는 그 사람에 대해 그 누군가에게 말하고 싶은 유혹이 끊임없이 우리를 자극한다. 또한 갈등을 해결함으로 우리에 대해 잘못된 소문이 퍼지지 않도록 한다. 칼로 인해 몸에 상처가 나는 것이, 누군가의 말로 가슴 아픈 상처를 받는 것보다 오히려 나을 것이다. 교만과 거짓과 형제를 이간하는 것은 하나님께서 가장 싫어하시는 7가지 죄악 중의 하나이다. 하나님께서는 거짓은 싫어하시지만, 갈등을 해결하는 것은 참으로 기뻐하신다.

이제 더 깊이 들어가기 전에 한 가지 밝혀 두어야 할 일이 있다. 하나님께서는 우리가 어느 한 사람에 대해 느끼는 미미한 분노를 모두 표현하라고 요구하고 계시진 않는다. 그것은 당신의 판단에 따라 행하라, 만일 대통령이 내린 몇 가지 결정 사항에 대해 약간의 화가 나면, 그를 대통령이라고 부르지 않아도 좋다. 만일 당신의 상사에 대해 화가 나 당신의 감정을 솔직히 드러낸다면, 그것은 직장에서의 해고를 뜻할 수도 있기 때문에, 하나님께 자신이 느끼고 있는 분노를 솔직히 아뢰어 하나님의 도움으로 당신의 상사를 용서하도록 하라. 때로는 당신이 느끼는 분노를 상사에게 지혜롭게 이야기하거나, 대통령이 내린 결정에 대한 당신의 불만을 편지로 보내는 것도 도움이 될 수 있다. 다시 말하건대, 당신의 판단을 이용하고 신중하게 기도하라. 상사에게 화가 나는 일이 있으면, 아내와 이 문제를 나누어라. 아내와의 대화는 당신이 문제의 초점을 바로 파악하여 그 상사를 용서할 수 있도록 도울 것이다. 조깅이나, 테니스 등의 스포츠 또한 기분 전환이 되어 용서할 수 있는 마음의 여유가 생길 것이다. 하지만 비록 스포츠가 도움이 된다 하더라도, 분노를 다스리는 유일한 방법이 되어서는 안 된다. 축구와 같은 접촉성 스포츠를 관람하는 것도 당신의 분노를 얼마간은 누그러뜨릴 수 있지만, 충분치는 못하다. 만일 오랜 시간 분노를 느끼게 되면, 분명 우울증에 시달리게 된다.

당신이 느끼는 분노의 정도가 너무 오랫동안 그리고 상당히 심하게 느껴진다면, 세로토닌과 노에피네프린이 결핍되기 시작할 것이다. 그 정도는 사람마다 다르게 나타난다.

사실 분노는 하나님(수직적인 관계)과 사람(수평적인 관계) 모두에게 이상적으로 처리되어야 한다. 하나님은 우리의 분노를 처리할 수 있는 유일한 초자연적인 능력의 소유자이시다. 어떤 환자들은 의사들의 의학박사 학위를 신성 학위쯤으로 생각하는 경우도 있는데, 그러한 신적인 힘을 가진 의사라도 우리의 분노를 완전히 처리하지 못한다. 당신이 우울증에 시달리고 있다면, 당신이 당신 자신을 포함하여 그 누군가에게 느끼는 무의식적인 분노를 깨닫게 해 달라고 하나님께 기도하라. 오직 하나님만이 하실 수 있다.

분노를 표현함에 있어서는 지나치게 공격적이거나, 지나치게 수동적이 아닌 단호한 자기 주장이 있어야 한다. 그렇다면 그 단호한 자기 주장이 무엇인지 간단히 살펴보기로 하겠다. 분노를 표현할 때에는 두 가지 극단이 있다. 하나는 공격적인 것이고, 또 다른 하나는 수동적인 것이다.

우리의 분노에 대해 공격적인 경우는 누군가의 희생으로 풀리게 된다.

우리는 이 때, 누군가의 성격을 인격적으로 공격하는 것이다. 분노를 표현함에 있어서 또 하나의 극단은 수동적인 것이다. 우리가 수동적이면 일을 미룬다거나, 언짢은 표정을 짓거나, 형편 없이 일하거나, 혹은 다른 사람에게 자신의 일을 거들게 하고는 비판한다거나, 하고 싶지 않은 일을 하겠다고 대답하는 등의 무의식적인 방법으로 우리가 느끼는 분노를 은근히 드러낸다. 이 두 극단은 그 어느 것도 건전하지 못하다. 건전한 균형은 단호함에서 발견된다. 단호한 자기 주장이란, 우리가 느끼는 분노를 표현하되 사랑으로 지혜롭게 표현하는 것이다. '예'이면 '예'이고 '아니다'이면 '아니다'이다. 우리가 주장해야 한다고 생각하는 것은 주장하고 우리가 중요하다고 느끼는 것은 요구해야 한다. 도움이 될 만한 예를 하나 들겠다. 누군가가 우리의 감정을 상하게 했을 때, 공격적인 경우에는 그 사람에게 욕설을 퍼부으면서까지 그의 성격을 인격적으로 공격한다. 그리고 수동적인 경우에는 아무 말도 하지 않고 언짢은 표정을 짓거나, 그의 뒤에서 다른 사람에게 험담한다. 하지만 단호한 경우에는 이렇게 말한다. "나는 당신의 말에 화가 납니다. 하지만 우리의 차이점을 해결하는 것이 좋을 것 같군요. 한번 서로 이야기해 보는 것이 어떨까요?"

비록 당신이 분노를 표현했다 하더라도 용서하는 것을 잊지 말라. 용서는 자발적인 의지에서 시작된다. 용서는 선택이다. 복잡하게 뒤얽힌 감정을 해결하는 데에는 시간이 필요하다. 감정을 즉시 해소할 수는 없다. 다시 말하면, 우리의 '컴퓨터' 두뇌를 재 프로그래밍 해야 한다. 하지만 용서는 자발적인 의지로 즉각 이루어져야 한다. 여기엔 중요한 차이가 있다. 용서란 모든 기억을 잊어버리라는 의미가 아니다. 또한 다른 사람의 변명을 공격하라는 의미는 더더욱 아니다. 하나님은 예수 그리스도의 십자가가 위의 죽음으로 우리의 모든 죄를 용서하셨다. 이것은 하나님께서 더 이상 우리의 죄를 묻지 않으신다는 의미이다. 그분은 더 이상 우리의 변명을 탓하지 않으신다. 용서가 모든 기억을 지우는 것이라면, 우리는 또다시 문제에 빠질 수밖에 없다. 하지만 용서란 어떠한 일에 대해서, 그 누구의 책임으로 돌리지 않는다는 것을 의미한다.

분노의 대상이 되어 용서받을 필요가 있는 사람을 주로 6가지로 분류한다. 첫 번째는 부모이다. 우리는 우리의 부모에 대해 억압된 분노를 자주 느낀다. 하지만 우리가 잊지 말아야 할 것이 있다. 그것은 하나님께서 우리가 과거의 어려웠던 상황을 우리의 유익이 되도록 역사하시며, 모든 일이 합력하여 선을 이루도록 하신다는 사실이다. 또한 우리 역시 우리의 자녀를 양육하는 데에 있어 실수를 할 때가 있다는 사실을 잊어서는 안 된다. 그렇기 때문에 부모님께서 우리를 키우시면서 저지르게 되었던 과거의 실수나 죄를 모두 용서해야만 한다. 부모님들이 용서받을 만하건 그렇지 못하건 간에 말이다.

둘째로, 우리는 우리 자신을 용서해야 한다. 우리는 다른 사람에게 분노를 느끼는 것과 마찬가지로, 일을 제대로 하지 못하고 실수만 저지르는 자기 자신에 대하여서도 분노를 느낀다. 어찌 보면 다른 사람들에게 보다 우리 자신에게 더 비판적이고 냉정하다. 우리는 과거의 실수나 죄에 대하여 우리 자신을 용서해야만 한다. 하나님께서는 우리의 연약함을 아시며 또한 우리가 진토임을 아신다(시 103 : 14). 또한 하나님께서는 동이 서에서 먼 것같이 우리의 죄를 우리에게서 멀리 옮기신다(12절). 하나님께서는 우리도 우리 자신에게 그렇게 하시길 원하시며 더 이상 과거의 잘못을 기억하지 않기를 원하신다.

셋째로, 우리는 하나님께 대한 억압된 분노를 씻어버려야 한다. 하나님께서는 우리에게 아무런 잘못을 하지 않으셨는데도 우리는 하나님을 용서하지 않는다. 그러면서 무의식적으로 이러한 이유를 댄다. "결국, 그는 하나님이시라구. 그분께서 원하시면 그 상황을 막으실 수도 있었고 바꾸실 수도 있으셨을거야." 우리는 욥과 같이 하나님께 대한 우리의 분노를 고백하여 하나님께서 그 문제를 해결하여 주실 것을 간구하여야 한다.

넷째로, 우리는 배우자에 대한 억압된 분노를 제하여야 한다. 아내(혹은 남편)가 저지른 실수를 용서해야 한다. 만일 오랫동안 함께 살아 온 부부라면 서로를 분노하게 만드는 일들이 참으로 많았을 것이고, 그만큼 많은 분노가 쌓였을 것이다. 하지만 우리가 우울증에 시달리지 않으려면 용서해야 한다.

다섯째로, 우리를 권위로 억누르는 사람들을 용서해야 한다. 분노는 권위 있는 명사를 향해서도 나타난다. 우리는 그들의 잘못이 어떻든지 간에 그들을 용서해야 한다. 하나님께서 그들을 우리 위에 세우셨다. 우리는 우리의 솔직한 감정을 그들과 함께 나누어 어떠한 상황에서도 그들에게 분을 품어서는 안 된다.

우리가 용서해야 할 마지막 부류는 다른 사람들이다. 우리가 살아가면서 용서해야 할 사람들이 너무나도 많다. 여기에는 어릴 때의 친구들이 포함되기도 한다. 갖가지의 상황이 닥쳐 올 때마다, 억압된 감정과 분노는 쉽게 사라지지 않는다. 분노는 반드시 고백되어야 하고 사람은 반드시 용서받아야 한다.

성경에서, 하나님은 분노에 대해서 그리고 그 분노를 조절하는 방법에 대해서 많이 말씀하셨다. 분노를 조절하는 가장 좋은 방법은 늘 주님과 동행하는 삶을 사는 것이다. 우리가 주님과 동행하는 삶을 살게 될 때, 분노의 대부분은 저절로 사라지며, 우리의 삶은 행복과 건강으로 가득찬 삶이 될 것이다.

만일 우리가 느끼는 분노가 타당치 못하다고 생각이 되면, 즉 우리의 이기심이나 완벽주의, 혹은 의심의 결과로 인해 분노를 느끼는 것이라면, 그 분노를 반드시 표현할 필요는 없다. 하지만 때로는 우리의 타당치 못한 분노를 표현하는 것이 도움이 될 때도 있다. 다음은 그 예이다.

"난 얼마 전, 네게 분노를 느낀 적이 있었어. 그래서 난 기도를 하고 그 분노에 대해 곰곰이 생각해 보았지. 몇 시간을 생각한 끝에 완벽주의를 벗어버리기로 했어. 난 네가 완벽하기를 기대했

고 그렇지 못할 때에는 실망을 느끼기도 했었지. 나의 소심함을 용서해 주기를 바라. 만일 네가 다시 나와 좋은 친구가 되기를 원한다면 나의 소심함을 이해해 줄 수 있겠니?"

앞에서도 살펴봤듯이, 타당치 못한 분노를 사라지게 하는 가장 좋은 방법은 그 원인이 되는 이기심, 완벽주의 그리고 의심을 버리는 것이다.

3. 하나님께 대한 모든 원망을 버리라. 그리고 당신 자신을 포함한 그 누구에게도 앙갚음하지 마라.

분노를 품는 데에는 오직 한 가지 무의식적인 동기가 있다. 그것은 바로 "앙갚음"이다. 얼마 전, 3년 동안 우울증에 시달리는 한 환자가 우리를 찾아 온 적이 있다. 우리는 그 환자에게 우울증이 심각해지기 전에, 그러니까 그 3년 전에 자신을 화나게 한 누군가가 있었는지 물었다. 이 질문에 그 환자는 다소 당황한 빛을 보였지만 잠시 생각해 보더니 이제는 오히려 화를 내는 듯이 보였다. 그의 목덜미는 빨갛게 부어 오르고 눈은 점점 커지면서 손에는 주먹이 쥐어졌다. 그 환자는 3년 전, 부정행위를 전혀 하지 않았는데도 학교 친구들 앞에서 자신을 심하게 꾸짖었던 선생님을 떠올리며 욕설을 퍼붓기 시작했다. 그는 대단히 화가 난 채, 그 때의 일을 설명해 나갔다. "당신의 선생님을 용서하는 것이 어떻습니까?"라는 우리의 권유에, "절대 안 합니다. 죽는 날까지 전 그 선생님을 용서하지 않을 거예요. 그 선생님은 용서받을 자격도 없다고요."라며 심하게 화를 내었다. 그 순간, 우리는 환자에게 부드러운 농담으로 그의 어리석음을 깨닿도록 하는 것이 도움이 될 것 같다는 생각이 들었다. "당신은 그 선생님을 괴롭히고 있군요. 당신은 그 선생님께 앙갚음하려고 지난 3년 동안 우울증에 시달려야 했던 겁니다. 그럴 만한 가치가 있는 일일까요? 그 선생님이 당신을 기억하고 있다고 생각하십니까?" 그리고 나서, 우리는 분을 품는 것이 생화학적으로 어떠한 결과를 가져 오는 것인지 그에게 설명해 주었다. 그리고 예수님께 자신의 감정을 나눌 수 있는 놀라운 기회도 함께 제공했다. 그 환자가 예수님과의 관계가 깊어지고 그분의 능력으로 자신의 선생님을 용서하게 되면서 3년 동안 괴로워했던 우울증을 단 몇 주 만에 극복할 수 있게 되었다.

앙갚음은 참으로 어리석은 동기이다. 당신이 하나님을 믿는다면, 앙갚음이란 절대 있어서도 안 되고 또한 어리석은 일이다. 하나님께서는 분노를 받아야 할 사람들에게 당신의 분노를 꺾으신다. 특별히 자신의 죄를 회개하는 사람에게 하나님은 은혜와 사랑을 베푸신다. 하나님께서 분노를 보이시거나 은혜를 베푸시거나 하는 것은 오직 하나님만이 결정하실 일이다. 우리가 간섭할 일이 아니다. 하나님의 일은 하나님께 맡기라. 우리 인간은 갖가지 방법으로 하나님과 힘겨루기를 하려고 한다. 우리는 너무나 어리석은 사람들이다. 물론 동물들보다 조금 더 지혜롭다는 것은 그나마 다행한 일이다. 하지만, 우리들이 동물들보다 지혜롭다 하더라도 심한 절망감에 빠져 스스로의 목숨을 끊는 것은 우리 인간밖에 없다.

바울 사도가 분노에 대해서 말한 로마서 12장 17~21절을 살펴보기로 하자.

"아무도 악으로 악을 갚지 말고 모든 사람 앞에서 선한 일을 도모하라 할 수 있거든 너희로서는 모든 사람과 더불어 평화하라 내 사랑하는 자들아 너희가 친히 원수를 갚지 말고 진노하심에 맡기라 기록되었으되 원수 갚는 것이 내게 있으니 내가 갚으리라고 주께서 말씀하시니라 원수가 주리거든 먹이고 목마르거든 마시우라 그리함으로 네가 숯불을 쌓아 놓으리라 악에게 지지 말고 선으로 악을 이기라."

하나님의 말씀은 참으로 아름답다. 그분의 방법은 너무나 지혜로우시다. 단, 우리 교만한 인간들이 순종하기만 한다면 말이다! 우리가 우리에게 잘못을 한 다른 사람들을 용서하고, 우리 스스로의 잘못을 용서한다면, 우리는 결코 우울증의 고통에 시달리지 않을 것이다.

지금까지 살펴본 내용을 다시 정리해 보면, 분노를 해결하는 데에는 세 가지의 원리가 있다. (1)우리의 분노가 타당한지 아닌지를 살필 통찰력을 갖는다. (2)심각하고 타당한 분노는 표현하고 하루가 가기 전에 용서한다. (3)그 누구에게도 앙갚음하지 말고 모두 하나님께 맡긴다.

우리는 수많은 사람들이 이 원리를 삶에 적용해 보기를 간절히 바란다. 행복은 선택이다. 하지만 행복으로 가는 유일한 통로는 말씀에 기록된 대로 오직 하나님이시다.

3. 우울증 극복을 위한 약물치료와 입원치료

우울증을 극복하는 데에는 약이 필요한 것인가? 몇몇 그리스도인들은 아니라고 대답할 것이다. 그들은 약물 치료에 의지하는 것은 절대로 영적이지 못한 일이며, 오직 하나님만을 의지해야 한다고 말할는지도 모른다. 100년 전, 많은 그리스도인들은 안경을 쓰는 것이 죄라고 생각했었다. 안경을 "사탄의 눈"이라고 부르기까지 했었다. 하나님께서 원하셨다면 좋은 시력을 주셨을 것이라는 게 그들의 이유이다. 페니실린이 발명된 후에도 수많은 그리스도인들이 폐렴으로 죽어갔다. 이유는 그들이 약이 아닌 하나님만을 믿으려 했기 때문이다. 우리는 수년 전, 암 수술을 받지 않아 죽어 간 그리스도인들을 많이 보았다. 대신 이들은 자신의 병을 기적적으로 고칠 수 있다고 말하는 광적인 전도사들을 믿었다. 주요 대학의 총장이었던 한 사람이 1977년 암으로 죽기 전에, 레이어트릴(Laetrile)이라는 제암제(制癌劑)를 법적으로 인정해 줄 것을 주 정부에 호소했었다. 사실, 그 제암제는 그 자신이 자신의 병 치료에 아주 의심스럽게 생각하던 약이었다.

그동안 인류는 기술상의 발전을 거듭해 왔다. 심지어는 달 위를 걷기도 하였다. 하지만 옛 암흑의 시대의 보통 상식으로는 전혀 상상할 수 없는 일이었다.

예수님께서는 병든 자에게라야 의원이 필요하다고 말씀하셨다. 신약에서 바울 사도보다 더 많은 분량의 책을 기록한 누가는 본래 의사였다.

하나님께서는 성경이 완성되기 전, 기독교가 참되다는 것을 보이시기 위해 초대의 교회에서 많은 이적들을 행하셨다. 하지만 20세기를 살아가는 그리스도인들이 하나님께서 초인적인 능력으로 자신을 고쳐 주실 것이라고 고집하는 것이 정당한 것일까? 하나님께서는 오늘날, 아주 드물게 친히 사람들의 병을 치료하시지만, 대부분의 그리스도인들을 의학 기술과 약물을 통해 치료하신다. 하나님께서 인간이 두뇌를 사용하기를 원하지 않으셨다면, 어째서 두뇌를 만드신 것일까? 매일 인슐린이 필요한 당뇨병 환자가 그리스도인이라면, 인슐린을 사용해야 하는가? 아니면 자신이 얼마나 용감하고 영적인지를 보여 주기 위해 인슐린을 거부하다가 혼수 상태에 빠져 죽어야 하는가? 여기서 우리가 말할 수 있는 것은, 원한다면 당신의 초 영성 때문에 죽을 수도 있지만, 우리는 삶을 선택한다는 것이다. 우리는 오직 주님을 위한 삶을 살기로 선택하지만, 또한 하나님께서는 우리에게 주신 상식을 이용하기 원하신다는 사실을 믿고 선택해야 한다. 그리고 우울증이 아닌 행복을 선택해야 한다.

항우울제는 반드시 사용되어야 하는가? 물론, 특별한 상황에서만이다. 만일, 병적인 우울증에 시달리는 환자가 찾아와, 잠도 잘 수 없고 자살하고 싶은 생각이 든다고 고백한다면, 우리에겐 그런 환자를 치료할 세 가지의 방법이 있다. 그 한 가지는 우선 매주마다 약물 치료 없이 그를 진찰하는 것이다. 보통은 6~12개월 안에 그 병적인 우울증이 치료된다(다시 말해, 불면증과 정신적인 고통에 시달리는 처음 두 달 동안 자살을 저지르지 않는다면 말이다).

둘째는, 그 환자가 일주일에 한 번씩 와서 정신 치료를 받고 항 우울제를 복용하는 방법으로, 이 경우엔 3~6개월 정도면 우울증이 모두 사라진다. 항 우울제는 처음 열흘 간 복용하면, 잠도 잘 오고 상태도 호전되어 자살 위험도 거의 사라진다. 세 번째로는, 그 환자를 병원에 입원시켜서 날마다 정신 치료와 약물 치료를 하는 방법인데 그러면 일주일 이내에 상태가 좋아지고 3~6주 정도가 지나면 우울증이 거의 사라져, 퇴원 후 한두 달 가량의 정신 치료를 받으면 된다. 만일 수개월 동안 우울증에 시달려 자녀들에게도 상처를 준 환자라면 어떠한 선택이 가장 영적인 것일까? 만일 실제로 자살하여 자녀들을 아버지 없는, 혹은 어머니 없는 상황을 만들어 마음에 깊은 상처를 주었다면, 어떠한 선택이 가장 영적인 것일까?

만일, 우울증 환자가 자살할 위험이 있거나 정신병으로 인해 현실 감각이 전혀 없는 상황에 이르렀다면, 입원 치료가 반드시 필요하다고 본다. 하지만 우울증에 시달려 해야 할 일을 제대로 하지 못 하더라도, 자살의 위험이 보이지 않고 현실을 어느 정도 파악할 수 있는 상황이라면, 병원에 정기적으로 나와 정신 치료와 약물 치료를 받는 것이 가장 좋은 선택일 것이다. 환자들은 왜 약물 치료를 받지 않는 것이 자랑이라도 되는 듯이, 전혀 치료하지 않고 몇 개월 동안을 우울상태로 지내야 하는가? 물론, 그리 심각하지 않은 우울증일 경우에는 약물을 사용하지 않는 것이 더 나을 수도 있다. 비용의 문제도 있고 약물 복용으로 인하여 입이 마른다거나, 운전할 때 동작이 느려지기도 하는 등의 순간적인 부작용이 따르기 때문이다.

심각한 우울증 치료를 위한 입원 치료의 이점에 대해 간단히 적어 본다.

1. 환자는 집중적인 정신 치료를 받게 된다.

2. 약의 적응이 빠르다.

3. 환자는 스트레스를 받는 환경에서 벗어나 편안한 안식을 누릴 수 있다.

4. 병원의 주의로 자살 시도를 막을 수 있다.

5. 환자의 체력 유지에 도움이 되는 따뜻한 공기를 느낄 수 있다.

6. 상태가 조금 더 나은 우울증 환자와 사귀므로 용기를 얻는다.

7. 우울증의 증세와 정신적인 고통이 좀 더 빨리 치료된다.

8. 교육을 받은 간호사와 다른 직원들이 의사를 도와 환자를 상담하고 통찰력을 갖도록 힘쓴다.

9. 간호사들은 날마다 환자의 행동을 살펴, 그때 그때의 상황을 의사에게 알려서 도움이 되도록 한다.

10. 입원 치료는 일반적으로 보험으로 처리되기 때문에 장기적인 외래 환자보다 더 저렴한 편이다. 그리고 일할 수 있는 상태로 더욱 빨리 돌아올 수 있게 된다.

한편, 입원 치료의 단점은 이렇다.

1. 몇몇 의타심이 많은 환자들은 병원에 모두 맡기거나, 의사가 주위에 있으면 우울증세를 거짓으로 해 보이는 둥 책임을 회피하려고 한다.

2. 정신병으로 인한 입원 치료는 중하층의 사람들 사이에서는 하나의 불명예로 남아 승진의 걸림돌이 되거나 직장을 구하기 어려운 조건이 된다.

3. 입원환자가 3~6주 후 퇴원해, 기뻐서 우울증도 사라지게 되지만 감정 상해할까봐 염려한 친구들이 입원 사실을 묻는 것을 꺼려 한다는 사실을 깨닫게 된다. 이때, 사실은 그렇지 않은 데도 환자는 그것을 거절하는 뜻으로 받아들인다.
4. 보험 없이 입원하게 되면, 치료비가 상당히 많이 든다. 설사, 보험이 가능해도 상당히 비싼 입원 비용을 대는 것이 그리 쉽지 않을 것이다.

우리는 인슐린 흡수 요법이나, 전기 충격 요법(소위 ECT, EST 또는 충격 요법이라고도 함)은 절대 사용하지 않는다. 여기에는 환자에게 몇 가지 위험이 따르고, 대부분의 경우에 순간적인 치료만 되기 때문이다.

충격 요법은 현재의 우울증은 치료할 수 있지만, 앞으로 더 시달리게 될지 모르는 우울증에 대한 치료 방법은 제시하지 않는다. 몇몇 믿음 있는 의사들은 호전의 기미가 보이지 않아 약물 치료를 거부하는 환자나, 자살을 시도해 본 적이 있는 환자에 대해 충격 요법을 사용하기도 한다. 이들은 입원환자가 아닌 외래환자에게 충격 요법을 시행한다.

우리는 또한, 중독성 약물은 사용하지 않는다. 토프라닐(Tofranil), 엘라빌(Elavil), 시네콴(Sinequan)과 같은 삼환계 항 우울제는 중독성이 없다. 이 약물은 하루에 150밀리그램씩 3~6개월 정도 복용하면 된다. 복용한 후에는 고통이 사라지고, 노에피네프린도 정상 농도로 돌아와 약물 치료를 더 이상 하지 않아도 되고, 약물 치료 없이도 약물 치료할 때처럼 행복을 느끼게 된다. 약물과 그 치료에 관련된 내용들은 부록 3에서 좀더 자세히 전문적으로 설명하기로 하겠다.

4. 불안을 극복하라.

누가복음 8장 14절에는 사람들이 하나님의 말씀을 들은 후에 이들의 성장을 막는 세 가지의 장애물에 대해 기록되어 있다. 이중 "일락"(逸樂)과 "재리"(財利)는 많이 들었지만, 세 번째 "염려나 불안"에 대해서는 얼마나 많은 사람들이 들었을까? 실제로, 불안은 수많은 사람들을 괴롭힌다.

누구나 가끔씩 불안을 느낀다. 불안은 종종 우울증을 동반하기도 한다. 근심, 걱정, 두려움, 긴장, 초조, 염려 등의 감정들이 불안의 특징이다.

불안해 하는 사람들은 늘 불행과 위험과 어두움만을 예견할 뿐이다.

불안의 증상

불안한 사람들은 대체로 지나치게 꼼꼼 하거나, 신경이 예민하여 사소한 일에도 짜증을 잘 내며, 침착성이 결여된 행동이나 남에게 지나치게 의존하는 모습을 자주 보인다. 말이 많아지고, 수면을 취하는 데에도 어려움을 느낀다. 다른 사람에 비해 집중력이 떨어지고, 기억력도 좋지 못하다. 불안으로 인해 가만히 있지를 못한다.

불안한 사람들은 땀을 많이 흘리거나 근육의 긴장을 느끼고 두통으로 괴로워하기도 한다. 그리고 목소리는 긴장되어 자주 떨리고, 한숨을 자주 내쉰다. 호흡기 질환인 항진증세를 보이기도 하고, 구토나 설사 등을 자주 한다. 조그마한 일에도 안절부절 못하여, 쉽게 혈압이 높아지고 맥박이 빠르게 된다. 쉽게 현기증을 느끼고, 소변을 자주 보게 된다.

성적인 무력감도 자주 느낀다.

불안은 대부분의 정신질환을 일으키는데 신경성 노이로제나 정신병, 정신 장애 등의 원인이 되고 있다. 특히, 스스로를 용서받을 수 없는 자라고 생각하는 사람에게는 참으로 마음 깊숙이 자리 잡은 문제라 하지 않을 수 없다.

심리학과 성경 모두에서는 불안을 두 가지로 살펴, 정상적일 수도 있고, 비정상적일 수도 있다는 사실에 동의한다. 심리학자들은 사람들이 불안을 느낄 때, 더 효과적이고도 생산적인 일을 해낸다는 사실을 오랜 시간에 걸쳐 관찰해 왔다. 하지만 그 불안이 지나치게 되면, 그 효과는 상대적으로 감소하기 시작한다.

성경 역시, 어떠한 불안은 도움이 된다고 말씀하고 있다(고전 12:25; 고후 11:28; 빌 2:20). 하지만 지나친 불안은 오히려 해가 된다(눅 8:14; 빌 4:6; 벧후 5:7). "불안"으로 번역되는 그리스어는 신약에서만도 약 25번이나 사용되었다. 대개는 부정적인 의미(걱정이나 초조를 뜻함)로 사용되었지만, 긍정적인 의미(진정한 근심)로 사용된 경우도 더러 있다.

전문적인 의미로, 두려움이 의식적인 갈등으로 빚어지는 것이라면, 불안은 무의식적인 갈등으로 빚어진다. 하지만 이 둘을 분리하여 말하지는 않는다. 성경에서는 무려 350번이나 "두려워 말라"고 말씀하고 있다.

불안의 원인

불안의 원인이 되는 것은 많다. 불안은 무의식적인 내면의 갈등으로 생겨난다. 불안해 하는 부모와 자기 자신을 동일시하려는 모습에서도 찾아 볼 수 있다. 불안은 어린 시절의 갈등으로부터 시작되기도 한다. 스트레스를 느끼는 현재의 상황에서도 올 수 있으며, 불안에 대한 또 다른 불안에서 오기도 한다. 또 열등감, 가난, 질병 등으로 인해 불안을 느끼기도 한다.

어린 시절, 우리 모두는 우리를 불안하게 만드는 일들을 경험하였다.

어릴 적 스트레스를 받은 경험들이 참으로 많은 사람들이 특히 더 불안해 한다. 이러한 불안의 대부분은 그 순간에는 나타나지 않고, 잠재의식 속으로 억눌려진다. 이 책의 서두에서 신경정신 전문의인 펜필드 박사가 인간의 두뇌는 고성능 테이프 레코더와 같은 기능을 한다는 사실을 발견했다는 내용이 소개되었다. 말하자면, 기억장치가 달린 컴퓨터와 같은 기능을 하는 것이다. 펜필드 박사가 전극으로 뇌의 특정 부위를 건드리게 되면, 과거의 특별한 사건을 기억하거나, 그 사건에서 느꼈던 감정을 기억하거나, 또는 특별한 사건은 기억하지 못 하고, 기분의 상승이나 의기소침함 같은 감정을 떠올리게 된다는 사실을 발견하였다. 이를 통해, 펜필드 박사는 과거의 특별한 사건과 감정이 뇌 속에 기록, 저장되어서 현재에도 과거처럼 생생한 형태로 떠올릴 수 있다는 결론을 내리게 되었다.

이것은 현재의 스트레스로 인해 다시 떠오르게 된다. 자신을 불안하게 만드는 현재의 어떠한 상황에 부딪치게 되면, 어린 시절에 느꼈던 불안이 다시 기억된다. 대부분의 경우에는 특정한 사건은 떠오르지 않고,

그때 느꼈던 감정이 떠오르게 된다. 억압된 감정은 현재의 경험에서 느끼지 않아야 함에도, 현재의 상황에 그대로 적용되는 것처럼 보인다. 이것으로 우리는 왜 현재의 상황에 대해 과잉반응을 나타내게 되는가를 이해할 수 있다. 우리는 현재 받는 스트레스뿐만 아니라, 어린시절 억눌려져 있던 감정에 대해서도 반응을 보이게 된다. 현재의 상황 속에서 느끼는 불안은 또한 부분적으로 잠재의식 속에 억눌려진다. 이러한 불안은 심지어는 강박성의 불안이나 공포증으로 전이되기도 한다. 또한, 우울증을 유발하면서, 마음 깊숙이 자리를 잡는다. 불안으로 인한 불안, 공포증이나 강박관념으로 인한 불안, 혹은 우울증으로 인한 불안 등 불안에 불안을 거듭하는 상황도 초래할 수 있다.

성경이 말하는 불안 극복의 10가지 행동방식과 태도

빌립보서에는 불안을 극복하기 위한 10가지 방법이 제시되어 있다.

1. 하나님께 순종하기로 결단하라. 하나님께서는 우리에게 아무것에도 염려하지 말라고 명령하신다(빌 4:5).

2. 기도하라(빌 4:6). 하나님께서는 다니엘이 기도하기 시작한 첫 날부터 그의 기도를 들으셨으므로 두려워 말라고 말씀하셨다. 그리고 또한 그의 기도에 응답하셨다.

3. 우리가 하나님께 순종할 때에, 하나님께서는 우리를 평강으로 지키심을 깨닫도록 하라(빌 4:7).

4. 긍정적으로 생각하라(빌 4:8). 우리는 근심으로 가득 찬 사람들에

게 "이젠 그만 쉬십시오. 불안은 편히 쉬라는 신호입니다. 자, 쉬십시오."라고 말하며 위로하곤 한다. 그리고 빌립보서 4장 8절과 같은 말씀을 거듭 읽어보기를 권한다. 불안은 더욱 불안해지는 신호이기도 하지만, 행동을 바꾸는 간단한 기교로 두뇌를 조절하여, 불안을 휴식의 신호로 사용할 수 있다. 성경을 묵상함으로 긍정적인 면들을 발견하는 것보다 더 좋은 방법은 없을 것이다(시 34:4, 86:15; 잠 1:33, 3:26; 사 40:28~31; 마 6:33,34,11:28~30; 요 10:27, 28, 14:27; 고후 11:3; 히 4:15; 요일 3:20, 4:10).

5. 믿음의 행위에 초점을 맞추라(빌 4:9). 우리는 불안해 하는 사람들에게 죄를 피하고, 소규모의 친교모임에 참석할 것을 자주 권한다(히 10:24,25).

6. 당신 자신에 대한 관심을 이제는 다른 사람들에게로 돌려라(빌 4:10, 2:3,4). 자신이 문제에서 떠나 다른 사람들을 도와 주게 되면, 불안은 사라진다.

7. 자족하라(빌 4:11; 딤후 6:6).

8. 무슨 일을 하든지, 책임은 당신과 주님께 있음을 기억하라. "내게 능력 주시는 자 안에서 내가 모든 것을 할 수 있느니라" (빌 4:13). 주님을 통하여서만 우리의 모든 불안은 치유된다.

9. 가난에 대한 두려움을 없애라(빌 4:19). 하나님께서는 우리의 요구가 아닌 우리의 "필요"를 채워주신다고 약속하셨다.

10. 하나님의 은혜가 늘 당신과 함께하심을 기억하라(빌 4:23; 고후 9:8).

불안을 극복하는 방법에 관하여 빌립보서에서 제시한 방법 이외에 아래와 같은 방법을 몇 가지 더 제시해 본다.

1. 찬양을 들어라(삼상 16:23).
2. 적당한 운동을 하라. 일주일에 세 번 정도가 바람직하다.
3. 충분한 수면을 취하라(시 127 : 2). 사람들에게는 보통 하루 8시간의 수면이 필요하다.
4. 당신을 불안하게 만드는 두려움이나 문제를 해결할 수 있는 일들을 찾으라. 그리고 여러 가지 해결방법을 살펴서 실행에 옮기라.
5. 당신의 좌절에 대해 적어도 일주일에 한 번 가까운 친구와 나누라.
6. 충분한 레크리에이션을 즐기라. 일주일에 두세 번 정도가 이상적이다.
7. 한 시간에 하루를 살라(마 6:34). 우리가 불안해 하거나 염려하는 일 중의 98%는 결코 일어나지 않을 일에 대해서이다. 한 시간에 하루를 사는 연습은 얼마든지 해 볼 수 있는 일이다.
8. 가능하면 최악의 상황을 상상하라. 그리고 나서 왜 최악의 상황이 일어나지 않았는가를 곰곰이 생각해 보라.
9. 일을 미루지 말라. 일을 미루는 것은 더욱 큰 불안의 원인이 된다.
10. 당신의 걱정에 시간 제한을 두라.

수많은 사람들이 어떠한 일에 대한 걱정으로 프로그래밍 된 삶을 살아간다. 이러한 잘못된 프로그램을 더 이상 강화시키지 않는 방법이 하나 있다. 그것은 매일 걱정하며 보내는 시간을 제한하는 일이다. 대부분의 사람들은 날마다 그리고 순간순간마다 염려한다. 늘 끊임없는 비참함과 감정적인 고통에 시달린다. 우리는 이러한 사람들에게 도움이 될 만한 간단한 기술(겉으로는 조금 복잡해 보일 수도 있다)을 하나 알고 있다.

그것은 날마다 특정한 시간을 정하여(이를테면, 매일 저녁 15분간) 자신에게 발생한 문제가 무엇인지를 그 시간에 곰곰이 생각해 보는 것이다.

그리고 낮 동안에 그러한 문제가 떠오르면, 스스로에게 이렇게 말한다. "00야 나는 지금 그 문제를 생각할 시간이 없단다. 나중에 정해 놓은 시간에 생각해 볼게. 지금은 안 돼." 이렇게 함으로 걱정으로 낭비되거나 잘못된 프로그램만을 강화하고, 우울한 기분을 더하게 하는 정신적인 에너지를 자유롭게 할 수 있다. 대부분의 사람들은 결코 일어나지 않는 어떠한 일을 염려하느라 너무나 많은 시간을 허비한다. 우리가 걱정하는 일의 98%는 사실 거의 일어나지 않는다. 예수님께서는 마태복음 6장에서, "내일 일을 염려하지 말라. 그 날의 일은 그 날로 충분하다"고 말씀하셨다. 걱정은 선택이다. 바울 사도도 우리에게 "아무것에도 염려하지 말라"고 하셨기 때문이다. 다시 말해, 우리는 한 시간에 하루를 살면 된다. 만일 끊임없는 걱정에 사로잡혀 있다면, 그 문제만을 생각할 제한된 시간을 마련하라. 이러한 기술은 우리 자신을 규칙적인 삶으로 이끌어 줄 것이다. 이렇게 함으로, 더 이상 우리는 하루 종일 문제에 빠지는 일이 없을 것이고, 우리의 정신적인 에너지를 불안과 우울증, 그리고 부정적인 생각에 낭비하지 않게 될 것이다.

5. 행복을 찾아서

걱정이 많은 어떤 부부에게 자신들이 너무나 사랑하는 자녀가 있었다.

이들 부부는 자녀에게 대단한 사랑과 정성을 보여 주었고, 속 깊은 대화를 나누기도 하였다. 또한 이들은 하나뿐인 자녀에게 미래에 도움이 될 만한 것을 모두 가르쳤다. 필요하면, 그 사랑하는 자녀에게 벌을 주거나 꾸중을 하기도 하였다. 이제 그 자녀가 독립된 삶을 위해 부모와 함께 살던 둥지를 떠나야 할 시간이 왔을 때, 이들 부부에겐 사랑과 희망과 확신, 그리고 염려가 한꺼번에 밀어 닥쳤다.

우리는 지금 이러한 심정으로 이 마지막 장을 써내려 간다. 우리가 비록 개인적으로 당신을 알지 못하지만, 우리는 당신에게 사랑을 느낀다.

우리는 당신이, 살아가면서 행복을 선택하기를 바란다. 만일 당신이 세상이 주는 논리가 아닌 하나님의 말씀대로 살아간다면, 분명 당신은 행복을 얻을 수 있으리라고 확신한다. 우리는 당신을 위해 그리고 이 책을 통한 끊임없는 선교를 위해 기도할 것이다. 하지만 마치 부모가 사랑하는 자녀가 홀로서기를 위해 첫발을 내딛는 순간을 염려하는 것처럼, 우리도 그와 같은 심정으로 이 마지막 장을 채우고자 한다. 이 장은 당신이 행복의 항로를 여행하는 데 필요한 마지막 충고들이다.

1. 자기 자신과 대화하는 방법을 바꾸라.

우리들 모두는 우리의 생각 속에서 자신과 이야기하며 하루를 보낸다.

때로는 긍정적인 어조로, 때로는 부정적인 어조로 우리 자신과 이야기한다. 만일 우리가 끊임없이 비판한다면, 우리는 분명 우리 자신에 대한 분노를 품게 되어 곧 낙망하게 될 것이다. 자신을 비판하던 일을 이제는 멈추어라. 당신의 삶에 긍정적인 면을 바라보라. 과거의 실패 속에서 맴돌지 말고, 미래에 성취될 것을 바라보라. 당신은 무의식적으로 당신 자신을 비판하는 만큼 다른 사람들을 비판하겠는가? 아마도 당신은 그러한 거친 말이 필요하다고 생각할지도 모른다. 하지만 그래선 안 된다. 이젠 당신 자신의 허물 찾기를 그만두라.

2. 당신의 감정을 이해하되 행위에 초점을 맞추라.

당신이 느끼는 바대로 행동해서는 안 된다. 당신의 행동에 따라 느껴라. 이것에 대해 잠시 생각해 보기 바란다. 다시 말해, 당신의 행위가(믿음의 행위이건, 불신앙의 행위이건) 당신의 감정을 결정해야 한다. 예를 들어 당신이 당신의 아내(혹은 남편) 사랑하기를 선택하거나, 사랑과 존경의 행위를 보여야겠다고 선택한다면, 사랑의 감정은 먼저가 됐건 나중이 됐건 반드시 따르게 된다.

임상치료사들은 사람의 감정과 행동을 다룸에 있어, 극단적인 태도를 보이는 경향이 있다. 어떤 임상치료사들(이를 테면, 정신분석학자들)은 감정을 강조하는 데 비해, 다른 임상치료사들(실제적인 정신치료나 행동 변경에 대해 전문적으로 공부한 치료사들)은 행동을 더 강조한다. 하지만 우리는 이 두 가지가 함께 강조되어야 한다고 믿는다. 무엇보다 감정은 중요한 것이며, 반드시 잘 처리되어야 한다. 히브리서 기자는 그리스도께서 우리의 연약함을 아신다고 말하고 있다. 그리스도는 우리의 감정을 이해하실 뿐 아니라, 우리가 상처받을 때에 친히 보살피신다. 우리의 감정에 통찰력을 가지고 감정을 처리하는 것이 중요하다. 어린 시절의 어떠한 사건이 우리의 현재의 감정에 영향을 주게 되었는지를 이해하는 것도 중요하다. 그리고 우리에겐 우리의 감정과 문제를, 사랑하는 사람들과 나눌 자유가 있다는 것 또한 중요하다. 그렇기 때문에 감정은 매우 중요한 것이다.

하지만 우리의 감정이 우리의 삶을 지배하도록 해서는 안 된다. 성경은 수없이 우리의 행위를 강조한다. "내게 능력 주시는 자 안에서 내가 모든 것을 할 수 있느니라"(빌 4:3), "너희 안에서 행하시는 이는 하나님이시니 자기의 기쁘신 뜻을 위하여 너희로 소원을 두고 행하게 하시나니"(빌 2:13). 그리고 마태복음 7장 24~27절에서 예수님은 이렇게 말씀하신다.

> "그러므로 누구든지 나의 이 말을 듣고 행하는 자는 그 집을 반석 위에 지은 지혜로운 사람 같으리니 비가 내리고 창수가 나고 바람이 불어 그 집에 부딪히되 무너지지 아니하리니 이는 주초를 반석 위에 놓은 연고요, 나의 이 말을 듣고 행치 아니하는 자는 그 집을 모래 위에 지은 어리석은 사람 같으리니 비가 내리고 창수가 나고 바람이 불어 그 집에 부딪히매 무너져 그 무너짐이 심하니라."

이 말씀은 안정된 사람과 불안한 사람을 비유하고 있는 말씀이다. 우리는 이들 모두가 시험과 고난을 당함을 볼 수 있다. 두 집 모두에 비가 내리고 홍수가 나고 바람이 불었다. 하지만 한 집만이 그의 행위로 끝까지 견

딜 수 있었고 다른 한 집은 견디지 못했다.

　뿐만 아니라 우리는 우리의 감정에 대해서는 직접적인 통제를 가하지 않으면서 우리의 행위는 대단히 통제한다. 다시 말해, 우리의 감정은 우리의 의지로 어느 정도만 바꾸는 데 비해, 우리의 행위는 의지의 완벽한 통제를 받게 된다. 창세기 4장 6,7절에서 모세는 이렇게 기록하고 있다. "여호와께서 가인에게 이르시되 네가 분하여 함은 어찜이며, 안색이 분함은 어찜이뇨 네가 선을 행하면 어찌 낯을 들지 못하겠느냐 선을 행치 아니하면 죄가 문에 엎드리느니라 죄의 소원은 네게 있으나 너는 죄를 다스릴지니라." 이 말씀에서 하나님은 감정에 대해 말씀하고 계신다. 가인의 분노와 낯을 들지 못하는 것(우울증의 증상)을 지적하시며 행위를 바꿈으로 감정이 바뀔 수 있음을 말씀하신다. "네가 선을 행하면 어찌 낯을 들지 못하겠느냐." 이것은 하나가 또 다른 하나를 따르는 일종의 순환이다. 일반적으로 감정이 행위에 영향을 주는 경향이 있지만, 행위로 감정을 바꿀 수 있는 것 또한 사실이다. 우리는 그 동안 감정에 대한 통제는 소홀히 하고 행위만을 지나치게 강조해 왔다. 우리를 찾아오는 주부들 가운데에는 "제 감정이 허락하면, 아니 우울증이 사라지면, 아침에 일어나 무엇이든지 하려고 하겠어요."라고 말하는 사람이 많다. 이 때 우리는 속으로 생각한다. '오! 안 됩니다. 만일 감정이 전혀 허락하지 않는다면 어찌시겠어요?' 이런 경우는 자신의 삶을 비참하게 만들어 갈 뿐이다.

　다시 말해, 우리는 우리의 감정을 이해해야 한다. 친구에게 우리의 감정을 나누고 그 감정을 처리할 방법을 생각해 보아야 한다. 하지만 이때, 우리의 감정을 넘어서 행위에 초점을 맞추어야 함도 잊어서는 안 된다. 감정은 매우 불안정하여 쉽게 변하기 때문이다, 감정은 바다 물결 같아서, 오르고 내림이 매우 빠르다. 우리의 삶에 토대를 둘 만한 더욱 안정적인 것은 행위이다. 우리는 우리의 행위를 건전한 논리와 흔들림이 없는 말씀의 확신에 토대를 두기로 결단해야 한다.

3. 행위의 특별한 계획에 초점을 맞추라.

우울증을 극복한다는 것은 "나는 나의 행위를 바꾸어야 한다"고 말하는 것 이상이 되어야 한다. 행위를 바꾸기 위한 특별한 계획을 세워야 한다. 우리의 감정을 결정할 하루하루의 삶 가운데 해야 할 작은 일들 말이다. 그 작은 일들이란, 아침에 일어나는 시각, 잠에서 깬 후 아내(혹은 남편)에 대한 첫 반응 등을 비롯하여 아침식사를 할 것인지 아닌지, 경건의 시간을 가질 것인지 아닌지, 하루 동안 용기를 줄 말씀 한 구절을 외울 것인지 아닌지, 일을 많이 할 것인지 아닌지, 음식 조절을 할 것인지 아닌지, 충분한 사교모임을 할 것인지 아닌지, 그리고 규칙적인 운동을 할 것인지 아닌지 등을 말하는 데 우리의 감정을 결정하게 된다. 이것은 매우 단순하게 보이지만, 수많은 사람들이 날마다 할 일을 10가지 정도 계획함으로 서서히 향상된다. 이렇게 해서 한두 달을 보내면, 아주 눈에 띄게 나아지고 있음을 느끼게 될 것이다.

자살을 하려고 했던 한 환자의 경우를 살펴보기로 한다. 응급실에서 무슨 일이 일어났는지 그리고 무엇이 그를 괴롭게 하는지를 묻자, 그 환자는 "아침에 눈을 떴을 때, 갑자기 우울해졌다. 그래서 일하러 가지 않기로 결심했다."라고 말하는 것이었다. 그 환자는 다시, 일하러 가지 않는 것에 대해 우울함을 느꼈고, 이를 달래려고 TV를 보았지만, TV 속의 드라마에 동화되어 이번에는 정말로 우울증에 빠져 들었다. 그에게 잘못을 저질렀거나 우울증을 심각하게 하는 어떠한 일이 있었는지를 묻자, 그는 심한 죄책감과 우울증에 빠지게 하는 일을 저지른 적이 있다고 대답하였다. 이 환자는 자신의 행위를 바꾸기 위한 도움을 받으면서 비로소 행복해질 수 있었다. 우리가 하루하루의 삶 가운데 행해지는 작은 일들이 우리의 감정을 결정한다.

자, 이번에는 우울증에 시달리는 한 주부의 경우를 살펴보기로 하자.

그 부인에게 하루하루의 일을 계획하는지 묻자, 그 부인은 우울증 때문에 일어나고 싶지 않아 매일 늦잠을 잔다고 대답하였다. 물론, 그 부인은 늦잠을 자는 것에도 우울증을 느꼈다. 그리고 늦잠을 자기 때문에 남편의 아침식사도 챙겨주지 못했다. 이 일 역시 해야 하는 줄 알면서도 하지 않고 있는 것에 대해 또 우울해 했다. 그 부인이 날마다의 행위를 바꾸기 위한 매우 특별한 계획을 짜는 것이야말로 부인의 우울증에서 벗어나게 할 수 있었다. 다음은 그 부인이 자신의 우울증을 극복하는 데 도움이 될 만한 일을 계획한 것이다. (1)감정이 어떻든지 간에, 일주일에 적어도 사흘은 일찍 일어난다. (2)우울증에 관한 성경 말씀을 매주 한 구절씩 암송한다. (3)친교모임을 좀 더 많이 갖는다. (4)집 주위의 해야 할 일을 찾아 한다. 그러면 일의 성취로 기분이 좋아질 것이다. 그 부인은 이런 식으로 행동을 바꾸고 감정을 전환함으로 우울증을 극복할 수 있게 되었다.

우리는 특별한 상황에서 우울해 하는 사람들에게 가만히 앉아서, 우울증을 극복하기 위해 할 수 있는 일들을 나열해 볼 것을 제안한다. 이 때,

적어도 일주일 동안은 그 계획을 실행에 옮겨 보아야 한다. 얼마간 지나도 효과가 없으면, 새로운 계획을 세워 다시 시도해 보라고 권유한다. 대부분의 사람들은 자신을 우울하게 하는 많은 일들을 경험할 때마다, 자신이 할 수 있는 일은 아무것도 없다고 생각하는 경향이 있다. 하지만 가만히 앉아서 해볼 만한 일, 할 수 있는 일, 그리고 어리석어 보이는 일 등의 선택항목을 만들어 본다면 자신이 할 수 있는 일이 참으로 많다는 사실에 놀라게 될 것이다. 할 수 있는 모든 항목을 나열하기 전까지 평가를 잠시 미뤄 두면 여러 가지 독창적인 항목들을 많이 발견하게 될 것이다. 때로는 어리석어 보이는 일이 매우 도움이 되는 경우가 있을 것이다.

다시 말해 우울증에 시달리는 사람은 자신의 우울증을 극복하기 위한 특별한 행동 계획을 실행에 옮겨야 한다. 몇 주가 걸리더라도 그 계획에 몰두하여 하루도 빠짐없이 실행해야 한다. 그러면 분명히 나아지게 될 것이다.

4. 새로운 취미와 활동을 계발하라.

우울증에 시달리는 사람들은 단조로운 생활을 하는 경우가 대부분이다. 그러나 새로운 취미와 새로운 활동을 계발함으로 좋은 결과를 가져올 수 있을 것이다. 아내와 영화를 보러 간다거나, 집에 올 때 다른 방향으로 차를 몰고 올 수도 있다. 또는 새로운 친구를 사귄다거나, 스포츠와 같은 육체적인 활동도 도움이 될 것이다. 우울증에 시달리는 사람이 억지로라도 새로운 취미와 새로운 활동을 계발하는 데 몰두한다면, 분명 좋은 결과를 볼 수 있을 것이다. 물론, 결과가 빨리 나타나지 않을 수도 있지만 몇 주만 지나면, 자신의 상태가 점점 나아지고 있음을 발견할 수 있을 것이다.

5. 기도의 자원을 활용하라.

기도의 효과에 대해서는 이미 앞에서도 언급한 바 있다. 하지만 우울증에 시달리는 사람에게 기도의 힘이란 엄청난 자원이기 때문에 좀 더 자세히 설명하기로 한다. 우리는 기도를 통하여 초자연적인 능력을 구체화할 수 있다. 기도를 통하여 초자연적인 능력을 불러들여, 우울증에 빠진 우리 자신을 돕도록 할 수 있다. 기도는 긍정적인 사고 그 이상이다. 암시(暗示)의 힘 그 이상이며, 몇몇 정신과 의사들이 부르는 마법의 사고 그 이상이다. 기도는 우리에게 절대적 도움이 되시는 하나님의 능력을 간구하는 것이다. "그를 향하여 우리의 가진 바 담대한 것이 이것이니, 그의 뜻대로 무엇을 구하면 들으심이라 우리가 무엇이든지 구하는 바를 들으시는 줄을 안즉 우리가 그에게 구한 그것을 얻은 줄을 또한 아느니라"(요일 5:14,15). 하나님은 우리가 낙망하는 것을 원치 않으신다. 하나님은 우울증에 시달리는 우리가 당신께 간절히 기도하기를 원하신다.

야고보는 "우리가 얻지 못함은 구하지 아니함이요"라고 말씀하고 있다.

야고보는 또한 우리와 성정(性情)이 같은 엘리야 선지자가 비 오지 않기를 간절히 기도하여 응답을 받았다고 기록하고 있다(약 5:17). 엘리야 선지자는 우리와 성정이 같은 사람이었지만, 하나님께서는 그의 기도를 받으셨다. 하나님은 지금도 우리의 기도에 응답하시며, 우리의 우울증을 극복하도록 도우신다. 예수님께서는 우리가 그분 안에 거하고 우리가 무엇이든지 원하는 대로 구하면 모두 이루어지리라고 말씀하셨다(요 15:7). 하나님을 진실로 섬기는 사람은 날마다 기도하는 사람이다. 마틴 루터와 요한 웨슬레는 날마다 끊임없이 기도한 사람들이었다. 사도 바울은 에베소서 6장에서 우리의 영적인 싸움에 대해 말씀하고 있다. 사탄은 그리스도인들이 낙심하여 예수님께 전혀 무익한 존재가 되기를 바란다.

사탄은 우울증을 이용하여 그리스도인이 마치 간음이나 다른 엄청난 죄를 짓기라도 한 것처럼, 스스로를 쓸모없는 인간으로 생각하도록 만든다. 하지만 바울 사도는 역시 같은 장에서 그리스도인들을 향해 기도할 것을 권유하신다.

6. 하나님의 말씀의 자원을 이용하라.

하나님의 말씀을 통해 얻을 수 있는 엄청난 자원에 대해서도 이미 살펴 봤지만, 좀 더 자세히 살펴보는 것이 큰 도움이 될 것이다. 하나님의 말씀은 실로 엄청난 능력을 가지고 있다. 우울증을 극복할 수 있음은 물론 수많은 일들을 변화시키는 굉장한 힘이다. 세상이 하나님의 말씀으로 창조되었다는 사실은 신약과 구약을 포함한 성경 전체에서 40번도 넘게 기록되어 있다. 히브리서 11장 3절에서는 "믿음으로 모든 세계가 하나님의 말씀으로 지어진 줄을 우리가 아나니"라고 기록하고 있다. 하나님께서는 단지 말씀만으로 이 세상을 창조하셨다. 이 온 세상이 얼마나 거대한 지를 헤아려 볼 때 놀라움을 금할 수가 없다. 우리가 수억만의 은하계 중 하나의 은하수를 빛의 속도로 여행한다 해도 10만 년 이상의 시간이 흘러야만 한 바퀴를 돌아볼 수 있다. 이것은 우리 인간으로서는 도저히 상상할 수 없는 일이다. 하나님의 음성을 통한 말씀이 이러한 능력을 행하셨다면, 하나님의 글로 기록된 말씀 또한 각 사람의 우울증을 극복할 수 있는 능력이 있는 것이다.

하나님의 말씀에 대해, 베드로후서 1장 4절에는 "이로써 그 보배롭고 극히 크신 큰 약속을 우리에게 주사 이 약속으로 말미암아 너희로 정욕을 인하여 세상에서 썩어질 것을 피하여 신의 성품에 참예하는 자가 되게 하려 하셨으니"라고 기록되어 있다. 우리는 하나님의 약속의 말씀으로 하나님의 신의 성품에 참예할 수 있게 되었다. 하나님의 신의 성품에 참예하는 것보다 더 견고한 일이 있을 수 있을까? 이것은 분명, 우리의 삶을 말로 할 수 없을 만큼 견고하게 할 것이다. 베드로는 여기에서, 말씀을 통하여 육체의 정욕을 피할 수 있다고 가르치며, 베드로전서 2장 11절에서는, 정욕은 우리의 영혼(또는 정신, 감정, 의지)을 파괴할 수 있다고 경고하고 있다. 다시 말해, 정욕은 우리의 정신을 나약하게 하여, 우울증과 같은 정신적인 문제를 일으키는 것이다. 우리는 하나님의 말씀을 통해 더욱 견고하고 강하게 된다. 우리의 삶을 변화시키고 우리가 겪고 있는 문제들을 극복할 수 있는 길은 바로 하나님의 말씀을 사모하고, 연구하며, 묵상함을 통해서이다. 하나님의 말씀을 묵상하는 시간이야말로 우리가 겪고 있는 수많은 문제들을 극복하는 데 커다란 도움이 된다. 우선, 여러 가지 문제들을 극복하기 위해서는 말씀을 암기하는 것이 좋다. 이렇게 했을 때, 시간이 흐를수록 말씀에 대한 사모함이 더욱 깊어질 것이다. "내가 주의 말씀을 얻어 먹었사오니 주의 말씀은 내게 기쁨과 내 마음의 즐거움이오나"(렘 15:16).

성경은 연구해 볼 만한 책 이상이며 반드시 삶 속에 적용되어져야 한다. 우리는 날마다 하나님의 말씀을 연구하고, 암기하며, '이 말씀을 오늘 나의 삶에 어떻게 적용할 수 있을까?'라고 묵상하는 시간을 가져야 한다.

예를 들면 "아무것에도 염려하지 말라"는 말씀에는 "자, 주님 이 말씀은 무슨 뜻인가요? 오늘 전 어떻게 해야 아무것에도 염려하지 않고 하루를 보낼 수 있을까요? 제가 할 수 있는 실제적인 방법은 무엇인가요? 당신의 도우심과 인도하심을 간구합니다."라고 묵상할 수 있다.

사람들은 자신의 우울증에서 벗어나 자유하기를 원한다. 이러한 자유는 하나님의 말씀을 통해 얻어진다. "진리를 알지니 진리가 너희를 자유케 하리라"(요 8:32). 하나님의 말씀은 우리를 그 무엇에서도 자유케 하신다. 우리의 우울증까지도….

7. 우정을 키우라.

심각한 우울증에 시달리는 사람들 대부분은 자신이 이야기할 수 있는 친구가 단 한 명도 없다고 생각한다. 자신과 함께할 사람이 아무도 없다고 생각하는 것이다. 이런 사람들은 거절당하는 것에 대해 상당한 두려움을 느낀다. 하지만 우정을 키워감으로 우울증을 극복할 수 있다. 전도서 4장 9,10절에서 솔로몬은 "두 사람이 한 사람보다 나음은 저희가 수고함으로 좋은 상을 얻을 것임이라 혹시 저희가 넘어지면 하나가 그 동무를 붙들어 일으키려니와 홀로 있어 넘어지고 붙들어 일으킬 자가 없는 자에게는 화가 있으리라"고 말씀하고 있다. 이 말씀에는 "혹시 저희가 넘어지면"이라는 구절이 있지만, 사람이 삶 속에 홀로 남겨진다는 것은 "혹시 저희가 넘어지면"의 문제가 아니라, "저희가 넘어질 때"의 문제이다.

다윗은 시편 142편 4절에서 "내 우편을 살펴 보소서 나를 아는 자도 없고 피난처도 없고 내 영혼을 돌아보는 자도 없나이다"라고 부르짖는다. 우리에겐 우리의 영혼을 살펴주고 우리의 마음을 터 놓고 열어 보일 수 있으며, 또한 우리 자신이 인정받고 있다는 사실을 깨닫게 해 줄 친구가 필요하다.

홀로임을 느낄 때, 우울증은 찾아온다. 때로는 현재의 우울증을 더욱 심각하게 하기도 한다. 2차 대전이 치열하던 중, 어떤 국가는 아주 효과적인 형벌을 찾아내는 데 성공했다. 이들이 찾아 낸 가장 효과적인 형벌은 바로 "독방 감금"이었다. 대부분의 사람들은 독방에 감금된 후 며칠이 지나자 모든 것을 털어 놓았다. 물을 충분히 얻지 못하는 사람들은 물에 갈증을 느끼고, 독방에 감금된 채 살아야 했던 사람들은 사람을 갈급해 한다. 우리에겐 사람들이 필요하고, 친구들이 필요하다. 이것은 우울증을 극복하는 데 매우 중요하다. 하지만 실패한 사람들은 무조건적으로, 자신을 사랑해 줄 사람이 없다고 생각한다. 히브리서 4장은 우리가 죄의 유혹에서 벗어나는 길은 또 다른 그리스도인의 권고라고 말하고 있다.

진정한 친구란 마음이 따뜻하고 진실로 염려하며, 자신이 가진 문제를 드러내고 그 문제를 극복할 수 있었던 상황을 나눌 수 있는 사람이다. 또한 관심을 잘 가져 주고 사랑이 많으며 모든 것을 포용해 줄 수 있는 사람이다. 그리고 친구를 위해 목숨까지도 내어줄 수 있는 사람이다. 데살로니가전서 2장 8절에서 바울 사도는 이렇게 말씀하고 있다. "우리가 이같이 너희를 사모하여 하나님의 복음으로만 아니라 우리 목숨까지 너희에게 주기를 즐겨함은 너희가 사랑하는 자 됨이니라." 친구란, 우리가 아파할 때 진정으로 위로해 줄 수 있는 사람이다. 바울 사도의 말씀을 다시 한번 살펴보자, "나의 자녀들아 너희 속에 그리스도의 형상이 이루기까지 다시 너희를 위하여 해산하는 수고를 하노니"(갈 4:19). 바울 사도는 다른 사람들이 아파할 때 진정으로 위로해 주었다. 누군가가 자신을 사랑하고 기도해 주고 있다는 사실은 이들에겐 크나큰 용기가 되었다.

우리들 대부분은 친구가 곁에 앉아 우리의 말을 들어 주며, 도움을 줄 때 우울증에서 벗어나는 듯한 경험을 한번쯤은 해 보았을 것이다. 우울증에 시달리는 사람이 우정을 키워가기란 참으로 어렵다. 이런 사람들은 누군가에게서 거절당하는 것을 두려워한다. 자신들이 누군가에게 가까이 다가서면 분명히 거절당하리라 생각한다. 하지만 이러한 마음 상태를 극복하고 우정을 키워갈 수만 있다면, 자신들의 생각이 옳지 못했다는 사실을 깨닫게 될 것이고 이들의 우정은 우울증에서 벗어나게 하는데 아주 큰 도움이 될 것이다.

우울증에 시달리는 사람들은 다른 사람과 가까워지는 것을 두려워하기 때문에, 다른 사람들로부터 멀리 떨어지려는 방어기제를 개발하게 된다. 이것은 보통 부인, 전이, 투입, 투사 등으로 나뉘어진다.

첫째로, 우울증에 시달리는 사람들은 부인(否認)을 이용한다. 이들은 다른 사람들을 위해 자신에게 필요한 것을 부인한다. 다른 사람들을 도와주므로 자신의 필요를 감추어 버린다. 곁에서만 맴도는 친구들은 참으로 많지만 자신의 속마음을 알아주는 친구는 없다. 이들은 다른 사람들로부터 멀어지기 위해 부인이라는 방어기제를 사용한다.

둘째로, 이들은 자신의 의존적 필요들을 부인하면서, 또한 이 필요가 채워지지 않은 것에 대해 불안해 하고 원망하고 있다는 사실을 부인한다. 자신의 불안을 전이시켜, 위궤양과 같은 육체적인 문제를 일으키게 한다.

셋째로, 이들은 자신이 하지 않은 일에 자신을 책망하는 투입이라는 방어기제를 사용한다. 이들은 자신이 통제할 수 없는 사건에 대한 자신의 책임을 받아들인다. 어떤 환자는 자신의 상관이 한 젊은 여인과 불륜 관계에 있음을 보고 오히려 자기가 죄책감을 느꼈다고 말했다. 투입의 원인은 자신이 중요하게 느끼는 필요 때문이라고 전해지고 있다. 하지만 우울증에 시달리는 사람들은 아무리 죄책감에 시달리고, 자신을 탓한다 하더라도 자신이 아무런 쓸모없는 존재라고는 느끼지 않는다. 이러한 사람은 투입과 투사를 함께 이용하여 다른 사람들에게서 멀리 떨어지려고 한다.

투사는 여러 가지 면에서 투입과는 정반대 개념이다. 투사란 자기의 잘못이나 감정을 다른 사람들에게 돌리는 것을 말한다. 만일 우울증에 시달리는 사람들이 거절당한다는 두려움 때문에 다른 사람들과 가까이 하기를 원하지 않는다면, 이들은 자신의 감정을 다른 사람들에게 투사하여, 그들이 자신과 가까이 하기를 싫어한다고 느끼게 된다. 그리고 자신이 아닌 다른 사람들과 냉담한 반응을 보인다고 생각한다.

우울증에 시달리는 사람들은 다른 사람들과의 대화를 왜곡하고 그들과의 거리를 두기 위해 이상의 네 가지 방어기제를 사용하는 것이다.

8. 믿음의 교제 안에서 성장하라.

우울증에 시달리는 사람들은 어떠한 사람들과의 우정을 키워감으로 오는 혜택을 누리지 못할 뿐 아니라, 예수 그리스도를 통해 얻게 되는 놀라운 혜택 또한 누리지 못한다. 사도 서한(書翰)의 대부분은 각 개인에게가 아닌 믿음의 지체들을 위해 기록되었다. 여기서 사용된 대부분의 언어는 어느 특정한 개인이 아닌 모든 지체를 대상으로 하고 있다.

> "이는 우리가 이제부터 어린 아이가 되지 아니하여 사람의 궤술과 간사한 유혹에 빠져 모든 교훈의 풍조에 밀려 요동치 않게 하려 함이라 오직 사랑 안에서 참된 것을 하여 범사에 그에게까지 자랄지라 그는 머리니 곧 그리스도라 그에게서 온몸이 각 마디를 통하여 도움을 받음으로 연결되고 결합되어 각 지체의 분량대로 역사하여 그 몸을 자라게 하며 사랑 안에서 스스로 세우느니라 그러므로 내가 이것을 말하여 주 안에서 증언하노니 이제부터 너희는 이방인이 그 마음의 허망한 것으로 행함같이 행하지 말라 그들의 총명이 어두워지고 그들 가운데 있는 무지함과 저희 마음의 굳어짐으로 말미암아 하나님의 생명에서 떠나 있도다"(엡 4:14-18).

그리스도의 지체 안에는 진정한 보호막이 있다. 우리가 만일 주님을 사랑하고 삶을 즐거워하는 믿음의 지체들과 함께한다면, 이들의 행복은 우리에게 많은 도전을 주게 될 것이다. 자기 중심적이고, 자신의 문제에만 몰두했던 그 동안의 모습에서 점점 벗어나고 있음을 깨닫게 된다. 물론 우울증에 시달리는 사람들에게 있어서, 다른 믿음의 지체들과 교제를 나눈다는 것은 스스로를 움츠리고 혼자 있고 싶어 하던 처음의 모습과는 전혀 다른 것이다. 이렇게 스스로를 고립시키는 것은 바람직하지 못한 행동이고 우울증을 더욱 깊어지게 할 뿐이다.

9. 완벽한 사람은 아무도 없다는 사실을 깨달으라.

우울증에 시달리는 사람들은 그 누구도 완벽할 수 없으며, 누구나 실수를 하고, 때로는 죄를 저지르기도 한다는 사실을 깨달아야 한다. 우울증에 시달리는 사람들은 자신을 지나치게 학대하고 스스로를 용서하기를 꺼리며, 스스로에게 도저히 실현할 수 없는 일을 요구한다. 실수가 있을 수 있다는 사실을 전혀 용납하지 않으려고 한다. 스스로에게 가혹한 감독이나 다름이 없다. "만일 우리가 죄 없다 하면, 스스로 속이고 또 진리가 우리 속에 있지 아니할 것이요"(요일 1:8). 다시 말해, 이 세상에 완벽한 사람은 아무도 없으며 우리 모두는 죄와 실수를 저지른다는 사실을 깨달아야 한다. 또한 우리의 실수를 통해서 무엇인가를 배우게 된다는 사실을 인정해야 한다. 우울증에 시달리는 사람들은 그 누구도 완벽할 수 없다는 사실을 깨달아야 한다. 그리고 자신에게 실현 불가능한 기대는 조금씩 낮추어야 한다.

10. 자신이 생각하는 바를 단호하게 말하라.

우울증에 시달리는 사람들은 자신이 생각하는 바를 주장하지 못할 때가 더러 있다. 공격적이 되어 다른 사람을 넘어뜨리거나, 해하려고 하는 것은 분명히 옳지 못하다. 하지만 수동적이 되어 말해야 할 때 말하지 못하고, 자신의 감정을 숨겨 더욱 큰 고통에 빠지는 것 역시 옳지 못하다.

우울증에 시달리는 사람들은 대개 수동적인 경향이 있다. 이런 사람들은 다른 사람들이 자신을 넘어뜨리도록 내버려 둔다. 그리고 그것을 단순히 받아들이고 마음속에 담아두어 더욱 고통스럽고 우울해 한다. 우울증에 시달리는 사람들은 오랜 시간 동안 수동적이 되어 자신의 분노를 계속해서 쌓아둔다. 하지만 결국 극단적인 행동을 취하여 오히려 공격적인 태도가 폭발적으로 표출되기도 한다. 단호한 자기 주장이란 자신이 느끼는 감정을 사랑과 지혜로 표현하여 다른 사람에게도 책임을 느끼게 하는 것이다. 대개 지나치게 소극적인 우울증 환자들은 좀 더 단호하게 자기 주장을 할 필요가 있다.

11. 의존적인 필요를 처리하라.

우울증에 시달리는 사람들은 의존적인 필요들을 많이 가지고 있다. 하지만 이러한 의존적인 필요들을 어떻게 해서 채워가야 할지는 잘 알지 못한다. 다른 사람들과 가까이 하는 것이야말로 이들의 의존적인 필요들을 채워주기 때문에 다른 사람들과 가까이 지내야 한다. 하지만 거절에 대한 두려움으로 가까이 하지 못하여 이들의 의존적인 필요들은 더욱더 커지게 된다. 극단적인 행동을 보여 매우 독립적으로 변하면서 자신의 필요를 처리하려고 한다. 즉 "초인간"과 다른 사람들을 돕는 조력자로 변하는 것이다. 자신은 누구의 도움도 필요로 하지 않으면서 오직 다른 사람들만을 돕는다. 물론 이것은 자신의 필요는 부정하고 다른 사람들을 도와줌으로써 보상을 받으려는 방어기제이다. 하지만 이들 내면의 우울증이라는 문제는 여전히 존재하여, 이들의 삶을 더욱 얽히게 만든다. 이러한 사람들은 한 걸음 앞으로 나아가 다른 사람들과 가까이 할 기회를 잡음으로써 자신의 의존적인 필요를 처리할 수 있는 방법을 배워야 하고 그렇게 하기 위해서는 그동안의 삶의 태도를 바꾸어야 한다.

예를 들면, 그동안 다른 사람들로부터 거절당하게 될 것을 두려워하여 오히려 자신이 그들을 거부했던 태도를 멈추어야 한다. 단지 다른 사람들을 거부하지 않음으로, 그들과 가까워지는 방법을 배우게 된다. 어떤 사람들은 다른 사람들과 멀리 떨어지려고 일부러 체중을 늘리기도 한다. 이런 사람들은 오히려 몸무게를 줄여 다른 사람들과 교제를 나누는 것이 좋을 것이다. 또 어떤 사람들은 일부러 알코올 중독자가 되기도 한다. 이들은 다른 사람들로부터 상처를 받지 않으려고 자신의 뇌를 마비시켜 버린다. 이런 사람들은 건강한 방법으로 다른 사람들과 친해지는 법을 배워, 사람들과의 관계가 늘 상처만 주는 것이 아니라는 사실을 깨달아야 한다. 또한, 우울증에 시달리는 사람들은 스스로를 초능력 인간으로 생각하여 보상받으려는 태도를 바꿔야 한다. 초능력 인간이란 순간적인 도움은 될 수 있어도 의존적인 필요가 계속해서 채워지지 않으면, 우울증이 점점 심각해진다. 이러한 태도는 빨리 바뀌어야 한다. 이 말은 다른 사람들을 돕지 말라는 말이 아니라, 자신이 하는 일이 무엇인지를 바로 알아 더욱 균형 잡힌 삶을 살라는 말이다.

12. 거절의 두려움을 인정하라.

우울증에 시달리는 사람들은 불행의 주기(cycle)에 곧잘 빠져 든다.

이들은 내면으로부터 지나치게 많은 필요를 가지고 있다. 이들은 어린시절 충족되지 못했던 필요들을 현재에도 느끼며, 다른 사람들로부터의 관심을 갈망한다. 하지만 의존적인 필요들을 많이 느끼는 반면, 어릴 적 부모님이 자신의 필요를 채워주지 못해 결핍한 것처럼 다른 사람들도 결핍되기를 기대하게 된다. 이것으로 이들은 매우 분노하고 적대감을 품게 되어 자신과 친한 사람들의 사랑을 시험하거나 그 친한 사람들이 자신의 필요가 많으면, 행여 자신을 거절하지 않을지를 살피기 시작한다. 이들은 매순간마다 거절만을 기대하는 것이다. 결국 이들은 자신이 거절 받을 것이라고 설정해 놓기 때문에 거절당한다. 이로 인해 이들은 다른 사람들과 가까이 하는 것을 더욱 두려워하게 되며, 그렇기 때문에 누구와도 친해지지 못한다. 더욱이 누구와도 친해지지 못함으로, 자신의 의존적인 필요들은 더욱 커지고, 이들의 분노는 점점 쌓이게 되어 불행의 악순환이 거듭된다. 다시 말해, 이들은 자신이 자신과 친한 누군가를 거절하지 않으면, 오히려 그가 자신을 거절할지 모른다는 무의식적인 두려움 때문에 자신이 먼저 그 누군가를 거절할 정도로 두려움이 상당한 사람들이다.

13. 행위를 바꿈으로써 거절의 두려움을 극복하라.

우울증에 시달려 앞에서 말한 악순환이 거듭되는 사람들은 자기 자신의 행위를 바꿈으로써 악순환의 상황을 바꿀 수 있다. 이들은 다른 사람들과 가까워지는 법을 배워야 한다. 다른 사람들이 늘 자신을 실망시키는 것이 아니라는 것과, 다른 사람들의 사랑을 의심해 보는 것 대신에, 자신이 그들에게 원하는 요구들에 대해 좀 더 현실적으로 되는 것을 배워야 한다. 또한 한 걸음 더 나아가 다른 사람들과 친해질 만한 기회를 잡고, 더 이상 그들을 거절하지 말아야 한다. 그리고 투사라는 방어기제를 조심하여야 한다. 다시 말해, 우울증에 시달리는 사람들은 자신의 행동 방식을 바꿈으로써 거절의 악순환에서 벗어나야 한다.

14. 분노를 인정하라.

우울증에 시달리는 사람들은 화를 매우 잘 내는 사람들이다. 하지만 많은 사람들이 그 사실을 깨닫지 못한다. 환자가 주먹을 불끈 쥐고 얼굴은 잔뜩 굳어져 있으면서도, 화를 내는 것이 아니라고 말하는 경우를 많이 보았다. 우울증에 시달리는 사람들이 자신의 분노를 인식하고 받아들여, 분노에 대한 통찰력을 가지게 되면, 그때부터 점점 나아지기 시작한다. 하지만 분노를 인정하는 것만으로는 충분하지 않다. 한 걸음 앞으로 나아가 그 분노를 처리해야만 한다. 분노를 처리하는 법에 관하여서는 앞에서(3부 2장) 이미 모두 살펴보았다.

15. 자기 반성에 조심하라.

통찰력은 우울증을 극복하는 데 커다란 도움이 될 수도 있지만, 건전한 통찰력을 넘어서 자기 반성에 빠지게 되면 매우 위험하다. 우울증에 시달리는 사람들은 자기 반성적인 경향이 오히려 지나치기 때문에 특히 더 위험하다. 우리는 우리의 부모님께 자기 반성의 시간을 정신요법이나 혹은 가까운 친구들과 이야기하는 시간으로 제한할 것을 권유한다. 그리고 자신에게 상당히 비판적이고 엄격한 경향이 있기 때문에 모든 것을 생각해 내려는 자기 반성의 시간을 너무 많이 갖지 말라고 말씀드리곤 한다. 우리는 자기 자신에게만 지나치게 몰두하여 자기 반성을 멈추지 못하는 사람들에게, 자신의 문제를 생각하는 시간을 특별히 정해 두어, 하루 종일 그 문제에 매달리지 말라고 충고한다. 만일 하루 종일 그 문제에만 골몰한다면, 자기의 정신적인 힘을 모두 써 버려 우울증만 더욱 악화될 뿐이기 때문이다. 우울증에 시달리는 사람들에게 자기 반성이 좋지 않은 이유는 자기 반성을 하는 사람들의 상당수가 객관적이지 못하다는 사실이다.

이들은 자신들의 생각에 지나치게 비관적이고 부정적이며, 자신에 대한 평가나 태도가 현실적이지 못한 경우가 대부분이다. 우울증에 시달리는 사람이 스스로 자기 반성에 빠져 있다고 깨닫게 되면, 이러한 자기 반성을 멈추기 위해서는 무엇인가의 일에 바쁘게 움직이고, 자신의 힘으로 그 모든 것을 처리해 나가려고 해야 한다.

16. 하나님을 조롱하지 말라.

앞에서도 말했지만, 우울증에 시달리는 사람들은 자기 자신을 싫어하는 경향이 있다. 자신에게 분노를 느끼며, 자신을 벌 받을 만한 사람으로 생각한다. 비참하고 우울해질 때마다, 자신이 받을 당연한 것으로 받아들인다. 어떤 의미에서 보면, 하나님을 조롱하는 것밖에 더 되지 않는다. 이런 사람들은 하나님께서, 자신의 과거의 죄를 모두 용서하시고 올바른 교훈으로 붙들어 주시기를 간구해야 한다. 어쩌면 하나님께서는 더 이상의 어떠한 책망도 선택하시지 않을 것이다. 그리고 그것이 하나님의 뜻이라면 하나님의 뜻에 순종하여 더 이상 자신을 학대하지 말아야 한다.

17. 앙갚음하지 말라.

수많은 우울증 환자들은 자신의 우울증을 다른 사람들을 속이고 앙갚음하기 위해 이용한다. 우울증이야말로 다른 사람들을 괴롭히고 거짓으로 속일 수 있는 강력한 수단이기 때문이다. 우울증은 억압된 분노에서 벗어날 수 있는 방법이 되기도 한다. 이러한 이유로 어떤 이들은 자신의 분노를 덜어 다른 사람들에게 앙갚음하려고 자신의 우울증을 이용하는 것이다. 또한, 우울증에 시달리는 사람들은 다른 사람들로부터의 관심을 얻기 위한 수단으로 우울증을 이용하기도 한다, 하지만 자신이 그렇게도 갈망하는 관심을 얻기 위해서는 건전한 방법을 찾아 보아야 한다. 그리고 죄책감에서 벗어나기 위한 좀 더 효과적인 방법을 알아야만 한다. 사실 자신이 필요하다고 느끼지 못했던 관심까지도 얻게 되는 보다 생산적이고 건전한 방법들은 얼마든지 있다.

18. 우울증의 책임을 인정하라.

우울증에 시달리는 사람들이 그 우울증에 대한 책임을 받아들일 때, 그 우울증에서 서서히 벗어나기 시작한다. 자기의 삶에 대한 책임을 자기 자신에게 둠으로써 점점 좋아지기 시작하는 것이다. 바울 사도는 빌립보서 4장 13절에서 "내게 능력 주시는 자 안에서 내가 모든 것을 할 수 있느니라"고 말씀하고 있다. 또한 옛말 중에 "하나님께 기도하라. 하지만 물가로 계속 노 젓는 일은 쉬지 마라."는 비슷한 의미의 격언이 있다. 우울증을 극복할 수 없다고 말하는 사람은, 사실은 우울증을 극복하지 않겠다는 뜻이다. 이렇게 우울증이 극복되는 것을 원하지 않는 데에는 몇 가지의 무의식적인 이유가 있다. 이들은 우울증을 통해 다른 사람들의 관심을 얻거나 그 우울증으로 다른 사람들을 속이거나 혹은 우울증을 이용하여 자기 자신이나 다른 사람들을 벌하려고 하기 때문이다. 또한 이들은 밖으로 나가 좀 더 생산적인 일을 하지 않는 변명의 구실로 우울증을 이용하기도 한다.

19. 우울증을 극복하기 위한 건전한 방법을 택하라.

대부분의 사람들은 좋지 못한 방법으로 스트레스를 극복하려고 하기 때문에, 우울증이 더욱 심각해지게 된다. 예를 들면, 자신의 분노를 계속해서 마음속에 담아두거나, 늘 근심함으로 정신적인 힘을 모두 소모해 버리는 상태가 끊이질 않는다. 이러한 상황이 계속되는 것은 그러한 생활에 익숙해져 왔기 때문이다. 하지만 좀 더 새롭고 건강한 방법을 찾아내어, 우울증을 극복하기 시작해야 한다. 앞에서도 말했듯이, 적대감을 제거하고, 좀 더 생산적이고 건전한 방향으로 전환하는 데에는 운동이 가장 좋은 방법이다.

그리고 날마다 사회생활을 통한 만남을 하는 것이 반드시 필요하다. "각각 자기 일을 돌아볼 뿐더러 또한 각각 다른 사람들의 일을 돌아

보아 나의 기쁨을 충만케 하라"(빌 2:4). 우리 자신에게서 벗어나 다른 사람을 위해 마음을 쏟아 붓는 것은 참으로 건전한 일이다. 옛 그리스어에서 이 말씀은 "자신의 일을 돌아볼 뿐 아니라, 다른 사람들의 일도 돌아보아야 한다"는 의미를 담고 있다. 우리는 우리가 직면한 문제를 살펴보아야 한다. 하지만 그 문제에 지나치게 빠져서는 안 된다. 대신에 다른 사람들을 위로하고 돕는 데 열심을 품어야 한다. 그렇게 할 때, 그것이 오히려 자신의 문제를 극복하는 데 큰 도움이 된다.

우울증을 극복하기 위한 한 가지 중요한 방법은 날마다 하나님과의 경건의 시간을 지속해 나가는 것이다. 경건의 시간을 통해 우리는 하늘에 계신 아버지께 우리의 문제를 이야기할 수 있다. 그리고 우리를 참으로 사랑하시는 분과 영적이고 진정한 사랑으로 가까워지게 된다. 경건의 시간은 우리에게 확신과 희망을 안겨다 준다. 또한 사물을 좀 더 객관적으로 보게 하고, 하나님의 말씀을 통한 영적인 도움을 제시해 주는 것이다.

20. 희망이 있음을 기억하라.

우울증을 이겨내는 데 가장 성공적인 방법 중의 하나는 바로 사람들에게 희망이 있음을 깨닫도록 돕는 것이다. 우울증을 극복하는 첫 번째 단계는 우울증에 시달리는 사람으로 하여금 희망이 있다는 사실을 깨닫도록 하는 것이다. 얼마 전, 한 그리스도인이 찾아와 자신은 지난 20년 동안 우울증에 시달렸고, 그동안 6명의 정신 치료사들에게 치료를 받아 왔다고 말한 적이 있다. 그 때, 우리가 그 사람에게 분명히 희망이 있으며 반드시 우울증을 극복할 것이라고 말하자, 그 사람은 매우 기뻐하며 "제가 나을 수 있다는 말을 들은 것은 이번이 처음입니다."라고 외치는 것이었다. 결국 그 사람은 한 달도 채 되지 않아 20년 동안의 그 고통에서 헤어나게 되었다. 분명, 희망은 존재한다!

21. 죄의 덫을 피하라.

사람들이 우울증에 시달리는 이유 중의 하나가 바로 죄에 빠져 있기 때문이다. 청소년을 대상으로 한, 어떤 조사에서 남자는 80%, 여자는 72%가 나중에는 큰 슬픔을 초래하게 될지라도 혼전의 성관계를 인정한다고 대답했다. 우울증과 슬픔의 대부분은 죄악 된 행위에서 벗어남으로 극복될 수 있다. 예를 들면 여성들의 가장 큰 슬픔 중의 하나는 낙태를 해야 하는 경우이다. 또한 혼전 성관계나 불륜관계 역시 이들의 슬픔을 초래할 뿐이다.

더욱이, 죄는 우울증을 초래한다. 사람이 우울증에 빠지면 자신이 느끼는 고통스런 감정에서 벗어나기 위해 죄악 된 행위로 반응한다. 하지만 더 큰 우울증만을 자초할 뿐이다. 우리는 자신의 죄악 된 행위에 대한 솔로몬 왕의 말씀을 마음에 신중히 새겨야 한다. "그 길을 피하고 지나지 말며, 돌이켜 떠나갈지어다"(잠 4:15).

22. 죄책감의 덫을 피하라.

우울증에 시달리는 사람들은 상당한 죄책감에 괴로워한다. 하지만 죄책감을 처리하는 방법을 통해 많은 도움을 얻을 수 있을 것이다. 진정한 죄의식에 괴로워하고 있다면, 그것을 하나님께 고백하거나(요일 1:9), 다른 사람과의 관계 속에서 그 죄책감을 처리하면 되는(행 24:16) 단순한 문제이다. 하나님께서는 자신의 죄를 고백한 후에는 그 죄를 잊어버리기를 원하신다. 하지만 우울증에서 흔히 나타나는 잘못된 죄의식으로 괴로워하고 있다면, 하나님의 은혜와 사랑이 얼마나 크신지를 반드시 알아야 한다. 앞에서도 이야기한 것처럼, 강박관념에 사로 잡혀 있는 사람들은 잘못된 죄의식을 강하게 느낀다. 하지만 단지 자신의 성격에 대한 깊은 통찰력으로 그러한 죄책감에서 상당히 벗어날 수 있게 된다. 예레미야 3장 21~23절과 같은 말씀을 암송하는 것도 큰 도움이 될 것이다.

23. 주위 환경을 이용하라.

사람들은 내면으로부터의 스트레스를 처리하는 방법을 배우거나, 주위 환경을 이용하여 스트레스를 처리함으로 우울증에서 벗어날 수 있다.

우리는 우울증에 시달리는 사람들이 스트레스를 처리하는 새로운 방법을 찾도록 돕기도 하지만, 그러한 외부로부터의 스트레스를 극복하기 위해 할 수 있는 일은 무엇이든지 해 볼 것을 권유한다. 일을 너무 열심히 해도 우울증을 느낄 수 있다. 이런 경우엔, 일의 시간을 줄임으로 스트레스를 극복할 수 있다. 때로는 자신이 저지른 죄로 인해 우울증에 시달리기도 한다. 이런 경우에는 죄악 된 행위에서 떠남으로 스트레스를 극복할 수 있다. 외부로부터의 스트레스를 극복하기 위해 할 수 있는 일은 얼마든지 있으며 그렇게 했을 때 우울증은 반드시 사라지게 될 것이다.

24. 반응하라. 하지만 반발하지는 말라.

우울증에 시달리는 사람들은 스트레스를 받게 되면 아주 강하게 반항한다. 그리고 매우 공격적이 되어 다른 사람들을 비난하곤 한다. 하지만 곧 자신의 행동에 후회한다. 이러한 사람들이 자신의 감정을 조절하고 반발하기보다는 반응하는 법을 배우게 될 때 자신에 대해 좀 더 좋은 감정을 가지게 되어 자신을 죄어오는 스트레스를 지혜롭게 풀어갈 수 있게 된다.

25. 자존감을 높이라.

우울증에 시달리는 사람들은 대개 상당히 낮은 자존감을 가지고 있다.

예수님께서는 우리가 우리 자신을 사랑하는 것처럼, 이웃을 사랑하라고 말씀하셨다. 이 말씀은 우리가 스스로에게 건전한 자아상을 가져야 한다는 의미를 내포하고 있다. 우리 자신에 대해 건강한 생각을 가지고 있을 때만이 다른 사람에게도 베풀 수 있는 것이다. 만일 자신에 대해 낮은 평가만을 내리게 된다면, 자기 문제에만 집착하게 되어 다른 사람에게 베풀 만한 여유가 전혀 없게 된다.

많은 그리스도인들이 건강한 방법으로 자기 자신을 사랑하는 믿음이 잘못된 교만이라고 생각하는 경향이 있다. 하지만 교만과 자존감과는 엄연히 다르다. 사실, 열등의식이 강한 사람일수록 잘못된 교만을 가지고 있어서 자신이 남보다 더 우월하다는 태도를 키워가게 된다. 이것은 스스로 불완전하다고 느끼는 감정을 감추고 있는 것이다.

어떻게 해야 올바른 자존감을 가질 수 있을까? 여기에는 세 가지의 기본적인 방법이 있다. 첫째는 주님 안에 거하는 것이다. 그리고 둘째는 이웃과의 관계 속에서 자라가는 것이며, 셋째는 현실적인 목표를 세우고 그 목표를 향해 진력하는 것이다.

첫 번째로, 주님 안에 거함으로 우리는 좀 더 나은 자아상을 키워가게 된다. 우리는 우리가 중요하다고 느끼는 것을 할 수 있어야 한다. 그리스도의 영으로 우리의 생각이 변화되어야 한다. 이것이야말로 보다 건전한 자아상을 형성하는 가장 좋은 방법이다. 주님 안에 거하게 되면, 우리 자신에 대한 깊은 통찰력을 얻을 뿐 아니라, 우리에게 필요한 만큼 우리 자신을 변화시킬 수 있는 커다란 자원을 가지게 되는 것이다. 주님 안에 거하는 것이야말로 우리의 자아상을 온전히 이루는 데 가장 중요한 방법이다.

둘째로, 다른 사람들과의 관계를 향상시키는 것이다. 우리 자신의 자아상에 대해 다른 사람을 지나치게 의지하는 것은 좋지 않지만 어느 정도 의지하는 것은 오히려 도움이 된다. 우리들 대부분은 우리가 어떤 관계에 있고 그들에게서 얻을 수 있는 반응을 주목하면서 우리 스스로를 평가하려는 경향이 있다. 우리가 다른 사람들과 좀 더 친밀한 관계를 발전시켜 나간다면, 자아상은 향상될 것이다. 우리 모두는 적어도 한 사람의 사랑을 필요로 한다. 그 한 사람의 사랑은 우리의 자아상의 형성에 대단히 중요한 일이며 없어서는 안 된다. 사실 그러한 사랑의 결핍은 수많은 정신적 문제의 가장 중요한 원인이다.

셋째로, 온전한 자아상을 가지게 되는 주요 방법은 실현 가능한 목표와 이것의 성취를 통해서이다. 실현 가능한 목표를 설정하고, 이를 성취해 나가면서 스스로 가치 있고 중요한 존재임을 깨닫게 된다.

우울증을 극복하는 또 다른 방법은 우울증을 그 관계된 정도에 따라, 영적, 정신적, 육체적 단계로 접근하는 방법이다. 우울증은 이 세 가지의 범주에서 하나의 범주에 특별히 더 관계된 것일 수 있다. 그 특정한 문제와 범주를 이해함으로 자신이 직면한 문제를 극복할 수 있는 것이다. 이제 여기에서는 「그리스도인의 정신의학」(Christian Psychiatry)라는 책에서 제시하고 있는 영적, 정신적, 육체적 문제의 해결 방안에 대해 개략적으로 설명해 보고자 한다. 아래의 표는 영적, 정신적, 육체적 우울증의 여러 가지 원인과 그 치료 방법을 간추려 놓은 것이다.

I. 영적인 문제(살전 5:14)

    A. 예수 그리스도를 알지 못함(롬 1:16).

        1. 상담하는 동안 좀 더 친밀해졌다면 상담을 받는 사람에게 그의 종교적인 배경에 관해 질문한다.

        2. 성경 말씀을 나눈다.

        3. 구원에 대한 말씀을 상세히 써 준다(요 1:12; 롬 3:23, 6:23).

        4. 그 말씀을 잘 간직하게 한다.

        5. 상담을 받는 그 사람에게 주님을 믿을 기회를 제공한다.

    B. 그리스도 안에 거하지 못함(벧전 2:2).

        1. 상담을 받는 사람이 제자도에 관한 성경 연구 책자를 공부하도록 돕는다. 이 때, 성경연구는 그리스도인의 기본적인 삶에 초

점을 맞추어야 한다(하나님의 말씀, 기도, 교제, 체험). 상담을 받는 사람이 이러한 토대 위에서 균형 잡힌 삶을 살도록 돕는다.

2. 상담을 받는 사람으로 하여금 일주일에 한 번씩 성경 세 구절을 암송하도록 한다.

3. 상담을 받는 사람이 경건의 시간을 위한 특별한 계획을 세우도록 돕는다.

4. 상담을 받는 사람이 교회와 연합할 수 있도록 돕고 더 나아가서는 교회 안의 소그룹 모임에 참여하도록 돕는다.

C. 특정한 죄를 지음(살후 3:5).

1. 상담을 받는 사람의 말에 귀를 기울여 그 관계를 더욱 친밀하게 한다.

2. 상담을 받는 사람이 자신의 죄에 직면하도록 한다.

3. 죄에서 벗어나기 위해 다음 약속 전까지, 일주일 동안의 헌신을 권면한다.

4. 상담을 받는 사람이 다음 약속 전까지 성경 연구를 짧게나마 완성하게끔 한다. 성경 연구의 초점을 개인적인 적용에 맞추도록 돕는다.

5. 상담을 받는 사람이 매주마다 자신의 문제를 극복하는 데 도움이 되는 말씀 세 구절씩을 암송하도록 한다.

6. 상담을 받는 사람이 교회 안에서 동료 그리스도인들과 교제함으로 유혹을 이겨내도록 돕는다.

7. 날마다의 경건의 시간을 갖도록 한다.

D. 사탄의 영향(귀신 들림 혹은 사탄이 주는 중압감)

  1. 에베소서 6장의 말씀을 나눈다.

  2. 사탄은 사람이 빠지기 쉬운 유혹과 약점을 알고 있음을 지적해 준다.

II. 정신적인 문제

A. 정신 생리학적인 문제(위궤양, 대장염, 고혈압 등)

  1. 상담을 받는 사람에게 그가 겪고 있는 문제의 영적인 면과 정신적인 면에 대해 충고한다.

  2. 문제의 육체적인 질병의 치료를 위해서는 전문의의 진찰을 받도록 한다.

  3. 만일 필요하다면 정신부분에 관한 한 다른 전문가와 상의한다.

B. 성격의 특성 또는 성격장애로 인한 문제

  1. 성격을 파악하여 그 상황에 따라 여러 가지의 상담방법을 이용한다. 예를 들면, 히스테리성 환자에게 우울증 환자를 치료하는 방법을 사용해서는 안 된다.

  2. 상담을 받는 사람이 자신의 문제와 과거 이야기 그리고 감정을 모두 털어 놓을 때 함께 공감한다.

  3. 상담을 받는 사람에게 그의 성격의 장점과 약점을 이야기해 주고, 그로 하여금 통찰력을 얻도록 돕는다.

4. 상담을 받는 사람이 자신의 문제를 해결하기 위한 특별한 행동 계획을 세우도록 돕는다.

5. 만일 필요하다면, 심리학이나 정신의학을 공부한 전문가들과 상의한다.

C. 신경성(생물학적, 사회적 손상)

1. 신경성의 유형을 파악하여 그에 따른 접근 방법을 시도한다.

2. 상담을 받는 사람이 자신의 문제, 과거 이야기, 그리고 감정을 모두 털어 놓을 때 함께 공감한다.

3. 상담을 받는 사람에게 자신이 무엇을 했고, 어떠한 일이 그에게 발생했는지를 설명하고, 그로 하여금 통찰력을 얻도록 돕는다.

4. 상담을 받는 사람이 자신의 문제를 해결하기 위한 특별한 행동 계획을 세우도록 돕는다.

5. 만일 필요하다면, 심리학이나 정신의학을 공부한 전문가들과 함께 상담한다. 이것은 자살이나 살인의 위협이 느껴질 때, 그리고 상담하는 사람들이 자신의 능력으로는 해결하기 힘든 문제라고 느껴질 때 필요한 것이다. 약물 치료가 필요하면 신경정신 전문의에게 문의하고 심리 테스트가 필요하면 심리학자에게 문의한다.

D. 정신병(현실감각 상실)

1. 다른 전문가와 함께 담당한다(일반 전문의, 신경정신 전문의, 심리학자).

2. 정신병일 경우, 뇌의 화학적 성질이 변하기 때문에 약물 치료가 필요하다. 그럴 때는 정신과 의사에게 문의하는 것이 좋다.

III. 육체적 문제 -물론, 육체적인 문제는 일반 전문의나 신경정신 전문의에게 문의해야 하지만, 그 속에는 영적이거나 정신적인 요소도 존재하기 때문에 실제 상담하는 사람의 도움이 필요하다. 목회자뿐 아니라 평신도들은 특별히 정신적인 문제나 영적인 문제와 혼동이 되는 아래의 육체적인 문제에 주의해야 한다.

A. 활동 과다

B. 고혈압 또는 저혈압

C. 갑상선 질환

D. 고령으로 인한 뇌기관의 문제

E. 생화학적 우울증

27. 웃어라.

삶 속에서 유머를 발휘하여 즐겁게 웃는 것은 우울증 치료에 커다란 도움이 된다. 웃음은 그 무엇보다도 우리를 편안하게 해 준다. 세상에 완벽한 사람은 아무도 없다는 사실을 깨닫고, 자기의 완벽주의적인 요구나 단점들에 웃음을 지을 수 있는 그 순간부터 우리의 우울증은 사라지기 시작한다.

인간의 우울증만큼, 단순하고 방어적으로 접근되어지는 주제는 아마도 없을 것이다. 우울증은 무엇이며, 그 원인은 어디에 있는가? 나는 어떻게 우울증을 피할 수 있으며, 내가 이미 그 고통에 시달리고 있다면 어떻게 극복할 수 있을까? 행복은 과연 선택으로 얻어질 수 있을까? 아니면 나는 그저 주위환경의 희생물이 되어야 하는 것일까? 만일 내가 행복을 선택한다면 그 행복을 온전히 누릴 수 있는 길은 어디에 있을까?

바로 이러한 질문들이 이 책 속에서 다루었던 문제들이었다. 이에 대한 대답은 너무나 많고 다양하기에 간단히 제시하기는 어렵다. 비록 대부분의 우울증의 원인이 억압된 분노에 있다 하더라도 모든 우울증이 그 한 가지 원인으로 인한 것이 아니기 때문이다. 아무리 예수 그리스도에 대한 믿음과 하나님의 말씀이 모든 해결의 뿌리가 된다 하더라도 그 한 가지로 인해 모든 우울증이 해결되지는 않는다. 그 해결책이 매우 복잡하기도 하지만, 분명히 해결책은 존재한다. 아마도 미래가 좀 더 새롭고 빠른 해결책을 가져다 줄 것이다. 하지만 지금 이 순간 이 책에서 제시하는 내용을 삶 속에 적용해 나간다면 그동안의 우울증의 고통에서 완전히 헤어날 수 있을 것이다. 아무리 오랫동안 시달려 왔다 하더라도 말이다. 진실로 행복은 선택이다! 바로 당신의 선택!

부 록

신경성 우울증과 정신병적 우울증을 구별하기 전에 다시 한번 살펴볼 것이 있다.

1. 슬픈 정서

우울증에 시달리는 사람들은 겉모습을 통해 나타난다. 아무리 자신의 감정을 숨기려 해도, 우울한 모습은 감출 수가 없다. 이마에는 주름이 가득하고 입 언저리는 축 쳐져 있다. 자주 울 뿐 아니라, 울고 싶은 충동도 자주 느낀다. 여자가 우울해지면 화장 하는 것을 멈추게 되고, 남자인 경우에는 면도를 하지 않는다. 그렇기 때문에 얼굴에 나타난 표정은 우울 신경증의 주요 증상이다.

2. 고통스러운 생각

사람의 우울증이 심해지면, 이른바 고통스러운 생각을 하게 된다. 이들에게는 생각한다는 것 자체가 고통이다. 늘 우울하고, 슬프고, 아무런 희망도 없으며 무가치하다고 느끼고, 죄책감에 시달리기 때문에 생각하는 것 자체가 고통스럽다. 우울증에 시달리는 사람들은 과거의 잘못에 대해 지나치게 골몰하며, 죄책감에 빠지게 된다. 견디지 못할 정도의 불만을 느낀다. 모든 일에 비관적이며, 이들의 미래는 어둡게만 보인다. 자신을 완전한 실패자로 간주하여 더 이상 삶의 만족을 느끼지도 못한다. 예전엔 즐거웠던 일들이 이젠 더 이상 즐겁지 않다. 누군가가 자신을 벌할지도 모른다고 생각한다. 자기 자신을 싫어하고, 자신에 대해 실망한 나머지 스스로에게 혐오감까지 느낀다. 자신에 대해 상당히 비판적이고 많은 일들을 자기 때문이라고 비난한다. 이들의 고통스러운 생각은 자신을 해하고 싶다는 생각에까지 미치게 한다. 자살하고 싶은 충동도 느낀다. 쉽게 짜증을 내고, 살아가는 것에도 힘들어 한다. 우울증이 더욱 심해지면 사회적으로도 위축되기 시작한다. 사람에 대한 관심도 식어지고, 예전에 즐거웠던 일들에 대해 아무런 흥미를 느끼지 못한다. 매우 우유부단하여 사소한 일에도 제대로 결정을 내리지 못한다. 매우 낮은 자아상을 가지고 있기 때문에 자기 자신을 좋아하지 않는다. 일을 성취하는 데에 어려움을 느껴, 자신의 일인데도 전혀 할 수 없는 상황으로 치닫게 되기도 한다. 성취의 기쁨도 느끼지 못하고 오직 고통스러운 생각만 가지고 있을 뿐이다.

3. 정신운동장애

우울증이 점점 깊어질수록 육체의 증상도 여러 가지로 나타난다. 우울증에 시달리는 사람들은 몸의 움직임이 매우 느린 것처럼 보인다. 행동이나 말이 모두 느리다. 불면증으로 괴로워하거나 너무 많이 자는 둥, 잠을 자는 것에도 어려움을 느낀다. 우울증이 심해질수록 너무 일찍 일어나는 날들이 많아진다. 식욕에도 많은 변화를 보여 처음에는 우울증에서 벗어나려고 음식을 많이 먹지만, 시간이 흐르면서 식욕이 사라져 체중도 줄어들게 된다. 사실 암을 제외하고는 우울증보다 더 체중을 감소시키는 병은 아마도 없을 것이다. 이들의 정신적, 육체적 반응이 느리기 때문에 이러한 증상을 정신운동장애라고 부른다. 과거에 해본 적이 있는 일을 하는 데에도 평소보다 두 배의 시간이 걸린다. 성적 충동에도 변화가 온다(대개는 감소한다). 설사나 변비로 괴로워하기도 하며, 두통에서 위통에 이르는 육체적인 질병에 시달리기도 한다. 늘 피로하여 아침에 일어나는 것도 힘들어 한다. 사실 이들에게 아침은 그 날 중 가장 고통스러운 시간이다. 그리고 자신의 건강에 대해서도 평소보다 더 많이 걱정한다.

4. 지나친 불안

불안은 우울증과 함께 나타난다. 우울증의 정도가 깊어질수록 불안의 정도도 더욱 심해진다. 평소보다 더 자주 짜증을 내고 평소보다 더 쉽게 흥분한다. 과거엔 능히 할 수 있었던 일을 이제는 잘 해내지 못한다.

5. 왜곡된 생각

우울증이 점점 깊어질수록 신경성 우울증에서 정신병적 우울증으로 점차 변화하면서, 이들의 생각도 점점 비뚤어진다. 모든 소리가 자신을 비난하는 것처럼 들리기 시작한다. 최근에 우리를 찾아온 한 환자도 자신에 대해 매우 비판적인 소리를 들었다. 하지만 우울증이 치유되면서 그러한 비난의 소리는 점점 사라지기 시작했다. 이렇게 왜곡된 생각을 하는 사람들은 환각이나 망상에 빠지기도 한다. 자기 존중감의 상실로 자신이 남보다 우월하다는 망상에 사로 잡혀, 스스로를 나폴레옹이나 마피아단의 두목쯤으로 착각한다.

앞에서 살펴본 처음 세 가지의 증상(슬픈 정서, 고통스러운 생각, 정신운동 장애)들을 가지고 있다면 그것은 신경성 우울증이다. 그리고 불안이 가시질 않고, 그 불안의 정도가 매우 심하다면 그 사람은 흥분된 우울증으로 알려진 것에 시달리고 있는 것이다(하지만 이것은 여전히 신경성 우울증으로 분류된다). 여기에 다섯 번째 증상(왜곡된 생각)까지 보이게 되면 그것은 정신병적 우울증이다.

우울증은 DSM II 모형에 의해 공식적으로 분류된다. 즉「정신장애의 진단 및 통계 편람」제2판에 의한 분류이다. 정신분석의 성경으로 일컬어지기도 하는 DSM II 모형은 정신분석의 공식적인 분류 체계이다. 현재는 DSM III 모형이 새롭게 개편되어 통용되고 있지만 여기에서는 우울장애에 관해 열 가지로 분류하기로 한다.

1. 복잡한 우울증
2. 조울병 - 조증
3. 조울병-울증
4. 조울병-순환형
5. 정신병적 우울증
6. 정신분열증 - 정동분열형, 흥분
7. 정신분열증 - 정동분열형, 의기소침
8. 우울 신경증
9. 순환기질
10. 우울 기질이 있는 성인의 적응 반응

이러한 각각의 장애들을 간단히 살펴보기로 한다.

1. 복잡한 우울증

이 우울증은 중년기에 시작되는 것으로 확실한 원인이 있는 것은 아니다. 이러한 우울증에 시달리는 사람은 전에는 결코 우울증으로 괴로워 본 적이 없지만 이 우울증은 상당히 심각하며, 때로는 정신병으로 치닫기도 한다.

2. 조울병 - 조증

조울병의 증세 중 조증은 병적인 쾌감, 빠른 말투, 활동량의 증가 등의 특징을 보인다. 대화의 주제가 금방금방 변하고, 판단력도 흐리다. 예를 들어 조증 증세를 보이는 사람은 하루에도 차를 여러 대 사거나 돈에 대한 판단력이 매우 흐리다. 하지만 제 아무리 최고의 기분을 느낀다 해도 사실 그 안에는 우울증이 감춰져 있다. 이러한 조울병은 실제로 정신병으로까지 커지기도 한다. 예를 들면 우울 정신병의 조증상태에 있던 한 여인은 자신을 성모 마리아라고 생각하기도 하였다. 이러한 상태에 있는 사람들은 매우 흥분해 있으며, 때로는 성적인 문제가 자신에게 중요한 문제로 비춰지기도 하기 때문에 아무것도 입지 않은 채 정신병동을 활보하기도 한다. 이들은 또한 종교도 중요한 문제로 생각하기 때문에 종교적인 은어를 사용하기도 한다. 조울병은 다른 우울 장애보다도 유전적 요인이 크게 나타나, 한 가족 안에서 영향을 미친다. 최근의 연구에서는 조울병이 X염색체에 의해 나타난다고 밝히고 있다. 극단적인 상황으로 치닫는 순환기질은 조울증 정신병이다.

3. 조울병 - 울증

조울병 중 울증은 조증과도 정반대의 특징을 보인다. 예를 들면 자신을 낮게 평가하거나, 침울해 하며 기분도 늘 가라앉아 있다. 이런 증세를 보이는 사람의 행동은 매우 느리고 말도 천천히 한다. 예전에는 조증 증세를 보였고, 이제는 울증에 빠져 조울병의 순환을 거듭하게 된다. 조울병 중 울증 증세를 보여 온 사람들은 단극성 우울증을 보이는 사람들과 별반 다르지 않다. 전형질은 우울증의 어떠한 유형이 나타나는지 지적하기도 한다. 조울병 중 울증 증세를 보이는 사람들은 규칙적인 약물치료와 우울증의 치료법으로 치료가 가능한 반면, 앞서 살펴본 조증 증세를 보이는 사람들은 리튬염과 같은 약물로 치료가 가능하다.

4. 조울병 -순환형

조울병 중 순환형은 조증과 울증을 번갈아 나타내는 특징이 있다. 예를 들면, 처음에는 조증 증세를 보이다가도 얼마 지나면 다시 정상적인 활동을 하게 되고, 그런 후 다시 울증 상태에 빠진다. 울증 증세를 보이는 동안에는 사람이 내면의 자기 비판에 지배당하는 것처럼 보인다. 자기 자신이 자신의 가장 나쁜 적이 되기도 한다. 한편 조증 증세를 보이는 동안에는 내면의 자기의 적을 압도한 것처럼 보인다. 이 때, 사람들은 내면의 자기 비판적인 경향에서 벗어난 것에 대해 병적 쾌감을 느낀다. 이 두 가지 증세가 균형을 이루게 되면 정상적인 활동을 할 수 있지만, 또다시 내

면의 자기 비판에 압도되어 우울증이 더욱 깊어지면서 이러한 악순환
은 거듭된다.

5. 정신병적 우울증

정신병적 우울증은 앞에서 살펴본 대로 대개의 경우 우울증 증세를 보
인다.

다시 말해, 이러한 사람들은 슬프고 고통스러운 생각에 빠져 우울해 하
거나, 슬퍼하고 아무런 희망이 없다고 느끼거나 자포자기하며, 죄책감으
로 괴로워한다. 그리고 생물학적인 증세와 불안 증세를 보인다. 이에 더
하여 망상이나 왜곡된 생각에 골몰하여 환청을 듣거나 자신을 비판하는
소리만 듣게 된다. 스스로를 마피아단 두목이라고 착각하기도 한다. 이러
한 망상은 고통스러운 생각과는 조금 다르다. 환자들은 처음에는 고통스
러운 생각을 하다가 완전히 왜곡된 생각이나 망상에 빠지게 된다. 이것
이 바로 정신병적 우울증이다.

6. 정신분열증 - 정동 분열, 흥분

이것은 기분장애의 특징을 보이는 정신분열증이다. 정신분열증과 조
울병의 차이는 여기에서 나타난다. 정신분열증은 주로 사고 장애를 보이
고 기분 장애는 그 다음으로 나타나지만, 조울병은 반대로 주로 기분 장
애를 보이고, 사고 장애는 그 다음으로 나타난다. 다시 말해, 정신분열증
은 사고 장애가 주요한 문제이기 때문에 생각을 한 곳으로 집중하지 못
한다. 누군가가 자신의 머리를 때려 철근 바닥 위에 산산이 조각나는 듯

한 고통을 느낀다. 수많은 생각들로 꽉 차 있어 그것에 대한 논리적인 말 표현을 하지 못한다. 서로 연관이 없는 화제를 이리저리 바꾸는 산만함을 보인다.

그렇기 때문에 정동 분열의 정신분열증은 무엇보다도 사고 장애가 주로 나타난다. 이러한 증세를 보이는 사람들은 얼굴에 표정이 전혀 없고, 말의 내용이 상당히 산만하다. 생각이 수시로 변하기 때문에 제대로 결정을 내리지 못한다. 자폐증세를 보이기도 하여 혼자 있는 것을 즐긴다.

그렇기 때문에 이러한 사람들은 정신분열증의 4'A', 즉 단조로운 표정 (flat affect), 산만한 연상(loose associations), 이중감정(ambivalence), 그리고 자폐증(autism)의 증세를 모두 가지고 있다. 그리고 이러한 사람들은 환청이나, 환상, 망상 등과 같은 정신분열증의 부차적인 증세도 보인다. 이들의 생각은 산산이 조각 나 있으며, 판단력이 흐리고, 퇴행을 거듭하며, 사회에 적응하지 못하여 스스로를 고립시킨다. 이뿐만 아니라 기분의 문제도 가지고 있기 때문에, 정신분열증의 흥분상태에 있게 되면 기분이 점점 고조되어, 병적인 쾌감에 빠지기도 한다.

7. 정신분열증- 정동 분열 , 의기소침

이것은 사고장애에 부차적인 감정 장애가 흥분상태가 아닌 의기소침 상태라는 사실을 제외하고는 위에서 살펴본 내용과 같다.

8. 우울 신경증

　우울 신경증은 우선 정신병보다는 신경성으로 간주한다. 이 증세가 계속되면 생물학적으로나 사회적으로 무능력해지게 된다. 생물학적으로 무능력하다면 이것은 생물학적인 문제를 가지고 있기 때문이다. 예를 들면 음식을 제대로 먹지 못하고, 잠도 제대로 못 이룬다. 체중이 줄거나 는다. 성생활도 즐기지 못한다. 또한 이러한 증세를 보이는 사람들은 사회적인 문제를 가지고 있다. 예를 들면, 자신의 일을 해내지 못한다. 이러한 사회적인 증세 때문에 다른 사람들은 무엇인가 잘못 되었다는 사실을 인식하게 된다. 생물학적으로나 사회적으로 오랫동안 무능력해지면, 신경성 증세를 보인다. 우울 신경증은 슬픈 정서, 고통스런 생각, 생물학적 증세, 지나친 불안 등의 특징을 가지고 있다. 이러한 증세를 보이는 사람들은 비록 매우 비참하고, 대단히 낙심해 있더라도 현실 감각이 있어서 자신이 누구이고, 어디에서 왔으며, 자신에게 무슨 일이 일어나고 있는가를 안다. 하지만 정신병 증세를 보이는 사람들은 현실감각을 완전히 상실해 버린다.

9. 순환기질

　순환기질 장애는 오랫동안 특정한 성격 유형을 보이는 특징이 있다.
　또한 이러한 증세를 보이는 사람들은 예측할 만한 방어기제를 가지고 있다. 이런 사람의 성격 유형은 매우 어린 시절부터 시작되어 삶 전반에 걸쳐 계속 나타난다. 이 순환기질 장애는 조울병과 비슷하긴 하지만, 그리 심각한 것은 아니다. 어떤 사람들은 한동안은 기분이 매우 고조되어 있다가도, 어느 순간에는 의기소침해지는 상태가 계속되는 등의 변화가 있지만, 어떤 사람들은 평생 동안 계속 기분이 고조되어 있거나 또는 평생 동안 계속 우울해 한다. 다시 말해, 계속해서 기분이 고조되어 있거나, 저하되어 있기도 하지만 이 둘 사이에서 변화를 보이기도 한다. 다음은 순환기질의 특징을 적어 놓은 것이다. 이 중 몇몇은 조울병의 조증 증세와 비슷하기도 하다.

1. 의기소침과 감정고조 상태가 계속 변화하면서 순환한다.

2. 늘 기분이 고조되어 있다.

3. 야심적이다.

4. 인정이 많다.

5. 열정적이다.

6. 낙관적이다.

7. 활력이 있다.

8. 말이 많다.

9. 활동량이 많다.

10. 생각이 산만하다.

11. 판단력이 흐리다.

12. 성미가 급하다.

13. 말이 빠르다.

14. 외향적이다.

15. 호감이 간다.

16. 유머감각이 풍부하다.

17. 화를 잘 낸다.

18. 맡은 일에는 최선을 다한다.

19. 신경이 둔감하다.

20. 조울병의 조증증세와 비슷하다.

21. 충동적이다.

22. 직장과 가정 일에 간섭을 잘한다.

23. 성취할 수 없는 일에 몰두한다.

24. 일을 시작하고도 제대로 끝을 맺지 못한다.

25. 기분이 좋다.

26. 흥분을 잘한다.

27. 아침 일찍 일어나 가족들을 귀찮게 한다.

28. 늘 즐겁다.

29. 병적 쾌감을 느낀다.

30. 끊임없는 생각 때문에 쉽게 결정을 내리지 못한다.

31. 우울감에 빠지기를 싫어한다.

32. 있는 사실을 부정하기도 한다.

33. 감정이 쉽게 변한다.

34. 다른 사람의 기분을 상하게 하는 농담을 한다.

35. 입장을 난처하게 하는 말을 한다.

36. 동정심이 부족하다.

37. 자기를 방어하려고 투사(投射)를 이용한다.

38. 초자아가 강하다.

39. 대단한 자기 확신에 차 있다.

40. 자신의 경제적인 범위를 벗어나 무리하게 물건을 구입한다.

41. 차를 미친 듯이 질주하기도 한다.

42. 벌 받는 것을 싫어한다.

43. 가족 중에도 비슷한 경향을 보이는 사람이 있다.

44. 지나칠 정도로 쾌활하다.

45. 자제심이 부족하다.

46. 무아경에 빠져 있는 듯이 보인다.

47. 가끔 발가벗은 채로 다니기도 한다.

48. 종교적인 은어를 쓰기도 한다.

49. 풍부한 유머감각을 보이다가도 좌절하면, 냉소적인 말투로 변한다.

50. 남을 냉소하거나 모욕하는 말을 한다.

51. 스스로 굉장한 사람이 된 듯이 착각한다.

52. 논리적이지 못하다.

53. 자신의 눈에 띄는 성공을 은근히 자랑한다.

54. 쉽게 산만해진다.

55. 자기 반성을 할 줄 모른다.

56. 자기 인식이 부족하다.

57. 다른 사람을 탓하려는 경향이 있다.

58. 사치스러울 정도의 계획을 세운다.

59. 과시욕이 있다.

60. 유혹하는 듯한 행동을 한다.

61. 말이 많아짐으로 더욱 거칠어진다.

62. 가족 사이에 대단한 마찰을 일으킨다.

63. 다른 사람의 약점을 들춘다.

64. 책임을 다른 사람에게 투사한다.

65. 끊임없이 한계에 도전한다.

66. 자신의 편리대로 다른 사람을 이용한다.

67. 쉽게 잠을 이루지 못한다.

68. 그룹에서 중요 인물이 되고 싶어 한다.

69. 낙천적이다.

70. 자신의 질병을 인정하지 않는다.

71. 목적 없는 활동을 한다.

10. 우울기질이 있는 성인의 적응 반응

이것은 전에는 정신장애를 앓지 않았던 사람이 압도적인 주위환경에 반응하면서 나타나는 순간적인 장애이다. 가끔 우울증세를 보이기도 하는데 이것은 간단한 정신치료를 받거나, 스트레스가 줄어들게 되면 쉽게 해결된다. 예를 들면 슬픔의 반응을 하나의 적응 반응으로 진단한다.

다음의 사례들은 우울증이 깊어지는 상황에서 그와 연관된 어릴 적 환경 요인에 대해 살펴본 것이다.

사례 1.

한 젊은 여성이 심각한 우울증세를 보였다. 이 여성의 말에 의하면, 자신의 어머니는 자신을 매우 엄하게 다스렸고, 매우 변덕스러웠다고 한다. 이 환자가 잘못을 저지를 때마다 어머니는 벌주기 위해 아무 말도 하지 않았다. 환자는 자신의 어머니가 걱정 근심이 많았던 사람이라고 말했다. 어머니뿐 아니라 할머니도 가끔씩 우울증세를 보였다. 그렇기 때문에 이 환자는 어머니보다는 아버지와 더 친했지만, 아버지와도 역시 대화는 통하지 않았다. 환자는 아버지와 어머니 모두 염세주의자였다고 말했다.

사례 2.

한 중년 여성이 우울증에 시달리고 있었다. 환자의 이야기를 통해 어릴 적 매우 어려운 환경에서 자라났음을 알 수 있었다. 12살 때까지는 건강이 몹시 나빠 무력감에 시달리기도 했다. 매우 낮은 자아관을 가지고 있었다. 자신과 친하지 않았던 어머니는 자신이 무엇인가를 성취했을 때에만 자신을 받아들였던 것 같다고 회상했다. 그리고 청소년 시절, 운동에서 좋은 실력을 발휘하자 그때서야 자신을 처음 인정했다는 사실에 대해 몹시 분개했다. 이 환자의 어머니는 딸이 자신이 원하는 것을 했을 때만 사랑을 보였고, 그렇지 못했을 때에는 "억압된 거절"이 있었다.

사례 3.

  우울증에 시달리고 있던 한 여인은 자신의 어머니가 적개심이 많고 거침 없이 말하는 사람이었다고 말했다. 그 어머니는 언쟁이 있을 때마다 딸을 때렸다. 어머니가 원하는 것을 하면 사랑을 베풀었지만, 그렇지 않았을 때에는 아주 냉정하게 대했다. 환자는 어머니 때문에 여러 가지 일들에 심한 죄책감을 느끼게 되었다고 말했다. 그 어머니는 딸의 외모에 대해 여러 가지 말로 평가하면서 딸의 자아상을 매우 낮아지게 만들었다. 그리고 또한 어머니는 딸에게 아주 가혹하게 화를 내기도 하였다.

사례 4.

  30대의 한 남성이 우울증에 대해 하소연하였다. 이 환자의 어머니는 어떤 면에서는 아들을 과잉 보호하였지만, 아들은 어머니로부터 인정받고 있다는 느낌을 갖지 못했다. 사실, 환자는 어머니가 아닌 숙모에 의해 키워졌던 것이다.

사례 5.

  한 중년 여성이 부부간의 갈등을 하소연해 왔다. 이 환자는 심한 절망 상태에 있었다. 환자의 우울증은 부부 갈등에 의한 것이었다. 하지만 어릴 적의 여러 요인도 그 문제의 원인이 되었다. 이 환자는 아버지가 사업에만 몰두했기 때문에 아버지를 잘 몰랐다. 아버지도 엄격했지만 어머니는 더욱 심했다. 환자는 어머니를 "완전히 엄격하고, 완전히 형식주의자"였다고 표현했다. 이 환자는 자기 스스로는 어느 것도 결정할 수 없었다. 그리고 그 어머니는 자연스런 만남도 전혀 갖지 못하게 했다. 예를 들면, 어머니는 딸이 데이트하던 남자를 모두 조사하여 아주 약간의 실수라도 보이면 그 남자와 더 이상 데이트할 수 없게 만들었다.

사례 6.

60대의 한 여성이 우울증을 하소연해 왔다. 이 여성의 큰 걱정은 자신이 그리스도인이 아니라는 것에 대한 두려움이었다. 벌써 몇 년 동안 교회 활동도 해 왔지만, 이를 두려워하고 있었다. 이 환자는 자신의 어머니가 자신을 조금도 인정해 주지 않았다고 털어놓았다. 그 어머니는 딸을 전혀 사랑하지 않았다. 결국 이 환자는 주님도 자신을 받아주지 않는다고 생각하게 되었다. 하지만 정신치료를 받으면서 상태가 점점 나아지기 시작했다. 특히 "은혜"에 대한 성경공부의 도움이 컸다고 스스로도 고백했다. 하나님의 조건 없는 사랑을 깨닫게 되면서, 우울증의 고통에서 벗어날 수 있었다.

사례 7.

우울증에 시달리던 한 중년 남성은 자신의 아버지도 우울증에 시달렸다고 말했다. 결국 그 아버지는 이 환자가 5, 6세 쯤 되던 해에 자살하고 말았다. 자신의 아버지뿐 아니라 계모도 역시 우울증에 시달렸다. 그 환자는 자신의 계모가 매우 신경질적이고, 늘 우울해 했다고 회상했다. 또한 자신을 아주 무섭게 벌을 주곤 했다고 털어놓았다.

사례 8.

우울증으로 괴로워하던 한 젊은 남성은 자신의 아버지는 매우 소극적이었고, 어머니는 그에 비해 상당히 거만하고 으스대기를 좋아했다고 말했다. 그리고 또한 자신의 부인도 어머니처럼 위세를 부린다고 털어놓았다.

사례 9.

30대 중반의 한 여인이 우울증에 시달리고 있었다. 이 환자의 아버지는 늘 침울하고 내성적이었으며, 어머니 또한 신경이 예민하여 자주 우울해 했다. 너무나 심각한 우울증세를 보이던 그 어머니는 자살하고 말았다.

사례 10.

우울증으로 괴로워하던 40대 초반의 한 여성은 자신의 어머니는 전혀 사랑할 줄도 모르고, 자신에게는 전혀 관심도 없는 사람이었다고 표현했다. 이 환자는 어린 시절, 가족들과 함께 농장에서 살았는데, 주위에 사람들이 거의 없어서 늘 외톨이로 지내야 했다고 회상했다.

사례 11.

50대의 한 중년 남성이 불안과 우울증을 하소연해 왔다. 이 환자의 말에 의하면 자신의 어머니가 조금의 애정도 보이지 않아, 어머니에게 거절당한 것처럼 느끼게 되었다고 한다. 또한 매우 엄격하여 한번은 이 환자가 처음 데이트를 하기 전에 자기 여자 친구에게 심한 잔소리를 한 적도 있었다. 또한 이 환자의 어머니는 상당한 위세를 부렸지만 아버지는 매우 소극적인 사람이라 결혼 후에도 늘 부인의 억압 속에서 살아야 했다. 환자는 이미 어릴 때부터 열등감과 낮은 자아상을 가지게 되었다고 털어 놓으며, 늘 어머니의 인정을 받고 싶어 했다고 말했다.

다음의 이야기는 이러한 사례연구에서 경험한 일종의 주기(cycle), 즉 충족되지 않는 의존적 필요들, 적대감, 거절의 두려움, 타인기피증에 대한 예를 잘 반영해 주는 내용이다.

한 우울증 환자가 시골길을 달리는데 타이어에서 바람이 빠져 버렸다.

이 때 이 환자는 잭을 찾으려고 차 트렁크를 뒤졌지만 하나도 보이지 않아, 근처의 농장을 찾아갔다. 그 마당에는 트럭 한 대가 있었다. 그는 저기서 잭을 빌려야겠다고 속으로 생각하였다. 하지만 그 집 가까이 다가갔을 때 그 환자는 잭을 얻지 못할 것이라는 생각과, 누군가의 도움에 의지해야 한다는 생각에 불쾌감을 느꼈다. 그가 그 집 앞에 거의 다다랐을 때 거절당할 것이라는 생각이 들기 시작했다. 그리고 그러한 생각을 하는 자신에게 화가 났다. 또한 자신의 의존적인 필요가 채워지지 않을 거라는 생각에 더욱 화를 내기 시작하여, 잭이 없는 것 때문에 스스로에게 느끼는 분노를 그 농장 주인에게 투사하였다. 그 때 농장주인이 노크 소리에 문을 열자, 이 우울증 환자는 대단히 화가 나 이렇게 외쳤다. "당신 잭 빌려주지 않아도 돼요!" 이것으로 그 환자는 잭을 얻지 못했고 되돌아오면서 사람을 의지할 수 없다고 확신하게 되었다.

스트레스가 육체에 끼치는 영향

　스트레스를 받게 되면 아드레날린(부신-수질 호르몬)이 분비된다. "전투 혹은 도주선(腺)"(fight or flight gland)이라고도 불리는 부신 호르몬은 스트레스를 받게 되면 반드시 분비된다. 처음에는 아드레날린(에피네프린)과 노아드레날린(노에피네프린)이 증가한다. 하지만 스트레스를 계속 받아 그 불안이 해결되지 않으면 신체 내부의 생화학적 변화가 일어나기 시작한다. 결국엔 노아드레날린이 결핍된다. 우리는 여기서, 스트레스로 인해 처음에는 부신 호르몬이 증가하지만, 스트레스가 계속되면 이 아드레날린 호르몬이 더 이상 증가하지 않으면서, 노에피네프린이 감소한다는 가설을 세워볼 수 있다. 여기서 노에피네프린의 역할은 매우 중요하다. 노에피네프린은 뇌 속의 우울증이나 병적 쾌감과 같은 감정을 조절하는 번연계 안에 있는 신경 전달 물질이다. 세로토닌이나 도파민 역시 중요한 신경 전달 물질이다. 이러한 신경 전달 물질들은 앞서 살펴본 대로 꿈에도 영향을 미친다. 노에피네프린이 어느 정도 감소하면 우울증은 육체적 생화학적으로 변화된다(때로는 감정적인 변화도 따른다). 이때, 삼환계 항울제(Tricyclic Antidepressants)로 2~3주면, 우울증의 많은 증세들을 사라지게 할 수 있다. 앞에서도 말했듯이 노에피네프린은 뇌의 번연계 안에 있는 시냅스의 틈 사이로 충격을 전달하는 신경 전달 물질이다. 이 노에피네프린은 충격을 시냅스의 틈 사이로 운반하고, 제자리로 돌아와서는 프리시냅스 신경(presynaptic neuron)에 흡수되어 대사작용으로 분해된다. 삼환계 항울제의 하나인 토프라닐(Tofranil)은 프리시냅스 신경을 차단하여 노에피네프린의 흡수를 막는 작용을 한다.

그렇기 때문에 노에피네프린은 보통의 수준을 유지하게 된다.

삼환계 항울제는 생화학적으로 조금씩 다른 방법으로 작용한다. 예를 들어 에미트립타일린(Elavil)은 노에피네프린의 흡수에는 약하지만, 세로토닌의 흡수에는 강하다. 이것은 항울제가 각각 다른 작용을 한다는 사실을 설명해 주고 있다.

삼환계 항울제는 미토콘드리아 모노아민 옥시다제(mitochondrial monoamine oxidase)로 노에피네프린의 아민 작용을 막는다. 하지만 이러한 항울제는 모노아민 옥시다제 억제제는 아니다. 이들은 또한 내신경막(intraneuronal membranes)을 이용하여 노에피네프린이 모노아민 옥시다제에 영향을 주지 못하도록 막는다. 여하튼 이러한 항울제의 주요 작용은 프리시냅스 신경을 차단하여 노에피네프린을 흡수하지 못하도록 하는 것이다. 그렇기 때문에 결국 노에피네프린은 증가하게 되며, 이로 인해 우울증은 말끔히 씻겨진다.

노에피네프린은 여러 다른 이유들 때문에 매우 중요하다. 예를 들면, 노에피네프린은 시상하부에도 영향을 준다. 시상하부의 방출인자를 제어하는 것은 바로 노에피네프린이다. 물론 시상하부 방출인자는 뇌하수체선 또는 총괄선의 호르몬 분배를 조절한다. 여기에는 성장 호르몬, 황체 형성 호르몬, 프로락틴, 갑상선 자극 호르몬, 그리고 보통 ACTH라 불리는 아드레노코티코트로픽 호르몬(adrenocorticotrophic hormone)이 포함된다. 그렇기 때문에 내분비계 이상은 우울증을 동반하기도 하는것이다.

또한 시상하부는 자율 신경계를 통제하여 신경 충격을 신체의 각 기관으로 전달한다. 그렇기 때문에 불안은 자율 신경계를 자극하여 우울증을 동반한 신체의 이상, 즉 빠른 맥박, 위궤양, 신경성 위통 등과 같은 증세를 일으키는 것이다.

뇌 속의 노에피네프린의 영향을 받는 시상하부는 면역체계의 영향만큼 중요하다. 그러므로 사람이 불안해 하거나 우울증에 빠지게 되면 기침이나 전염성 호흡기 질환에 더 많이 걸리게 된다.

신경전달 물질 세로토닌

최근 20년간 정신의학의 주요 경향 중 하나가 정신문제와 연관된 생화학적 요인에 대한 연구이다. 이 연구로 우울증으로 인해 결핍되는 두 가지 신경전달 물질은 바로 노에피네프린과 세로토닌이라는 사실이 밝혀졌다. 어떤 항울제는 노에피네프린을 증가시키지만 어떤 항울제는 세로토닌을 증가시킨다. 그리고 어떤 것은 노에피네프린과 세로토닌 모두를 증가시키기도 한다.

스트레스를 받게 되면 노에피네프린이 감소한다는 사실에 대해서는 이미 설명한 바 있다. 그렇다면 세로토닌은 어떠한가? 다음에서 설명하기로 한다.

삼환계 항울제

중요한 삼환계 항울제로는 아미트립타일린(엘라빌 또는 엔뎁), 데시프라민(페르토프레인, 노어프라민), 독세핀(시네콴, 아다핀), 이미프라인(토프라닐, S-K-프라민), 노어트립타일린(아벤틸), 프로트립타일린(비박틸) 등이 있다. 이러한 약품들의 하루 복용량은 각각 다르다. 예를 들어 토프라닐은 하루 150밀리그램이 필요하다. 이러한 약품은 잠자기 전에 복용해야 그 약효가 아침까지 사라지지 않는다. 하지만 이러한 약품의 작용은 서로 다르다. 예를 들어 엘라빌은 진정제의 역할을 하지만, 비박틸은 흥분제의 역할을 한다. 그리고 토프라닐은 이 둘 사이의 역할을 한다.

MAO 억제제

우울증 치료제의 또 다른 부류로는 모노아민 옥시다제 억제제가 있다. 이것의 효과는 모노아민 옥시다제 억제와 관련되어 있다고 본다. 모노아민 옥시다제는 노에피네프린을 파괴하는 작용을 한다. 이러한 약품은 1950년대 후반 결핵 치료제로 처음 사용되었다. 이것은 몇몇 사람들에게 행복감을 느끼게 한다는 사실이 발견되어 항울제의 역할도 하고 있음이 알려졌다. 여기에는 니알라마이드, 이스카복사자이드, 페넬젠, 트라닐시프로민, 파길린 등이 포함된다. 이러한 약품들은 불규칙한 우울증 치료에 사용되어 오는 것들이다. 전형적인 우울증의 경우에 우울 증세는 그 자체는 병적인 증세이지만, 어떤 증세(히스테리, 공포증 불안)는 매우 현저하게 나타나기도 한다. 이러한 약품들은 몇 가지 좋지 않은 후유증을 낳기도 하기 때문에 현재는 잘 사용되지 않고 있다. 가장 예상치 않았던 후유증 중의 하나가 바로 고혈압이다. 이 증세는 티라민 함유율이 높은 음식과 함께 MAO 억제제를 복용할 때 나타나는데, 예를 들어 치즈, 초콜릿, 절인 청어, 돼지고기 통조림, 이스트, 육류, 적포도주, 맥주, 육류 가공식품, 요거트 등의 음식이 그러한 것이다. 이러한 약품을 복용하는 사람들은 암페타민, 아드레날린, 도파, 도파민, 코의 출혈 완화제 그리고 치과의사들이 사용하는 노보케인 등과 같은 약품에 주의해야 한다.

다시 말해 모노아민 옥시다제 억제제는 모노아민 옥시다제를 억제하는 일뿐 아니라, 삼환계 항울제와 비슷한 방법으로 노에피네프린의 흡수를 막는 작용을 한다.

암페타민

암페타민(Amphetamines)은 우울증 치료에 사용되는 또 다른 종류의 약품이다. 암페타민 역시 뇌 속의 노에피네프린에 영향을 끼친다. 하지만 우울증 치료를 위해 암페타민만을 복용한 많은 수의 사람들은 약 2주가 지나면 또 다른 우울증에 시달린다. 이러한 이유 때문에 그리 좋지 않은 항울제이다. 또한 중독성이 있다.

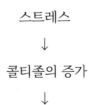

스트레스

↓

콜티졸의 증가

↓

세로토닌의 촉진제인 트립토판을 감소시키는

간장효소 트립토판 피롤라제의 증가

↓

트립토판의 감소

↓

감정을 조절하는 뇌 속의 번연계에 있는 세로토닌 감소

↓

생화학적 우울증

↓

결국 정신적인 우울증이 시작되어
육체에도 여러 가지 영향을 미치게 된다.

리튬염

우울증 치료에 사용되어 온 또 다른 약품은 리튬염이다. 이것은 아주 극적인 결과를 낳는다. 리튬염이 조울병의 조증 상태에 사용되면 다음의 울증 상태가 오는 것을 막고, 조증 상태를 점차 감소시키는 것처럼 보인다. 다시 말해 조울병 환자가 침착해지고 보통 속도로 말하며, 더 이상 극단적인 병적 쾌감에 빠지지도 않는다. 감정 상태가 온전해지고 또한 더이상 우울해 하지 않는다.

그렇다면 리튬염을 조울병의 울증 상태에서 사용해도 효과적인지 그리고 단극성 우울증에 사용해도 효과적인지에 대한 문제가 제기될 수 있다. 여기에 대한 연구는 아직도 진행 중이지만 이 리튬염은 울증 상태에서는 조증 상태에서만큼 효과적이지 못하다는 연구가 지배적이다. 리튬염의 작용이 확실히 어떠한지에 대해서는 아직 밝혀지지 않았다. 몇몇 학자들은 육체의 전해질에 영향을 준다고 주장하지만, 대부분의 학자들은 뇌 속의 노에피네프린에 영향을 준다는 입장을 취하고 있다. 다시 말해 리튬염은 노에피네프린에 약간의 영향을 끼치는 것처럼 보이지만 아직까지 그것의 정확한 효과에 대해서는 밝혀지지 않고 있다.

주요 진정제

우울증의 치료에 사용되는 또 다른 약품은 바로 진정제이다. 이 약품은 일반적으로 항울제는 아니다. 불안을 감소시키거나 정신병의 경우에 주로 사용된다. 사실 이러한 약품의 대부분은 우울증을 야기시키거나 더욱 악화시킨다. 하지만 그 중 몇몇은(예를 들어 멜라릴) 항울제 만큼의 효과를 보이기도 한다. 우리는 개인적으로 나바네라는 주요 진정제가 우울증 치료에 어느 정도 도움이 된다고 본다.

투약 용량에 영향을 주는 요인

대부분의 정신의학품은 지용성이며, 지방조직에 집중되어 있다. 그렇기 때문에 여성의 경우엔 체내에 지방성분이 상당히 많아서 같은 무게의 남성보다 더 많은 양이 필요하다.

약품의 양이 얼마나 필요한지에 영향을 주는 또 다른 요인은 흡연을 하는지의 여부이다. 담배를 피우는 사람은 더 많은 양이 필요하다.

약품의 양에 영향을 주는 또 다른 요인은 단식의 여부이다. 단식은 종교를 가지고 있는 사람들 사이에서 많이 행해지는데 정신병 치료약품을 사용하는 사람들에게는 매우 위험할 수 있다. 단식하는 사람에게 정신병 치료약품이 투여되면 이들의 혈당농도가 지나치게 증가하기 때문에 단식과 정신병 치료 약품을 동시에 취하는 것은 매우 위험하다.

또한 다른 약품과의 동시 사용은 항울제의 필요량에 변화를 준다. 바르비투르산염 유도체는 삼환계 항울제의 혈당 농도를 감소시킨다. 그렇기 때문에 바르비투르산염 유도체를 복용하는 환자에겐 더 많은 항울제가 필요하다. 삼환계 항울제의 혈당 농도를 감소시키는 또 다른 요인에는 암모니아 클로라이드와 비타민의 과다 복용처럼 Ph 농도를 감소시키는 물질을 함유한 거담제(祛痰劑)가 있다.

주요 진정제는 현재 복용되고 있는 항울제의 혈당 농도에 영향을 주기도 한다. 리탈린과 같은 암페타민은 항울제의 체내 제거속도를 감소시키는 역할을 감당하기도 한다. 산 중화제는 삼환계 항울제의 흡수에 관여하기 때문에 함께 사용한다면 항울제의 양이 더욱 많이 필요하게 된다. 나이 든 환자들은 약품의 흡수가 어려운 단점도 있지만, 적은 양이 흡수되는 이점도 있다. 삼환계 항울제는 심장 질환을 일으키기도 하기 때문에 심장 질환이 있는 환자는 아주 세심한 주의가 필요하다. 때로 MAO 억제제와 삼환계 항울제가 함께 사용되기도 하는데 이 때 역시 세심한 주의가 필요하다.

만일 이러한 일이 일어나면 우울증의 치료가 더욱 어려워지기 때문이다. 보통 삼환계 항울제가 먼저 사용되고 파르나테와 같은 MAO 억제제는 그 후에 사용된다.

비타민 B₆, 갑상선 조합제, 에스트로겐

일반 의사들은 우울증 치료를 위해 오랫동안 비타민 B_6을 사용해 왔다. 또한 시토멜 같은 갑상선 조합제도 오랫동안 사용해 왔다. 연구에 의하면 어떤 사람들은 시토멜과 갑상선 조합제 그리고 비타민₆에 반응한다고 밝히고 있다. 하지만 이것 역시 예외적인 것이 많다. 복합적인 내생 우울증의 어떤 경우는 항울제와 갑상선 추출물을 함께 사용해야 한다.

그리고 대신 아주 적은 양의 에스트로겐을 항울제와 함께 사용하기도 한다. 우울증에서의 에스트로겐의 정확한 효과에 대해서는 아직은 확실히 밝혀지지 않았다. 하지만 분명한 것은 에스트로겐은 일과성 전신열감과 위축성 질염에 매우 효과적이다.

메가 비타민

최근 메가 비타민은 거의 모든 정신장애의 만병 통치약으로 알려지고 있다. 메가 비타민 이론을 주장하는 사람들은 이 이론을 지지하는 동조자들을 많이 가지고 있다. 이 분야에 대한 상당한 관심으로 의학계는 집중적인 연구를 해 왔다. 하지만 점차 메가 비타민이 모든 정신 장애의 치료에 효과적이라는 견해에 대한 확신을 점점 잃어가고 있다. 이러한 사람들은 마치 지푸라기라도 잡는 심정으로 메가 비타민에 눈을 돌린다.

우울증을 초래하는 약품들

몇몇 의약품은 우울증을 초래한다. 예를 들면 고혈압 치료를 위해 사용되는 레세르핀을 들 수 있다. 또한 산아제한 약품도 때로 우울증을 초래하는 경우가 있다. 주요 안정제나 발리움 같은 부 안정제 역시 우울증을 초래하기도 한다. 감정을 상승시키는 리탈린은 2주가 지나면 다시 우울한 상태로 돌아간다.

알코올, 흡연, 마리화나

알코올도 진정제 역할을 한다. 아직도 수만의 남녀가 자신의 우울증을 달래기 위해 알코올을 사용한다. 미국의 경우 1950년대부터 알코올 중독자가 증가하여 1977년에는 200만이 넘었다. 그리고 해마다 2500명 이상이 알코올 중독으로 인해 죽음에 이르고 있다. 1950년대에는 알코올 문제로 인한 총 비용이 50억 달러였으나, 20년 후에는 240억 달러로 아주 크게 증가하였다. 알코올 중독은 매우 중대한 문제이다. 알코올 중독의 원인은 대개 내면의 우울증 때문이다. 사실 3명의 알코올 중독자 가운데 1명은 항우울제의 혜택을 누리고 있다.

청소년들은 친구문제, 이성문제 그리고 외로움 등의 여러 이유로 담배를 피우기 시작한다. 흡연은 마음을 진정시켜 주는 효과가 있기도 하다.

그래서 어떤 사람들은 흡연을 멈추게 되면 상실에 대한 슬픔의 반응으로 우울해지기 시작한다.

하지만 행복감을 느끼게 하고 마음을 진정시켜 주는 효과는 암의 위험만큼이나 해로운 것이다. 미국의 의사협회에서 흡연의 위험성에 대해 발표하자 3천 3백만의 흡연 인구가 이를 인정하며 담배를 끊게 되었다.

그리스도인인 우리의 몸은 성령님의 전(展)이다. 하나님께서는 우리가 그 전을 잘 돌보기를 원하신다.

우울증에 시달리는 사람들 중에는 마리화나에 손을 대는 경우가 있다.

이들은 마리화나를 피움으로 얻게 되는 순간적인 행복감과 순간적인 고통의 해소를 즐긴다. 하지만 마리화나로 인한 엄청난 위험은 거의 모른다. 마리화나는 뇌와 폐의 손상, 성격 변화, 기억 손상, 염색체 변화 그리고 자극 혼란 등의 영원한 해를 초래한다.

마리화나의 위험성에 대해서는 많은 과학 연구를 통해 확실히 밝혀져있다. 원숭이를 대상으로 실험해 본 결과, 행동과 뇌파 활동에 즉각적인 변화가 일어났다. 또한 사람이 2년 동안 하루도 거르지 않고 두 개비의 마리화나를 피우게 되면 뇌파 활동이 이상하게 변하고 만성적 무기력증, 억제력 상실 등의 행동의 변화를 보인다는 사실이 연구를 통해 밝혀졌다. 마리화나를 일주일에 한두 번씩 습관적으로 피우는 사람들은 기억장애, 수면의 어려움, 감정 변화, 업무 능력 감퇴 등의 증상을 보이게 된다. 또한 마리화나의 유독 성분은 모두 뇌 속에 축적된다는 사실이 밝혀졌다. 이러한 유독 성분은 장기간 해로운 영향을 끼친다. 뇌 속의 지방조직도 영구적으로 변화하게 된다. 하지만 그 변화가 아주 느리고 미세하기 때문에 더욱 심각해지기 전까지는 느끼지 못한다. 마리화나는 뇌 속의 쾌(快)를 담당하는 부분에 영향을 주기 때문에 순간적으로 상당한 쾌감을 느끼지만, 결국엔 동기의 상실과 더욱 심각한 우울증을 초래한다.

생리주기와 우울증

여성들의 경우 생리주기 동안에 더 불안하고 우울해 하는 것은 흔한 일이다. 문제는 이것이 호르몬 변화와 심리적, 문화적 요인에 얼마나 관계되어 있느냐 하는 것이다. 생리주기 동안에 일어나는 호르몬 변화로 여성들은 더욱 긴장하고 쉽게 당황하게 된다. 하지만 그러한 감정의 동요는 심리적·문화적 요인의 영향 때문이라고 본다.

충격 요법

충격요법(또는 ECT)은 1938년, 샤를레티(Cerletti)와 바니(Bani)에 의해 처음 소개되었다. 이것은 1950년까지만 해도 정신장애 특히 정신병 치료에 대단히 많이 사용되었다. 1950년대 초, 페노티아젠과 우울증 치료 약물이 소개되기 시작하면서, ECT의 사용은 점점 줄어들게 되었다.

개인적으로 우리는 ECT를 사용하지 않지만, 어떤 경우엔 상당한 결과를 가져오기도 한다. 하지만 일반적으로 ECT의 사용으로 인한 부작용이 있는 것이 사실이다. 우선은 그것이 전기 충격요법이라는 데에 문제가 있으며, 또한 ECT의 사용으로 기억장애를 일으킬 수 있다는 보고 때문이다.

요즘은 우울증이 삼환계 항울제로도 치료가 어려울 때, ECT를 사용한다. 하지만 첫 번째로 사용되는 예는 매우 드물다. ECT는 삼환계 항울제에 거부반응을 나타내는 환자들과 아주 심하게 자해하려고 했던 사람들에게 사용된다. 이유는 항울제는 2~3주가 지나야 효과를 보이고 자살의 위험은 대단하기 때문이다. 오늘날, 우울증에는 보통 5~8가지의 치료법이 사용된다. ECT 요법을 계속하지 않으면 우울증의 30~40%는 1년 안에 원상태로 다시 돌아온다. 물론 ECT 요법을 계속하면 그 비율은 현저히 줄어들 것이다. ECT 요법은 수년 동안 비교적 안전한 것으로 판명되고 있다. 사망률도 1000분의 1 정도로 미미하기 때문이다. 단점으로는 ECT의 사용으로 인한 기억상실이 많이 나타나고 있다. 그리고 ECT의 사용 횟수가 증가할수록 이로 인한 순간적인 기억상실도 증가한다. 하지만 한 가지 기억해야 할 것은 우울증 자체로 기억장애를 일으키기도 하기 때문에 모든 기억상실을 ECT의 탓으로 돌려서는 안 된다. 실제로, 어떤 환자들은 ECT의 치료 후에 우울증이 사라지게 되어 기억력이 향상되는 결과를 가져오기도 하였다.

충격요법이 이루어지는 동안, 뇌를 통과하는 전류는 뇌 속의 노에피네프린을 분비하게 한다. 실제로 충격 요법 후에, 소변에서는 노에피네프린의 분해물인 노메타네프린이 상당히 많이 발견된다. 그렇기 때문에 ECT는 노에피네프린을 증가시키는 작용을 한다고 보는 것이다. 여기에 관해서는 다양한 이론들이 제기되고 있다.

최근에 이르러서는 ECT의 일방적인 사용이 유행하고 있다. 뇌 속의 두 개의 반구가 서로 다른 기능을 한다는 사실은 이미 알려져 있다.

예를 들어 좌반구에 충격이 가해지면, 우울증의 정도가 심해지고, 우반구에 충격이 가해지면, 병적 쾌감과 부인이 더 자주 나타난다. 이렇게 두 개의 반구가 서로 다른 기능을 한다는 이론을 토대로, 전류는 오직 한 반구만을 통과하게 된다. 이러한 방법은 기억 손실도 덜 가져오는 것으로 밝혀졌다.

하지만 심각한 심장 질환이나 뇌에 심한 손상이 있는 경우에서의 사용은 절대 금기시 되고 있다.

인슐린 코마 요법

인슐린 코마 요법은 이제는 더 이상 사용되지 않기 때문에 아주 간략한 설명만 하기로 한다. 이 요법은 1940년대 후반에 사용되었다. 인슐린이 투입되면 혼수상태에 빠지게 된다. 그렇기 때문에 아주 가까이에서 환자를 돌봐야 한다.

수면 요법

이 요법 역시 현재 거의 사용되지 않고 있지만 개략적으로 살펴보는 것이 좋을 듯 싶다. 이 수면 요법은 1922년 클레시(Klesi)라는 스위스의 정신과 의사에 의해 처음 소개되었다. 그는 정신병 환자가 오랜 시간 수면할 수 있도록 마취제를 사용했다. 그러면 환자는 식사나 배설할 때만 빼고는 일주일 이상 깊은 잠에 빠진다. 하지만 결과는 ECT의 효과와 거의 다르지 않았다.

ECT, 수면요법, 마취제 등과 같은 육체적 치료방법은 모두 합쳐 신체 요법으로 알려져 있다.

정신외과술

의술로 정신을 치료하려는 시도는 그리스도인들 사회의 강한 반발에 부딪히고 있다. 고전적인 정신외과술은 1936년 모니즈(Moniz)에 의해 처음 소개되었다. 현재는 관자놀이 엽 간질과 같은 경우를 제외하고는 전세계적으로 거의 사용되지 않는다. 관자놀이 엽(葉)의 손상으로 행동에 눈에 띄는 변화를 가져오게 된다. 이러한 변화는 환자의 정상적인 행동과는 정반대로 매우 쉽게 화를 내고 공격적으로 변한다. 우리는 어떠한 종류의 정신외과술도 권하고 싶지 않다. 위에서 언급된 특별한 손상에서의 외과술이 1930년대와 1940년대 이루어진 전두엽 절제술과 현저히 다르다 하더라도, 때로는 야망이나 창의력의 완전 손실을 초래하기 때문이다.